本书为『大夏中国史文丛』之一
由华东师范大学历史学系资助出版

慈航难普度

慈善与近代上海都市社会

阮清华／著

复旦大学出版社

序：新上海人的回馈

成长初始，常听父母提起一位沪上有名的慈善家，是张家的亲戚。童年的我不知这位"黄家公公"叫什么名字，也搞不清有哪几位张家长辈与黄家结亲，只是颇为好奇地发问，"慈善家"是什么样的人？为什么那么受人尊敬？但在激进与蒙昧壅塞了头脑的青少年时代，老城厢的家族与所有沾亲带故的往事渐渐从我的记忆中丢失。

好像历史有缘。时隔近七十年，包括黄涵之在内的上海慈善家被我曾经的学生阮清华召唤回来。读着书稿，又一次体味"教学相长"的乐趣，也感受着枉为老城厢后辈的愧疚。与其说是为书作序，还不如说是写下读后心得更为贴切。

流行多年的"现代化叙事"虽已受到批评，近代上海慈善史研究仍多取径于此。即使是梁其姿的标杆之作对19世纪中叶之后慈会善堂"太多的非传统因素"存而不论，给其后的讨论留下充分延展的空间，后来的许多论者，确也在论述"非传统"上颇下功夫，但梁著与夫马进点到的传统慈善组织之延续性[①]及其重构，则被忽视与低估了。清华的旨趣恰在找回它们。这本书着墨的"传统"，不是去刻意渲染近代上海慈善组织之传统因素，或过分夸大老上海地方精英兴

[①] 阮清华注意到，梁其姿与夫马进虽然在传统慈善组织何时出现"太多的非传统因素"有不同看法，前者认为是19世纪中叶，后者则认为到民国时期"既成的善举体系"才开始发生变化，但两位对于传统善堂善会在近代之延续的观点是一致的。参见，阮著第七章第四节，第280页，注2。

办慈善的"丰功伟绩",而始终围绕着起自老城厢的民间慈善组织如何与近代上海都市社会相遇共生这一主题,发掘调适与创新中的坚守与传承。书中揭示:传统的民间慈堂善会一方面主动适应急剧变化中的社会样态、情势与结构,厕身其中并再造自身,一如书中论述的"庚子救援"(第二章)、模范工厂游民工厂的创建(第四章),皆是传统慈善组织赈济施善的新尝试与现代经验的借鉴吸收;他方面,传统路径与方式在筹措资金、善举内容以及解决权益纠纷等方面均有沿袭,尤其是与都市社会发展相匹配的民间慈善资金的网络化,其由内而外"三个层次"组成的"同心圆"结构,依然与费孝通提出的乡土中国的"差序格局"颇为相似(第七章第三节)。而坚守这份传统的,不只是数百个上海民间慈善组织中的那些"百年老店",也包括众多的"后起之秀"。那群老城厢的创业及后继者,亦不断地与"大门口的陌生人"结盟,联合各路善人善会,继续执沪上乃至全国民间慈善事业之牛耳,并在五方杂处、阅历各异、身份有别的慈善家群体中不断地再塑自己。

  讨论民间慈善事业,另两个绕不过的问题是"国家与社会"以及公共范围(public sphere)或"公共性"。虽然数十年前学界已基本达成共识,即中国不存在哈贝马斯所定义的"公民社会",但并非不存在官方及民间皆参与的"公共领域"与"自治组织工具"①;许多学者也认同国家与社会的"未定边界"及"彼此嵌入"的主张②,然而,对社会"自主空间"和"底层反抗"的优先关注或着力过猛,还是导致不少探讨民间社会的史书堕入"国家—社会"二元对立的陷阱。清华则立足于民间慈善活动实态与动态的细致描述,有效地避免了这个先验的框架可能带来的偏差。在他的笔下,善团与政府间彼此警惕、控制与反制、依存与合作,行善者与被施者的共存与冲突、事愿相向与相悖均

---

① 梁其姿:《施善与教化——明清时期的慈善组织》,北京师范大学出版社 2013 年版,第 234 页。
② 贺萧:《记忆的性别:农村妇女与中国集体化历史》,人民出版社 2017 年版,导言,第 12 页。

得到充分而生动的展现,国家行政、民间慈善组织、受施与索施的弱势群体三者关系的张力与限度,由此而清晰地揭示出来。书中第六章"慈善与产权——'寄柩所风波'"的叙述与分析,尤发人深省。在这个苏北难民抢占"鬼屋"的故事里,维权与侵权、公产与私领、"莠民"与"义民"、"勒迁"与"拒迁",充满了善会寄柩所、市政厅及其下属机构、苏北难民三者间的来回撕扯,论辩博弈,几近暴力边缘。事件之结果,苏北难民的侵占行为得逞,"弱者的武器"确乎有效,但正如清华所论:

> "寄柩所风波"既是难民自我表现、自我肯定的形式,也是地方政府、地方精英与底层民众的一种"合谋"。唯其如此,才可能出现三方虽有长时间的逼迫、勒迁与反抗,却依然维持基本相安无事的结局。难民的表达,正是借助与精英的"合谋",才得以实现和留存,尽管这种合谋是在三方都没有意识到的情况下发生的,底层的表达正是在这种集体无意识中得以产生并影响事态发展,也唯有在此意义上他们的表达才有可能。(第260页)

尽管像这样的"合谋"与"相安无事"在近代上海慈善史上并非个例,但更多的是平静表象下的暗流涌动。作为"善人之网"的群众基础,受施者转身成为消弭、瓦解甚至破坏慈善网络的力量;政府管控的失度,一方面纵容或激化底层民众的反抗情绪,另一方面也抑制了民间慈善家的积极性。而从传统蜕变而来的慈善家们,面对大众媒体动辄曝光揭短,甚至无端谴责,极为不安与无奈;面对来自政府机关促其法制化、规范化的各种条条框框,繁琐复杂的程序,更不胜其烦,兴建慈善组织的热潮渐渐消退。书中对1927年前后经济增速与善团增量分别成正相关与负相关的原因分析(结语第二节),比较京、杭、甬、沪四地民间慈善历史状况及发展走势(第七章第四节),也可窥见国家管控与善团发展关系之一二。

由此,"慈航普度"之难留下了一个颇具现实性与普适性的世纪诘问:"这个度在哪里,需要双方不断对话,不断试错,而后才可能找准。但若政府过弱,监管可能流于形式;政府过强,'民人无以置喙',则可能两败俱伤。此一难题,时至今日,依然值得深思,更值得继续探讨。"(第 331—332 页)

作为第一个接触清华这项研究的指导教师,阅后提出几点不足亦是应有之责。枝节与具体问题暂且搁置,我以为此书最主要的缺陷有二。或许是史料积累与知识储备不足,书中多次提到"中国传统文化和江南慈善文化之韧性与生命力",却没有见到思想文化脉络里令人信服的分析;书中又指出上海慈善家多为佛教居士,想以此表明维系"慈航普度"的理念与文化认同,但通篇读来,此论也停留在身份的表象,并无深入内里的思想、观念、心态、价值取向的探究,故所谓"慈航"的文化内涵未得以揭示,流于空泛或浅表。本书的另一个缺失是对上海都市社会特质把握得不周延。清华开宗明义的研究对象是非宗教团体、非家族兴办的民间慈善组织,西方传教士所办的慈善事业不在其讨论之列。确定研究对象当然必要,但问题在于全书的讨论场域是上海都市社会。没有伴大炮而至的租界,没有随新教徒的全球梦想侵来的欧风美雨,列位于"帝都"北京、省城杭州、府地宁波之下的县城上海,怎么可能迅速提升至四城之上,成为中国首屈一指的"慈善之都"呢?!近代上海之所以成为上海,租界的存在和西方文化的强势是最具特征之处,而书中寥寥数笔地将租界华界、华洋杂处、西化等问题匆匆带过,似是不应有的疏漏。此上两点,不知是否切要,谨供清华参考,也留给读者评判讨论吧。

从负笈千里踏进复旦园的学子,到如今身为人师的大学教师与史学后继,从湖南乡村普通农家的子弟,到国际大都市安身立命的户籍居民,清华这十八年的求学与治学之路走得不易,却很踏实。虽深知学涯苦舟之艰,但初心依旧,从未放弃;由乡到城的扎根途程并非顺畅却能乐观面对,几经挣扎,努力调适,至今可谓名副其实的新上海人。这部"大疫"之中写就的慈善史,是清华十八年的学术与人生检视,也是一次浸润着人文关怀的求史寻梦之旅。掩卷沉思,借用吕芳上先生之语来结束此文:"要知道历史的传承有如父母子女,父母给子女生命,子女要回馈的是生命的意义。"①确合此言,这部书承载的是一个新上海人对故土乡亲父老养育之恩的深情回报,捧出的是一份对远去都市与老上海慈善家风雨普度的厚实回馈。

感谢清华的心力之作,致意一代新上海人!

张济顺
写于庚子抗疫之后第一个国庆节前夕

---

① 吕芳上:《民国论丛》总序,见巫仁恕主编:《城市指南与近代中国城市研究》,香港:开源书局出版有限公司,台北:民国历史文化学社,2019年,总序,第Ⅲ页。

目录

序：新上海人的回馈 ················· 张济顺 1

绪论 ····································· 1
    一、从城厢到都市 ···················· 7
    二、学术史回顾 ······················ 11
    三、研究思路 ························ 19
    四、资料及说明 ······················ 23

第一章 同仁辅元堂的崛起（1855—1912）········ 25
    一、1855 年前后上海的善堂 ············ 25
    二、同仁辅元堂的历史沿革与业务发展 ···· 33
    三、同仁辅元堂的财产与收入 ·········· 41
    四、同仁辅元堂在上海慈善界的地位 ···· 47
    五、小结 ····························· 68

第二章 非常时期的民间救济与上海慈善组织的创新
       ——以救济善会与济急善（局）会为例 ······ 70
    一、"庚子之变"后的北方灾难民 ········ 71
    二、救济规模与过程 ·················· 75
    三、救难与上海慈善事业的新发展 ······ 80
    四、小结 ····························· 86

第三章　上海慈善团与慈善事业的初次整合 ……………… 87
一、上海慈善团的成立 ……………………………………… 88
二、上海慈善团成员及关系 ………………………………… 92
三、上海慈善团的主要活动 ………………………………… 97
　　（一）机构建设 ………………………………………… 100
　　（二）殖产兴业 ………………………………………… 117
　　（三）慈善活动 ………………………………………… 125
四、上海慈善团资产与收益 ………………………………… 132
　　（一）不动产规模及收益 ……………………………… 132
　　（二）捐款收入 ………………………………………… 140
　　（三）其他收入 ………………………………………… 145
五、上海慈善团的特点 ……………………………………… 148
　　（一）其他主要慈善组织 ……………………………… 148
　　（二）上海慈善团的活动特点 ………………………… 172
六、小结 ……………………………………………………… 175

第四章　20世纪20年代的游民工厂与上海慈善界的合作 ……………………………………………………… 180
一、游民工厂创设背景 ……………………………………… 181
二、模范工厂游民工厂之筹建 ……………………………… 183
三、游民工厂之维持 ………………………………………… 190
四、游民工厂之归宿 ………………………………………… 197
五、小结 ……………………………………………………… 199

第五章　上海慈善团体联合会与慈善事业再整合 ………… 202
一、上海慈善团体联合会的成立 …………………………… 202
二、组织网络 ………………………………………………… 208
三、主要活动 ………………………………………………… 215
四、小结 ……………………………………………………… 231

第六章　慈善与产权——"寄柩所风波" …… 234
　　一、难民抢占"鬼屋" …… 235
　　二、慈善组织与市政府的交涉 …… 240
　　三、"莠民"与"义民" …… 245
　　四、难民的自我组织与生活 …… 249
　　五、市政当局的"为"与"不为" …… 254
　　六、小结 …… 257

第七章　上海慈善网络的形成 …… 262
　　一、慈善组织的网络化 …… 262
　　二、上海慈善活动网络 …… 268
　　三、上海慈善资金的网络化 …… 272
　　四、与其他城市慈善事业的比较 …… 280
　　五、战争与上海慈善网络衰落 …… 287
　　六、小结 …… 291

结语 …… 294
　　一、慈善组织的兴建时间与数量 …… 295
　　二、建立慈善组织的影响因素 …… 299
　　三、慈善组织的区域分布与变迁 …… 311
　　四、本地士绅、外地绅商、华人与慈善 …… 320
　　五、慈善组织的"度"与"难" …… 329

后记 …… 333

绪论

本书研究近代上海民间慈善事业史,侧重从慈善与都市社会之关系出发,讨论明清以来,尤其是开埠以后,上海民间慈善事业的发展及其对近代上海都市社会形成之影响;同时探究上海地方精英和华人精英如何通过慈善事业积极参与和推动上海都市社会发展。时间上,上溯至有史料记载的上海民间慈善组织产生开始,下限则为中华人民共和国成立。地域上,1927年以前以上海县为主,尤其集中于城厢内外及两租界,兼及宝山、闸北、浦东和周边乡镇;1927年以后以上海(特别)市为主,兼及上海、宝山两县部分与上海市接壤区域;讨论的中心区域始终为上海老城厢、公共租界、法租界和闸北四大城区。[1]

1843年上海开埠以后,社会、经济诸方面获得快速发展,很快从一个普通县城跃升为中国人口最多、现代化程度最高的国际化大都市,新的都市社会随之逐步发展。近代上海都市社会,既与传统乡村社会有着各种"剪不断、理还乱"的关系,但又不同于相对和谐相融的

---

[1] 1927年南京国民政府设立上海特别市后,于1929年出台"大上海计划",在江湾五角场地区建立新市中心,并于20世纪30年代初建成市政府大厦和上海市博物馆、图书馆以及一些住宅和道路,1933年市政府搬到江湾办公。但由于抗战爆发,"大上海计划"戛然而止,五角场也未能成为新市中心,而且在此阶段,这一区域内的慈善组织并无大的发展,因此本书没有将这一区域纳入重点研究范围。

"城乡连续统一体"①式的江南市镇,成为一个陌生而新鲜的空间。移民厕身其间,往往生发出疏离、无助之感;尤其是初来乍到之际,或者是工作、事业不顺之时,居无立足之地,饥无裹腹之食,孤立无援、惶恐不安,乃至铤而走险、为非作歹之事常有发生。与此同时,随着部分人梦想成真,迅速积累起巨额财富,由此带来巨大的焦虑感和不安全感。②尤其是上海城市的快速发展、财富的急剧增加,都与租界的开辟以及洋人在沪在华的特权紧密相关,一方面使得华人精英的财富在带来舒适生活和社会地位的同时又增加了罪恶感和羞耻感,进一步增加了部分富人的焦虑③;另一方面又使得华人精英在上海都市化这个陌生的变化过程中既茫然无措,又不得不积极参与甚至起而抗争。凡此种种,都对形成中的都市社会产生各种潜在威胁和影响。

都市社会似乎是一个始终未完成的过程,而不是一个已经成形的具体实在。在农业时代,有乡村与城市,城乡有别而差异不大,尚无都市社会之产生;在工业化、现代化时代,城乡两分,都市社会一度被认为是工业化可能带来的目标。在近代上海开埠前后,都市社会

---

① 〔美〕施坚雅主编,叶光庭等译:《中华帝国晚期的城市》,中华书局2000年版,第306页。
② 梁其姿认为:财富自晚明以来就引发了普遍的社会焦虑,而散财行善的确能帮助明清新富减少这种焦虑(梁其姿:《施善与教化——明清的慈善组织》,第67—69页);开埠以后,上海买办阶层率先崛起,"顷刻间,千金赤手可致"(〔清〕王韬:《瀛壖杂志》,陈成国点校,上海书店出版社1988年版,第12页),但他们在很长时间内都被人目为汉奸、洋奴,"食夷利者贱"的观念始终伴随着他们左右,很多买办虽然富有,但又有一种自卑感和焦虑感,因而他们不仅通过捐纳获得士绅身份,也积极投身慈善事业来缓解内心焦虑,如英商宝顺洋行买办徐润对家乡慈善事业极为支持,"举凡建庙、铺路、筑墙、办学、扶贫等,都少不了他的赞助"(陈国威:《近代中国买办的卑微心理分析》,《史学月刊》2007年第12期;雪珥:《徐润:大清国的烂尾巨富》,《新财经》2009年第4期)。
③ 容闳是中国最早留洋并学业有成的人,自己也做过宝顺洋行买办,他对买办的看法在当时应该具有普遍性:"买办之俸虽优,然操业近卑鄙",透露出一种深深的耻辱感(《容闳自传——我在中国和美国的生活》,团结出版社2005年版,第54页)。

是什么样子并无标准，甚至也无典型榜样可以学习，更不用说开埠初期上海士绅商民等对西方各国知之甚少，了解有限。但对在上海发家致富或扬名立万的精英们来说，不管是上海本地土著绅商，还是闽粤或江浙或皖鲁商人，或是各地致仕官员、下野军头和帮会大佬，进入上海并长期居住于上海后，都演化为上海绅商。他们能切身感受到开埠后上海社会经济的快速发展，更能感受到这种发展带来的整个社会的变化。一方面是租界咄咄逼人的发展和扩张势头，另一方面则是随处可见的机会和潜力，上海绅商面对此种从未有过的境遇，既有焦虑、彷徨和迷茫，也积极投身都市建设，既争取自身利益，也参与建设和维护新生的都市社会，在与租界和洋人开展合作的同时展开竞争。

因此，在都市社会形成过程中，为解决上述都市社会中的无助、困苦、焦虑、彷徨诸问题，维持社会秩序稳定，各种自发或自觉的机制应运而生。近代上海绅商积极投身组建、创新民间慈善组织，既与都市社会一起发展、壮大，也是积极参与和维护都市社会秩序的机制之一种，并成为具有重要影响力的社会组织。

中国慈善事业有着悠久的历史，这与中国思想文化中的慈善理念和思想紧密相关。不论是传统的儒家、道家和其他诸家学说，还是外来的佛教思想，都强调慈悲为怀、民胞物与、乐施好善，强调恻隐之心人皆有之。各种善书也一再劝告众人"诸恶莫作，众善奉行"，认为"祸福无门，惟人自召；善恶之报，如影随形"。这些思想为政府、各类宗教组织和个人(善士、善人)所吸收，从而在各地开设各种各样的慈善救济机构，施善于人，救济众生。

本书讨论的主要是上海一地之慈善事业，而且主要讨论由地方绅商(本书中包括传统士绅、近代绅商、商人、企业家等)和善人(或称慈善家)所兴建的民间慈善组织和慈善活动。中国有各种力量兴办慈善事业，如宗教团体、宗族组织、同乡会馆、同业公所以及士民工商各界人士等，但自明清以来，出现了一种迥异于此前历史时期的慈善组织和慈善活动，那就是主要由民间力量兴办、不属于单纯的宗教团体,也不属于家族或同乡、同业组织所办会馆公所的善会善堂。① 本书以上海民间所办善会善堂为中心,展现上海民间慈善事业发展历程,并分析在欧风美雨冲击下,在新的都市社会形成背景中,中国民间慈善事业如何创新活动形式和组织形式,如何持续生存,如何在接受西方慈善思想影响的同时也影响西方慈善组织在华业务的展开,进而探讨中国慈善事业发展的独特经验、中国慈善文化的持久影响力和生命力。与此同时,我们也通过这一议题,来分析华人在近代上海都市社会发展中的作用和影响,进而探讨民间社会组织对都市社会之形成与维系诸方面的意义。

上海在开埠以前,虽号为"东南壮县",其实依然只是中国东南沿海的一个县城,处于中国经济文化中心"江南"的东部地理边缘地区,其慈善事业在明清两代已经有所发展,但从梁其姿的统计来看,也仅属于普通江南县城的规模,并不出众。② 但开埠以后,上海对外贸易率先发展,迅速超过广州,成为中国对外贸易中心;随后,各种新兴经济形式和新的生产方式传入上海,尤其是中日签订《马关条约》之后,外资蜂拥而入,上海又从商贸中心发展为中国现代工业中心;轮船航运等现代交通运输业应运而生,金融业、房地产业、娱乐服务业、市政建设等各项事业随之兴旺发达起来,上海成为远东大都市和国际化程度最高的中国大城市。在这一过程中,上海"善堂林立"③,号称中国的"慈善之都",不仅传统的慈善组织进一步扩大、发展,而且由于西方基督教、天主教等大量宗教组织在沪建立慈善机构,也刺激和促进了传统慈善组织的改革和更新。与此同时,经济的发展和人口的集聚以及各种现代社团组织形式和理念的传入,使得中国人有能力、有需要大力创办各种新式慈善机构。另外,近代中国社会局势动荡

---

① 梁其姿:《施善与教化——明清的慈善组织》,"导言",第1页。
② 根据梁其姿的统计,开埠之前上海县出现过的慈善组织只有3个(参见梁其姿:《施善与教化——明清的慈善组织》,《附录》,第332—351页);当然事实上并非如此,我们在本书中有详细数据呈现,但在整个江南地区,上海县的慈善组织在19世纪中期以前并不算多。
③ 〔清〕王韬:《瀛壖杂志》,上海古籍出版社1989年版,第29页。

不安,经济发展不平衡,各级政府财力匮乏,无力承担社会保障职能;各种天灾人祸却又层出不穷,水旱灾害动辄使数百万、上千万人成为灾民,频发的战争更使众多黎民百姓背井离乡、流落异地。上海的民间慈善组织在救济本地贫穷弱小的同时,开始进行跨区域的施赈与救济,活人无数;中外合作、华洋协同的新式慈善组织纷纷建立,影响深远;上海民间慈善组织也远赴重洋,开展国际救灾,施惠于世界,彰显中国文化慈悲为怀的一面,增强中华民族在世界舞台上的影响力。

"慈航普度",语出佛教经典《万善同归集》(卷下):"驾大般若之慈航,越三有之苦津,入普贤之愿海,度法界之飘溺。"佛、菩萨以尘世为苦海,故以慈悲救度众生,出离生死海,犹如以舟航渡人,故称慈航、慈舟。此处借来形容善人(尤指慈善人士、地方绅商)慈悲为怀,能普遍救助大众。同时亦有另外两个考虑:一是从近代上海的经验来看,晚清、民国时期上海的知名慈善家,大多最后都皈依佛教或是成为佛门俗家弟子,服膺佛教思想,如王一亭、黄涵之、关絅之等上海慈善界领袖人物,均是佛教居士林的主要维持者和赞助者①;众多佛教、道教组织也积极参与民间慈善事业,并且跨出宗教界限,普遍救济穷苦大众,具有普度众生的情怀,如理教在近代上海创办了众多慈善组织,如理教普缘社、德本善堂等。② 但本书借用此语,并非只是讨论佛教界或宗教界人士创办的慈善组织,而是指代具有普遍性意义的慈善组织。二是从慈善理念和慈善措施的角度来说,进入近代,尤其是19世纪中后期以来,上海民间慈善组织在施救对象的选择上,已经不再将穷人从道德上进行类别区分,不再把道德上有污点的穷人排除在慈善救济之外,而是实行普遍救助。因此,本书借用"慈航普度"意在揭示上海民间慈善事业既具有佛教及中国诸家思想所宣称的慈悲为怀的精神,更想借此揭示此时期救助对象的泛化和非特指性、普遍性。

---

① 唐忠毛:《作为民间慈善组织的近代居士佛教——以民国上海佛教居士林为例》,《上海师范大学学报(哲学社会科学版)》2008年第6期。
② 张爱华:《上海理教研究》,上海师范大学硕士学位论文,2004年,第69—70页。

需加说明的是,本书用了一个"难"字来形容"普度",并非否定上海民间慈善事业的历史功绩,更没有否定从事民间慈善事业的组织和个人。用"难"字意在说明两点:首先,是"普度"之难。慈善组织及其管事之人大都试图尽可能全面救济各种弱势者和遇险者,希望普济众生,但很多被救济对象其实并不领情,或认为救济不够,或所得非所需;也有些完全不愿意接受慈善组织的救助,尤其是对乞丐、游民的收容、教养,受到普遍抵制,收效甚微。更重要的是,在社会经济发展不均衡、就业机会不充足的情况下,全面救助根本就是不可能实现的目标,同时维持部分人的失业和无业,可以保证劳动力的充分供应,也有利于商人、资本家的利益。其次,是"慈航"之不易。近现代上海民间慈善组织是在一个极为复杂的政治环境中生存、发展起来的,上海本地即有老城厢、公共租界、法租界和闸北四大城区,各有独立的市政机构;而中央政府又历经清政府、北洋政府、南京国民政府。民间慈善组织在各种力量的夹缝中求生存,自身的延续尚且不易,要发展和创新更是举步维艰。各级政府对民间慈善组织的管控和剥夺,经常导致一些善会善堂无力抵抗而倒闭;很多人以为慈善组织的资财是公众财产,因而时刻觊觎、侵夺慈善组织财富,也导致慈善组织难以为继。

另外,本书中的"华人",是指中国人,尤其是指租界内的中国人,并非今日普遍使用的"海外华人"或"外籍华人"的概念。因为上海开埠后,随着租界建立和"华洋杂处"局面的出现,为了区分中国人与外国人,就出现了普遍使用"华人"指代中国人的现象,实际上是与"西人""洋人"相对应的概念。为尊重资料原意,本书以"华人"指代租界内的中国人,或是与西人、洋人相对应出现的中国人;根据论述需要,有些地方也使用"国人"或"中国人"的称谓。"上海地方精英"或"上海绅商"主要指原籍上海或至少是长期生活于上海的各界精英;"华人精英"等概念则指包含上海人和外地人在内的中国精英,一般也是相对于西人、洋人而言。而此书所用"精英"一词,并没有特别严格的定义,一般泛指在各个领域取得一定成就者,或是各种社会组织或活动的组织者和主持者。

一、从城厢到都市

上海,自唐代的小渔村,到宋代成镇,元代建县,明代筑城,晚清开埠,民国设市,从一个名不见经传的小地方,发展成中国最大的现代城市,也成为东亚和远东乃至世界著名的大都市。这一过程看似长达一千多年,但在开埠之前,上海即使已经贵为"东南壮县"①,也依然只是众多中国传统江南县城之一而已。宋元时期设镇建县,榷场、官衙所在区域即为上海地方政治经济中心;明代嘉靖时期城墙修筑后,在城乡差别不大或者是所谓"城乡统一连续体"时期,城墙和壕沟所包围的县城内是无可争议的上海政治、经济、文化中心之所在。

嘉靖时期上海筑城,限于规制要求及财力诸问题,并未完全将已经发展起来的集市繁华地带全部围起来,因此城墙修筑起来以后,东门外沿黄浦江边一带实际上就已经开始形成集市和街道。② 中国城市基本上都有城墙(像上海这种设县后几百年才筑城墙的并不多见),人们一般认为"城外为廓,廓外为郊"。根据惯例,城墙以内叫做"城",而人口稠密、经济活动比较频繁的城外区域称之为"厢"。也就是说"厢"是发展起来了的"廓",可以说是向城市化发展的城外区域。一般"城厢"并称用来指城内和城外比较繁华的地区。③ 到开埠之前,上海县城及邻近东门、南门的部分城外地区按部就班地发展,形成了成片集市和街道,城市化在逐步推进之中。

1843年上海开埠,租界建立,尤其是1853年小刀会起义后大量难民涌入租界,打破了"华洋分居"格局,进入"华洋杂处"时代。1854年《上海英法美租地章程》进一步承认了"华洋杂处"的现实,上海社会经济开始加速发展。受此影响,上海县城经济发展方向开始由东

---

① 自明代以来,上海(上洋)即有"东南壮县"之美誉(《建学记》,〔明〕郭经修,唐锦纂:《上海志》,卷五,第338页),此后这一说法就成为描述开埠之前上海的惯用词语,尤其各类《上海县志》《松江府志》多采此说。
② 杜正贞:《上海城墙的兴废:一个功能与象征的表达》,《历史研究》2004年第6期。
③ 薛理勇:《上海老城厢史话》,立信会计出版社1997年版,前言第2页。

南方向向东北方向发展。"南市原来集中在上海县城大东门、小东门和北门城郭附近,鸦片战争以后,随着城厢居民的增加和航埠逐渐向十六铺发展,商业市面亦相继向小东门内三、四牌楼,方浜路及城隍庙等地延伸。"① 也就是说,开埠之初,随着租界的开辟及其初步发展,上海城厢地区并没有因此衰落,而是获得了发展,但是发展方向已经受到租界的影响,似乎租界有一种强大的牵引力,将老城厢重心向东北方向拉过去。

城厢区域的繁华未能持续太长时间,到 1870 年以后,租界地区很快超越老城厢,成为整个城市的象征②,正如上海竹枝词中所说"有城不若无城富,第一繁华让北方"③。这里的"北方"就是指县城以北的租界地区。更为重要的是,虽然英、法、美三个租界(1863 年英美租界合并,后一般称之为公共租界)不同区域发展及治理水平和方式各不相同,但他们都有自身母国经验可供借鉴和利用,道路码头委员会、纳税人会议的成立,工部局、公董局以及下属各部门如工务处、警务处、巡捕房的设立,给城市治理带来耳目一新的感觉。不过,对于上海士绅和地方精英们来说,这种"新"不仅仅是新鲜感,不仅仅是感官上的冲击,更是一种从未经验过、听闻过的陌生感,带来的是巨大的震撼和焦虑。

这种震撼和焦虑主要来自一种突变,一种短时间产生的巨变的冲击。上海城厢地区经历了数百年乃至上千年的发展,才形成当日城厢内外繁华格局,但租界在开埠后短短二三十年的时间,就很快从农田、滩涂地上建起一座全新城市,并逐步后来居上,取老城而代之,成为上海新中心。随之而来的是人口的大量增加,新的生活方式的出现,新的市政建设、管理方式、市容市貌等一股脑儿呈现在老城厢北面,就活生生地摆在那里。这使得许许多多上海绅商深刻体会到

---

① 《近代上海百货商业史》,转引自何益忠:《老城厢:晚清上海的一个窗口》,上海人民出版社 2008 年版,第 5—6 页。
② 何益忠:《老城厢:晚清上海的一个窗口》,第 42 页。
③ 《沪江商业市景色》,顾炳权编:《上海洋场竹枝词》,上海书店 1996 年版,第 96 页。

那种从农业时代的城乡一体格局向都市时代过渡的迷茫与无措。而当这种过渡是由洋人主导时,不可接受却又不得不接受,尤其令人痛心。面对"数千年未有之变局"带来的危机,上海绅商以及其他各地寓沪精英们一方面积极勇敢地尝试接受和寻找新的发展机会,另一方面则在自己熟悉的领域内,通过诸如举办慈善活动、更新慈善理念、创新慈善形式等方式主动参与新都市社会建设。"都市现实的危机比某种其他的危机更为重要、更为根本。"①精英们直接面对陌生而崭新的都市社会雏形及发展,克服自身恐惧与焦虑,积极直面现实,参与和投身都市建设,是地方精英们应对都市化带来的危机的根本方式。

小浜正子认为近代上海都市社会是靠社团建立和维系的,各种各样的社团组织构成都市的"公共性",为近代上海社会的形成和发展作出了巨大贡献。② 然而,小浜正子忽视了一个重要面向,即各种社团都具有小团体性和排他性,社团团结了一批人,必然将其他的人拒之门外或成为其排斥的对象,有些社团甚至本身就是为了区隔而立。结成社团的人是一个小共同体,社团以外的人虽不必然就是其对立面,但也是有别于小共同体的。这类社团必然带来两种社外之人,一种是身份、地位与小共同体类似者,他们可能可以寻求加入该类社团的机会,或者自行组建新的社团,从而形成同质性、竞争性社团,当然也可以互相合作;另一种是社团试图"救济""帮助"的对象,他们与社团处于不对等地位,是受助者,虽然他们也可能参加和组织各种地下社团或非公开社团,如丐帮和其他帮会组织等,但大多数往往各自为战,成为游离于都市社会之一分子。这两种社外之人,都是自身的他者,或者对立面。

将上海慈善组织和慈善事业在近代的发展、变化置于上海从传

---

① [法]亨利·勒菲弗著,李春译:《空间与政治》,上海人民出版社 2008 年版,第 63 页。
② [日]小浜正子著,葛涛译:《近代上海的公共性与国家》,上海古籍出版社 2003 年版,第 42—43 页。

统城乡一体时期向现代都市社会过渡这样一个大的环境下,我们会发现从事慈善事业的上海绅商和各路精英们,始终在处理一个"对立面"、一个"他者"带来的困扰的问题。这个对立面、他者,有许多种形态,在不同场合有不同表现;这种"困扰"也不全然是负面的,也蕴含着机会和潜力,因此困扰主要是精神层面的迷茫和无措。具体来说,租界是老城厢的他者;西人、洋人是华人的他者,尤其是那些以老城厢、华界为认同点的上海绅商和地方精英们的他者;无业游民、乞丐以及其他老弱病残又是有产的绅商和精英们的他者;有不同利益纠葛和思想认识的绅商和地方精英们也互为他者。事实上,所有他者都是相互的,都是相对的。他者是陌生的,非我族类,其心必异,需要格外小心提防;他者又有可以学习、模仿和借鉴的地方,有助于提升自我、强大自我。"在社会生活中,传统和改变是一体的两面,不是具有不同历时性的个别实体",但我们现有研究往往只是从某一个面向去探究历史,从而使得研究结论看起来似是而非。①

对于近代上海而言,城市化与近代化急剧发展,但都市社会远未完成,还处在发展之中。都市,不单是县城和乡村地区的城市化,而且具有某种中心性。只有至少成为地区中心,才能形成都市。上海开埠之前,在外贸地位上,无法与广州相比;在经济和文化地位上,即使与临近的苏州、杭州、南京等城市也无法比肩。开埠以后,上海先是在外贸方面超越广州,成为中国对外贸易中心;然后在太平天国运动时期,由于苏杭衰落及上海租界地区的迅速发展和繁荣,完成"从江南的上海到上海的江南"的转化,上海一跃成为东南最繁华之区,即所谓"边缘缔造中心"。② 上海绅商和精英们创立和发展慈善组织,举办各类慈善活动,既积极参与和推进老城厢地区的都市化发展,也积极介入租界地区的都市化过程,既学习和模仿西人的做法,也通过

---

① [丹麦]克斯汀·海斯翠普编,贾士蘅译:《他者的历史——社会人类学与历史制作》,台北麦田出版社1998年版,第16页。
② 周武:《边缘缔造中心:历史视域中的上海与江南》,上海人民出版社、上海辞书出版社2019年版,第176页。

自身的参与与洋人展开竞争,为上海都市化发展贡献中国人自己的力量。华人精英通过举办慈善事业,一方面收留、教养各种弱势群体,以维护都市社会秩序,进而保护有产者阶层的既得利益;同时也在某种程度上为都市社会经济发展保留一个劳动力蓄水池,为保持低廉的劳动力成本和不充分的就业市场出力,进而保证上海产品的竞争力和经济发展的持续性,具有一举多得的功能。

二、学术史回顾

关于中国民间慈善事业史的研究,20世纪七八十年代以来,中国港台地区和日本学者着力甚大,而且产生了一批重要成果。夫马进的《中国善会善堂史研究》对中国民间传统的善会善堂首次进行了详细研究。① 他用社会科学和人文科学相结合的方法,从社会福利事业和市民社会形成这样彼此相互关联的两个侧面展开研究,论述了中国善会善堂的历史特点、作用、影响以及透过它们所反映的国家与社会之间的关系。② 梁其姿则从善会善堂的基本功能——施善与教化两方面对中国明清时期江南的慈善组织进行了详细探讨。③ 该书肯定了中国传统慈善组织的作用,并分析了其在明清以来迅速发展的原因,作者令人信服地指出:明清时期中国慈善组织的大量出现与这一时期整个中国社会发生的重大变化密切相关。作者考察了2 600多种地方志,比较完整地梳理了明清以来江南地区的慈善组织,通过分析慈善组织的活动以及慈善理念,进而认为:明清时期江南地区慈善组织之所以大量出现,与这一时期贫穷观念的变化以及富人对于财富的焦虑心理密切相关,不能简单从社会需要出发进行解释。当然,明清时期传统价值观念逐渐衰落,地方精

---

① [日]夫马进:《中国善会善堂史研究》,同朋舍1997年版。2005年商务印书馆出版了该书的中文版,由伍跃、杨文信、张学锋等人翻译。
② 伍跃:《夫马进教授的〈中国善会善堂史研究〉》,《中国史研究动态》1999年第12期。
③ 梁其姿:《施善与教化——明清的慈善组织》。

英尤其是中下层儒生为维持自身地位、企图拯救此种观念,因而组织了大量善会善堂,这也是这一时期中小型善会善堂大量出现的原因之一。小浜正子通过对大量征信录、会议记录以及其他相关史料的解读,指出善会善堂在近代上海的自治运动及上海的城市化发展中发挥着重要作用,并形成了以善会善堂为基础的近代上海的公共性。①

在日本和中国台湾地区学者开始关注中国传统慈善事业研究的同时,中国大陆部分学者也开始注意到该课题。1980年顾长声出版专著《传教士与近代中国》,其中第十章为《教会慈善事业》,对西方教会在近代中国开办的医疗事业、慈幼事业和救济事业进行了专门介绍,这也是改革开放以来较早关注慈善事业的研究成果。② 1991年周秋光出版《熊希龄与慈善教育事业》,该书专门以熊希龄所从事的慈善救济与教育事业为视角,对熊在北京所办的香山慈幼院等机构和慈善活动进行了详细介绍,是国内第一部以慈善为主题的专著。③ 1996年,周秋光又出版《熊希龄传》,进一步以较大篇幅介绍熊希龄所从事的慈善教育事业。④ 进入20世纪80年代末90年代初以后,大陆学术界关注中国慈善事业的研究逐渐增加,并且编辑出版了一大批珍贵的慈善史料,如虞和平编的《经元善集》、中国红十字总会编的《中国红十字会历史资料选编(1904—1949)》、周秋光编的《熊希龄集》和《熊希龄先生遗稿》等。另外,此时期《盛宣怀档案》也披露了一批盛宣怀参与慈善事业的史料。

关于中国传统慈善思想及其近代转型,以及慈善思想的传播、影响、实践等方面的课题在20世纪末和21世纪初引起了一些学者的关注,并推出了一些有水准的成果。香港学者游子安先后出版《劝化金箴——清代善书研究》和《善与人同——明清以来的慈善与教化》

---

① [日]小浜正子著,葛涛译:《近代上海的公共性与国家》,第186页。
② 顾长声:《传教士与近代中国》,上海人民出版社1980年版。
③ 周秋光:《熊希龄与慈善教育事业》,湖南教育出版社1991年版。
④ 周秋光:《熊希龄传》,湖南师范大学出版社1996年版。

两书,对明清以来慈善思想及其传播进行了专题研究。① 在《劝化金箴》一书中,游子安认为作为规劝人们"诸恶莫作,众善奉行"的通俗读物,以及各类善书,都兼融三教思想与民间信仰,包括儒家忠孝节义、道德内省和阴骘观念,佛教的因果报应及道教的积善销恶之说,是中国传统慈善思想的重要载体和传播媒介。宋代以来大量出现的善书,到明清发挥了越来越重要的作用,并引导民间善士建立慈善组织,来实践慈善思想。而且他认为善书形式与内容的变化与中国社会自身的变迁有着紧密联系。②《善与人同》一书则是进一步就善书的流行、善书与善士之间的关系,以及善书的流通与社会变迁之间的关系等问题展开讨论。作者认为善书是中国传统慈善事业的核心,善士的善举大都是因为受到善书的影响而开展,并且也进一步传播和扩大了善书的影响力。③ 赖进兴的《江南士绅的慈善事业及其教化理念——以余治(1809—1874)为中心》对慈善思想家余治进行了专题研究。④ 周秋光不仅专门讨论了熊希龄的慈善思想⑤,而且认为西方教会在华慈善机构、部分中国人在海外的亲身见闻以及部分先进中国人在向西方学习过程中形成了各自的慈善福利观,进而影响了中国慈善思想在近代的转型。⑥ 黄鸿山、王卫平则对晚清洋务派思想家冯桂芬的慈善思想进行了专门探讨,认为冯桂芬之慈善思想既有传统中国儒家思想的渊源,亦与其对西方思想的接受有关。⑦

小浜正子对日本史学界关于中国民间慈善事业的研究做过综

---

① 游子安:《劝化金箴——清代善书研究》,天津人民出版社1999年版;《善与人同——明清以来的慈善与教化》,中华书局2005年版。
② 游子安:《劝化金箴——清代善书研究》,第1页,并参见第四、第五章。
③ 游子安:《善与人同——明清以来的慈善与教化》,参见相关章节。
④ 赖进兴:《江南士绅的慈善事业及其教化理念——以余治(1809—1874)为中心》,台湾成功大学博士论文,2005年。
⑤ 周秋光:《论熊希龄的社会慈善观》,《近代中国慈善论稿》,人民出版社2010年版。
⑥ 周秋光、徐美辉:《论近代慈善思想的形成与发展》,《湖南师范大学社会科学学报》2005年第5期。
⑦ 黄鸿山、王卫平:《晚清思想家冯桂芬近代慈善理念的确立及其实践》,《江海学刊》2009年第1期。

述,认为20世纪80年代以来中国传统慈善事业在日本引起了诸多学者的兴趣,日本学者通过研究中国传统慈善事业,来探究中国慈善事业的思想源头,以及慈善事业与社会发展之关系,进而由此探究中国社会文化在近代的发展与变化。① 余新忠的《1980年以来国内明清社会救济史研究综述》对1996年以前近二十年的研究进行了总结,肯定了这一时期所取得的成就及其存在的不足。② 朱浒对20世纪清代的荒政研究进行了总结,作者认为经过数十年的努力,清代灾荒史的研究取得了重大突破,但依然任重而道远;并提出今后要创新慈善研究的理论与方法,拓宽慈善研究的领域与深度,同时更要加大慈善史料的发掘和整理力度,为慈善事业史研究打下坚实的基础。③

进入21世纪以后,关于中国民间慈善事业的研究文章无论在数量上还是在质量上都有了进步,但依然有诸多问题未能完全解决。朱英论述了自戊戌维新以来民间慈善事业的发展和观念的进步,并以经元善、张謇为个案具体论述了此时期民间慈善事业的演变及特点。④ 王卫平论述了中国传统慈善事业的思想基础,并重点论述了江南尤其是苏州的慈善事业。⑤ 蔡勤禹探讨了民国社会救济行政体制的演变,从政府角度论述了社会救济工作的发展,他指出,民国在社会行政方面初步建立了以总统制为核心的中央一级专职救济机构,

---

① [日]小浜正子:《最近の中国善会善堂史研究について》,《历史学研究》721号,1999年。转引自王大学:《晚清到民国时期江南地方慈善组织的社会转型——以川沙至元堂为中心(1895—1949)》,复旦大学历史地理研究中心硕士学位论文,2004年。
② 余新忠:《1980年以来国内明清社会救济史研究综述》,《中国史研究动态》1996年第9期。
③ 朱浒:《二十世纪清代灾荒史研究述评》,《清史研究》2003年第5期。
④ 朱英:《戊戌时期民间慈善公益事业的发展》,《江汉论坛》2000年第11期;《经元善与晚清慈善公益事业的发展》,《华中师范大学学报》2001年第1期。
⑤ 王卫平:《唐宋时期慈善事业概括》,《史学月刊》2000年第3期;《明清时期江南地区的民间慈善事业》,《社会学研究》1998年第1期;《清代苏州的慈善事业》,《中国史研究》1997年第5期;《普济的理想与实践——清代普济堂的经营实态》,《江海学刊》2000年第1期;《论古代慈善事业的思想基础》,《江苏社会科学》1992年第2期;《清代江南市镇慈善事业》,《史林》1999年第1期。

明确了救济工作是一项重要的政府行为,并初步涉及了慈善组织与国家的关系。①余新忠以苏州丰豫义庄为例探讨了清代中后期乡绅的社会救济活动,讨论了乡绅社会救济与宗族的关系,他认为,乡绅利用自身特殊地位,并借助家族与政权的合力,部分地承担起地方社会救济的责任,因而,他们的活动既是一种慈善行为,同时也是一种社会控制手段。②范金民讨论了清代徽州商帮在江南地区设立慈善设施的动机、资金筹措以及管理运作等,从而指出,清代商人地域观念并未消除,新型的商人组织——公所等也并不完全是由旧的会馆转化而来。③冯筱才和夏冰讨论了民国初年以来江南慈善组织的新变化,他们认为隐贫会是一种文化变迁与社会经济变迁的混合体。④

随着越来越多的学者参与到民间慈善事业研究课题中来,一些地方性的慈善断代史开始出现,并且也出现了全国性通史著作。进入21世纪以后,人民出版社组织出版了"中国慈善研究丛书",该套丛书先后出版了北京、宁波、湖南等地的慈善研究专著⑤;也出版了周秋光等撰写的《近代中国慈善简史》和《近代中国慈善论稿》两部具有通史性的著作⑥;另外还出版了几本专题性研究专著⑦。这些著作对近代尤其是民国时期中国慈善事业的思想根源、慈善组织变化以及

---

① 蔡勤禹:《民国社会救济行政体制的演变》,《青岛大学师范学院学报》2002年第1期;蔡勤禹:《试论近代中国社会救济思想》,《东方论坛》2002年第5期;李元峰:《民国慈善团体论述》,《东方论坛》2002年第3期。
② 余新忠:《清代中后期乡绅的社会救济——苏州丰豫义庄研究》,《南开大学学报》1997年第3期。
③ 范金民:《清代徽州商帮的慈善设施——以江南为中心》,《中国史研究》1999年第4期。
④ 冯筱才、夏冰:《民初江南慈善组织的新变化:苏城隐贫会研究》,《史学月刊》2003年第1期。
⑤ 王娟:《近代北京慈善事业研究》,人民出版社2010年版;孙善根:《民国时期宁波慈善事业研究(1912—1936)》,人民出版社2007年版;向常水:《民国北京政府时期湖南慈善救济事业研究》,人民出版社2015年版。
⑥ 周秋光、曾桂林:《近代中国慈善简史》,人民出版社2006年版;周秋光:《近代中国慈善论稿》,人民出版社2010年。
⑦ 曾桂林:《民国时期慈善法制研究》,人民出版社2013年版;文姚丽:《民国时期救灾思想研究》,人民出版社2014年版。

各地慈善事业的开展等问题进行了专题研究。此外,通史类著作还有王卫平等的《中国慈善史纲》①,谢忠强也出版了通史类著作②。曾桂林对1990年以来的慈善史研究有比较详尽的介绍。③ 现有研究对于我们了解相关地区或相关专题领域的慈善事业发展和慈善思想变迁等大有助益,但相关研究一般都强调"近代"这个时间上的特殊性,言下之意是传统慈善事业在遭遇"近代"之时,必然发生"近代化转向"。同样因为这些研究大多有意无意地带着这种近代化取向,因此其结论反而显得说服力不够,而且结论多有类似,只是地域不同而已。

上海作为近代"慈善之都",又具有"全国慈善事业之枢纽"④地位,慈善事业的发展既有悠久传统,更有现代开埠后快速都市化、国际化这一特殊背景,其慈善事业不仅规模宏大,而且类型多样,特点鲜明,因此也吸引了众多慈善史研究者关注。梁其姿统计了地方志中上海县的35个善会善堂,是最早对上海县慈善组织进行初步统计的成果。⑤ 夫马进对上海的保婴会、清节堂、同仁辅元堂、果育堂、普育堂等慈善组织进行了专门研究,认为上海地方慈善机构在近代上海地方自治运动中实际发挥了早期地方自治机关的作用;而且他还研究了近代上海义冢引发的矛盾与纠纷,进而指出这是上海都市近代化与传统善举相互冲突并最终解决的案例。⑥ 梁元生探讨了清末上海的慈善团体和福利机构与政治及国家之间的关系,他认为,随着城市公共空间扩大,以慈善事业的发展为舞台,部分社会精英借助善会善堂董事身份成为地方自治的领袖,因而清末慈善活动的基本组织机构——善堂实际发挥了地方政府机关的部分职能。⑦

---

① 王卫平等:《中国慈善史纲》,中国劳动社会保障出版社2011年版。
② 谢忠强:《中国慈善救助事业发展史论纲》,人民出版社2016年版。
③ 曾桂林:《20世纪国内外中国慈善事业史研究综述》,《中国史研究动态》2003年第3期;曾桂林:《近20年来中国近代慈善事业史研究述评》,《近代史研究》2008年第2期。
④ 《暂拟中华慈善团体全国联合会草章》,转引自李国林:《民国时期上海慈善组织研究(1912—1937)》,立信会计出版社2018年版,第57页。
⑤ 梁其姿:《施善与教化——明清的慈善组织》,第332—411页。
⑥ [日]夫马进:《中国善会善堂史研究》,参见第七章、第十章和第十一章等。
⑦ 梁元生:《慈惠与市政:清末上海的"堂"》,《史林》2000年第2期。

张礼恒不仅从各类史料中爬梳出 20 世纪 30 年代上海慈善组织近 120 个,而且对其时上海的慈善事业各方面展开了宏观论述。① 小浜正子从社团史的角度,指出近代上海以慈善组织等民间社团为基础,产生了中国人自己的具有公共性的"公领域",这一社会空间的存在是以近代上海所具有的特殊的国际国内背景为基础而形成的,而且这种公领域在形成之后,也为上海市民尤其是地方绅商积极参与地方社会,以及处理和改善与政府部门之间的关系提供了一定条件。② 李国林以抗战爆发前的上海慈善组织为对象撰写博士学位论文,对民国时期慈善事业的发展做了全面梳理。③ 汪华则分析了近代上海商人参与慈善活动的动机与意图,以及在慈善组织与政府部门之间的互动中所处的地位等。④

陶水木论述了旅沪浙商的慈善活动,并考察了近代上海慈善活动的资金来源,认为其时上海慈善组织的资金筹集能力已经大大强于传统时代,并且出现了一些新式筹资方式,为慈善事业的发展提供了资金支持。⑤ 此外,关于上海慈善界人士的研究也已经有了进展,关于朱庆澜将军、海上闻人杜月笙的慈善活动、上海慈善界的领袖人物王一亭等都已经有研究涉及了他们的慈善活动。⑥ 另外还有一些

---

① 张礼恒:《民国时期上海慈善组织统计》《略论民国时期上海的慈善事业》,均刊于《民国档案》1996 年第 3 期。
② [日]小浜正子著,葛涛译:《近代上海的公共性与国家》。
③ 李国林:《民国时期上海慈善组织研究(1912—1937)》,华东师范大学博士学位论文,2003 年。
④ 汪华:《慈惠与商道:近代上海慈善组织兴起的原因探析》,《社会科学》2007 年第 10 期;《超越合作与制衡:民国时期上海慈善组织与地方政府的互动》,《上海师范大学学报(哲学社会科学版)》2015 年第 2 期。
⑤ 陶水木:《北洋政府时期旅沪浙商的慈善活动》,《浙江社会科学》2005 年第 6 期;《北洋政府时期上海慈善资金来源初探》,《档案与史学》2004 年第 1 期。
⑥ 莫愁:《"肯花钱的杜月笙"——从档案史料看杜月笙的一次"善举"》,《档案与史学》1996 年第 6 期;王中秀:《王一亭年谱长编》,上海书画出版社 2010 年版;沈文泉:《海上奇人王一亭》,中国社会科学出版社 2011 年版;贺鑫昌:《海上闻人王一亭》,《档案与史学》1996 年第 6 期;小隐:《辛亥元老、慈善先驱——朱庆澜将军的一生》,《档案与史学》2000 年第 3 期等。

以单个善会善堂为研究对象的论文,不一一列举。①

现有研究从不同的侧面探讨了中国民间慈善组织和慈善事业问题,并取得了重要成果。但是,毋庸讳言,关于民间慈善事业的研究还有许多值得努力的地方。梁其姿的专著只考察到19世纪中叶,对近代以来的慈善事业因为"有太多非传统因素"②而存而不论;夫马进也主要考察明清时期,同样对近代慈善事业着力不够,且这些专著都着重考察整个中国至少是江南这样一个大范围的地域,而近代中国社会发展的一个重要特征即地方特色不断显现,因而他们的结论在多大程度上适合各地的情形也值得具体考虑。

具体到本文所考察的上海慈善事业,虽然相关研究已经相当多,但是同样存在一些值得商榷的问题。小浜正子主要从社团史的角度来进行考察,而且其主要目的在于探讨由社团所形成的近代上海的公共性和公领域,对整个上海的慈善事业的发展没有进行系统梳理和整体论述。其他单篇论文,各有侧重,但都没有对整个上海近代以来的民间慈善事业进行完整论述,因而我们无法了解整个上海民间慈善事业的发展历程,也无法认识到在这一发展过程中慈善事业所具有的复杂性和新颖性。

现有讨论近现代上海慈善事业的研究者,几乎无一例外地认定近现代上海慈善事业无论是慈善思想还是慈善组织形式及其所举办的慈善活动,都有一个"近代化"的过程,似乎这是近代上海历史所赋予上海慈善组织的天经地义的任务。但是我们从现有各种资料的爬梳整理中不难发现,近现代上海名目繁多的慈善组织,其类型、类别、活动等都各有特色,实际上既有部分慈善组织受到欧风美雨的影响

---

① 谢忠强:《慈善与上海社会——以中国救济妇孺会为视角(1912—1937)》,上海师范大学硕士学位论文,2006年;戴佩娟:《上海游民习艺组织研究——以上海游民习勤所为中心(1927—1949)》,上海师范大学硕士学位论文,2006年;侯清:《民间组织与游民教养——上海游民习勤所研究(1929—1937)》,华东师范大学硕士学位论文,2005年;张红梅:《普善山庄研究》,上海师范大学硕士学位论文,2018年;张斌:《上海新普育堂研究》,杭州师范大学硕士学位论文,2019年等。
② 梁其姿:《施善与教化——明清的慈善组织》,第2页。

而走向"近代化",甚至也有大胆创新、超前实践的壮举,如上海模范工厂游民工厂之尝试,但依然有许多慈善组织在从事传统的救济活动,而且即使是那些及时改革、更新的传统大型慈善组织,在吸收西方慈善理念与做法的同时,也仍然坚持其本身的传统做法和传统理念,其所采用的也基本上是传统的救济方式,即使部分地增加了技能培训等新内容。也就是说,我们从整体上来考虑近现代上海慈善事业的时候,既要把握住其时代特色和地域特征,同样要注意那些历史的延续性与文化传统的坚韧和持久性,或者说其实更体现的是中国传统文化的韧性和顽强生命力,是中国文化能够延续不断的奥秘所在,而不能简单地用"顽固不化"或"封建落后"等标签一贴了事。

三、研究思路

本书在充分吸收前人研究成果的基础上,前伸后展,既探寻上海民间慈善事业的源头,也打通历史断裂处,将前人隔断的地方重新联通,并且将研究时限一直扩展到中华人民共和国成立为止,完整地再现上海民间慈善事业的历史进程。① 我们发现,上海民间慈善事业的发展明显存在两条并行不悖的主线:一条是传统民间慈善组织自身组织力、行动力的不断加强,组织程度不断提高,组织规模不断扩大,已经形成一张覆盖全市并同时辐射国内其他地方甚至是辐射到国外部分地区的巨大慈善组织网络;另一条主线则可以称之为欧风美雨影响下的新型慈善机构和新式救济方式的出现及其运作。这些新式机构不仅在组织形式上不同于传统慈善组织,在救济方式上也有自身特色,但它们在运作过程中,除了借助西方教会、外交人员以及西方商人的力量外,同样重视与中国传统慈善机构的合作和交流,二者共同编织出近现代上海强大的民间慈善组织网络,共同打造出上海

---

① 关于中华人民共和国成立以后上海民间慈善组织的改造和归宿,可参见笔者专文:《中华人民共和国初期对上海民间慈善组织的处理研究》,《党史研究与教学》2018年第2期。

"慈善之都"的地位，共同谱写了上海慈善事业的辉煌历史。我们进而发现，在上海都市化过程中，随着上海社会经济各方面的发展以及都市社会的逐步形成，中国传统慈善事业并没有萎缩，传统慈善组织也没有被新式组织取而代之，更没有完全消亡，而是能够积极应对各种社会、政治以及经济方面的变动与更新，并在这一过程中不断发展壮大，显示出中国传统慈善组织顽强的生命力，也显示出中国传统文化在面临变故时所具有的适应性和灵活性。

  本书根据上述两条主线的发展轨迹，通过对近代上海民间慈善事业发展历史的梳理，探讨社会变化对民间慈善事业的影响，同时观照慈善事业与都市社会形成及发展之关系。从目前资料来看，上海民间慈善事业发展过程中，从同仁堂、辅元堂等传统善会善堂的建立，到二者合并组成同仁辅元堂开始，上海传统民间慈善事业明显走上了一条不同于此前的"小社区化"[①]发展路径，进入联合和相互合作、共同举办慈善活动的道路。此后，从同仁辅元堂的"上海诸善堂之首"地位的确立，到民国初期上海慈善团"合众团体为一"的改革与改组，上海慈善团正式成为上海民间慈善组织的中心，慈善团事务所不仅是一个慈善机构，同时更是慈善团所辖诸团体的管理和指挥机关。1927年以上海慈善团为中心而组建的上海慈善团体联合会，则是一个超然于众善堂之上的联合议事、办事机关，既对加入其中的上海诸善堂有指挥、协调之力，也对其他善会善堂有引导和团结之功。实际上，随着沪上诸大小善会善堂及其他公益慈善机关的加入，以上海慈善团体联合会为中心，又形成一大慈善群团，影响覆盖了差不多整个上海地区，甚至远及周边和海外。通过对上海慈善事业的发展进行全景式论述，我们认为：近代以来的上海慈善事业在自身发展中有一个逐步走向联合的趋势，在这一趋势中逐步形成了某种形式的领导力量，而上海慈善界就在这一趋势中不断整合，不断发展。同时本书亦考察慈善组织等民间社团与政府及社会各界之关系，进而探究近代中国社会运转之规律和特色。

---

① 梁其姿：《施善与教化——明清的慈善组织》，第240页。

绪论

本书聚焦于上海民间慈善事业发展史,从整体上书写上海民间慈善组织和善人以上海为基地开展的各项慈善事业,进而探究慈善与近代上海都市社会形成之关系。研究从有记录可循的、最早的上海慈善组织诞生开始,但由于资料难觅,另外也因为夫马进等已经对19世纪中期以前的上海慈善组织有精彩的论述,因此本书侧重于19世纪中期以后上海慈善事业发展史;下限则一直延伸到中华人民共和国成立为止。

本书所研究的"上海",大体上是指清代、民国时期的上海城厢内外(老城厢、"南市")、公共租界、法租界和闸北地区,以及周边开始城市化的郊区。这些区域几乎一直处于变动之中,租界不断向华界推进和扩展,华界城区则不断向郊区延伸,边界线处于不断变化之中,甚至很多地方并无明确的界限,因此在本书中,"上海"既是一个地理名词,也可以说是某种文化或观念上的概念,并无特别明晰的地理区划和明确的地域范围。可以肯定的是,本书并未涵盖所有上海地区,更不包括1958年以后划入上海市的周边十县,即并非今日之大上海全境。

本书研究的主体是民间慈善事业。中国传统慈善救济组织形式多样,所从事的慈善救济活动也丰富多彩,既有政府主办或号召开设的各类官办救济机构,亦有宗族或家族组建以救助本姓宗族或家族子弟的义庄、义塾,以及各种同乡会馆、同业公所举办的以周济同乡或同业子弟为主的设施,前者是政府责任的体现,后者则以周济一宗一族或一地一业为限,对救济对象有严格限定。本书对上述组织均不作专门讨论,如有必要才偶尔提及。本书讨论的慈善事业依然沿用梁其姿的定义:"是一方善士所共同组织的善会及善堂。这些组织不属于宗教团体,也不属于某一家族,是地方绅衿商人等集资、管理的长期慈善机构。"[①]宗教组织举办慈善事业在我国历史悠久,甚至在很长时间都是我国举办传统慈善事业的主力军;近代以后,西方教会在华也开设有大量慈善救济组织。这些宗教组织所举办的慈

---

① 梁其姿:《施善与教化——明清的慈善组织》,第1页。

善事业因其举办者有特定身份,甚至其目的也主要在于吸引教徒以利传教,"我们的慈善事业,应该以直接达到传播基督福音和开设教堂为目的"①,因此教会办的慈善组织,不作为我们考察的主要对象。但其中亦有部分宗教团体创办的慈善组织,对于救济对象并无严格限制,因此我们在讨论上海慈善事业历史时,并不刻意排除宗教组织所举办的慈善事业,只是不特别强调其宗教背景,也不将其作为特殊类型来论述,而在考察其他民间慈善事业时顺带提及和讨论。与梁其姿所认为的"这类组织通常并无重要的经济功能,各项活动亦无时间上的急迫性"②不同,我们认为那些应对急迫性事件的新式慈善组织,也是民间慈善的重要组成部分,而且正是这些新式组织的诞生和发展,更好地适应了都市社会的需要,是我们需要认真研究的部分。

本书将全面梳理和展示上海民间慈善事业发展史。全书除绪论和结语外,共分七章,按照时间顺序,以主要慈善组织和慈善活动为中心,分别展开论述,并对慈善界的创新和慈善组织与社会的特殊互动作重点介绍,最后总结上海民间慈善事业的发展规律和特点。结语部分把整个民间慈善组织在不同时期的创立与近代上海社会经济发展之间的对应关系通过图表等方式直观呈现,进而分析上海地方绅商和各类社会精英在近代上海社会经济迅速发展、都市社会日益形成中,在寻求发展自身利益的基础上,积极投身和参与都市社会建设;在与租界、洋人以及华人中的各种身份等级人群的竞争与协作中,发挥自身力量,消除内心焦虑与不安,进而为上海都市社会之发展贡献自身之力量。在此基础上,我们将进一步讨论,中国传统慈善文化在历史变动时期的韧性和生命力,以及其自我调适和改革更新的能力和特色,探究中国文化在新时期的历史命运等宏观问题。

---

① 顾长声:《传教士与近代中国》,第229页。
② 梁其姿:《施善与教化——明清的慈善组织》,第1页。

四、资料及说明

本书使用的资料主要包括档案材料,各类慈善机构的征信录,晚清、民国时期的报纸和杂志上的相关信息,各慈善组织内部出版的报告、调查和刊物,上海地方志、上海年鉴以及各种统计资料等。

上海市档案馆以及市区多个区级档案馆都收藏有近代上海民间慈善组织的档案材料,这些材料主要包括向政府部门申请登记的资料,或按照政府要求按月按年提交的报告,也有些是官方在整顿和调查这些民间组织时整理出来的材料。这些材料很多是在1949年以后生成,但其内容往往会往前追溯或者会将此前的相关材料附录其中,因而都具有明显的历时性特征,是研究这些组织本身的发展历史非常重要的史料。当然,几乎所有论者都会强调不能尽信档案,对于这类材料需要认真斟酌,其报告性与真实性之间的关系需要借助其他材料进行鉴定。

征信录是公益事业的会计报告书,对于善会善堂史的研究来说是不可欠缺的。① 很多慈善组织的征信录会定期在《申报》等上海重要报纸杂志上刊登,或者自行编印成册赠送给组织的捐赠者及其他关系人,作为昭示天下、取信于人的重要依据。征信录除了详细记录慈善组织的收支情况,还会介绍该组织的历史、重要捐赠者以及其他与该组织相关的重要人物和重大活动。所以征信录不仅仅是公益事业的会计报告,也是研究地方社会、历史事件和历史人物非常有价值的资料。

各类慈善组织自身生成和刊发的材料都是第一手的宝贵资料,包括历史沿革、重要人物介绍、重要事件报告、各类财务收支预决算表格和报告等,这些对于慈善组织及其活动的研究非常珍贵。遗憾的是,这类材料往往并不完整,很多组织只能找到一些零星的相关材料,很少有慈善机构会持久并完整保存自身材料,这给研究者带来不

---

① [日]小浜正子著,葛涛译:《近代上海的公共性与国家》,"序言",第4页。

小的困难。好在晚清、民国时期报纸、杂志业比较发达,各式新闻和消息都有刊登的地方,因而我们可以从很多可能看起来完全没关系的地方找到某些慈善机构的相关信息,可以部分还原一些慈善组织的完整历史,再通过这些个案去观照整个上海慈善史,亦不无裨益。

第一章

同仁辅元堂的崛起（1855—1912）

1855年，清政府收复因小刀会起义而被占领一年多的上海县城，重新恢复对上海县城的统治。但由于战争的毁坏以及长时间缺乏有效管理，原来县城内的一些主要慈善组织如同仁堂和辅元堂等都难以为继，"堂几一蹶不振"[1]。而战后重建特别需要有各方力量的参与，老城厢士绅也积极参与家园重建，决定将同仁堂、辅元堂"合二为一"，定名同仁辅元堂。该组织积极投入地方重建和地方慈善事业的发展之中，开启了上海民间慈善事业发展的新篇章。

一、1855年前后上海的善堂

明代洪武七年（1374年），上海就建立了养济院，此后几经扩建与重修；嘉靖元年（1522年）养济院毁于"上洋海啸"，县令郑洛书劝募资财，重建之[2]；清代移建于上海县城大南门外陆家浜南（俗称孤老院），但到嘉庆十七年（1812年）时大部毁坏，到同治年间已经湮没无

---

[1]《上海同仁辅元堂征信录》，转引自［日］夫马进：《中国善会善堂史研究》，同朋舍1997年版，第697页，注25。
[2] 上海市地方志办公室、上海市闵行区地方志办公室编：《上海府县旧志丛书·上海县卷·弘治、嘉靖、万历上海县志》，上海古籍出版社2015年版，第163—164页。

闻。① 养济院虽然也具有慈善性质,但主要由地方官设立和维持。

清代上海设立的另一个重要慈善组织是康熙四十九年(1710年)建立的育婴堂。由地方士绅张永铨倡议,曹炯曾、曹炳曾、曹培廉、曹培年和李士达捐助房屋和资金开办,此后历经善士捐资捐田,并买田招佃取租,以利长久。这是比较明确的、由民间兴办的、上海最早的慈善机构。② 虽然松江府育婴堂有一张类似覆盖全府的、通过各地接婴局、济婴局等联系起来的育婴网络,但上海育婴堂似乎是一个独立育婴堂,不是松江府育婴堂的分支机构,也不能算是松江府育婴堂网络之组成部分。③ 道光十六年(1836年),上海知县黄冕命令同仁堂兼理育婴堂业务,育婴堂成为同仁堂代管的慈善机构。④ 同仁堂设立于嘉庆九年(1804年),设立不久就合并了设立于乾隆十年(1745年)的同善堂,此即后文要详细介绍的同仁辅元堂之一部分。

此后,上海陆续建立起一些地方慈善组织,根据地方志等材料的记载,很多慈善组织旋建旋灭,难以维持,其事迹也大多湮没无闻;但也有一些慈善组织由于经理得人,管理有方,获得了比较持久的生命力,从而得以青史留名。1855年上海同仁堂与辅元堂合并为同仁辅元堂之前,上海就已经存在着诸多的善会善堂,它们的存在及其发展,构成了上海民间慈善事业的重要组成部分。本节先对这些机构进行简单介绍。

由于史料极其有限,这里只能主要根据地方志的记载以及部分报纸杂志文章对相关机构的回顾信息,对1855年前后上海的善会善堂作简要分析。

---

① 上海市地方志办公室、上海市闵行区地方志办公室编:《上海府县旧志丛书·上海县卷·同治上海县志》,上海古籍出版社2015年版,第1424页。
② 上海市地方志办公室、上海市闵行区地方志办公室编:《上海府县旧志丛书·上海县卷·同治上海县志》,第1424页;梁其姿也指出育婴堂是上海民间人士创办,但她认为时间在1720年,误(梁其姿:《施善与教化——明清的慈善组织》,第335页)。
③ [日]夫马进:《中国善会善堂史研究》,第251—252页。
④ 上海市地方志办公室、上海市闵行区地方志办公室编:《上海府县旧志丛书·上海县卷》,第1424页。

第一章 同仁辅元堂的崛起(1855—1912)

表1-1 1855年以前上海善会善堂一览表

序号	名称	建立时间	主要参与者	地点	资产状况	主要善举	资料来源	备注
1	育婴堂	康熙四十九年(1710年)	张永铨、曹锡栋、曹锡黼	县治塌水桥东	田187亩、钱八千缗,海关、税行各捐助50名贫老	育婴、赡老	A,C	嘉庆初创恤嫠会,咸丰三年止,月捐钱若干交同仁堂
2	同善堂	乾隆十年(1745年)	知县王侹	虹桥南	地基1亩有奇、田154亩、市房一所,另有义冢	施棺、施药、惜字、掩埋、义学;惠育	A	因经费不敷而辍,咸丰初,复创同治五年,止于同治五年,后归同仁堂办义塾
3	广仁堂施药局	乾隆十四年(1749年)	李文耀	城隍庙西药王庙		施药	D	
4	养济堂	乾隆二十六年(1761年)	刘霖	朱泾镇青龙桥西		收养孤老	D	1836、1867年两度重建
5	同仁堂	嘉庆五年(1800年)始议,九年(1804年)建堂	知县汤蒸煜、士绅朱文德、徐思曾、梅益奎、经纬等	药局街	(见下文财产表)	义冢、恤嫠、赡老、施棺、掩埋、代葬、施棉衣、义学、放生以及清道、路灯等	A,B,C	咸丰五年(1855年)与辅元堂合并,改名同仁辅元堂

27

续表

序号	名称	建立时间	主要参与者	地点	资产状况	主要善举	资料来源	备注
6	清晖阁	嘉庆十四年（1809年）	曹、黄两姓	高行镇		惜字、施棺	A,C	前志与法华镇局并附同仁堂，后为浦东同仁慈善会
7	救生局	道光八年（1828年）	巡道陈銮谕同仁堂董募办	老白渡，后移外马路		救生、渡口夜灯	B,C	同仁辅元堂并办
8	吴淞积德善堂	道光八年（1828年）	俞怀柽、刘世安	吴淞北市河路		施衣米、施材、掩埋、孤儿、惜字	H,E	
9	公善堂	道光十二年（1832年）	张驾山	马桥镇	堂屋、义冢、田百亩	义冢、施棺、掩埋、恤嫠、惜字、放生	H	咸丰八年建堂
10	善庆堂	道光十六年（1836年）		周浦秦安桥东吕祖殿		施医药	D	
11	衍善堂	道光十七年（1837年）	李荣赘等	闵行镇	堂基9分地	施棺、义冢、义学、恤嫠	A,H	
12	悦善堂	道光二十三年（1843年）		北桥镇		施棺、掩埋、惜字	A	咸丰六年张枢重整

第一章 同仁辅元堂的崛起(1855—1912)

续表

序号	名称	建立时间	主要参与者	地点	资产状况	主要善举	资料来源	备注
13	辅元堂	道光二十三年(1843年)	梅益奎、施湘帆、冉再桥、朱增龄	药局街同仁堂后		赊棺、施医施药	A	二十六年建堂，1855年与同仁堂合并为同仁辅元堂
14	懋仁堂	道光二十五年(1845年)		高桥镇	城乡岁捐、捐田十亩	施棺、掩埋、路毙	A、B	同仁堂董襄设
15	全节堂	道光二十六年(1846年)	陈炳奎、江驾鹏、叶介寿	西门内淘沙场		恤嫠赈(代)葬	A	由同仁辅元堂所收五善堂捐拨款项
16	果育堂	道光二十八年(1848年)	江驾鹏、费培镇、顾锡麟	全节堂后袁公祠内		义塾、施除棺木、掩埋、义冢、恤嫠、赡老、救生局	A、B、C	与同仁堂分馆渡船事、咸丰八年添建楼房
17	厚仁堂	道光二十七年(1847年)	周锡琮、王森尉	引翔港镇	义冢五亩、沙田七十亩	义冢、施棺、代葬、恤嫠、水龙等	A、B、H	
18	佰裕堂	道光时	朱源、徐荣佳等	塘湾镇		惜字、施棺、掩埋、	B、C	太平天国时期亵毁，光绪年间重整

29

慈航难普度：慈善与近代上海都市社会

续表

序号	名称	建立时间	主要参与者	地点	资产状况	主要善举	资料来源	备注
19	吴淞救生局	道光三十年（1850年）	印书睢等	吴淞东升路		救生、捞尸、义冢	F、G	
20	佴善堂	咸丰三年（1853年）		颛桥镇		施棺、掩埋	A、C	

说明：1. 资料来源：A：《上海县志》，清同治十一年刊本。B：《上海县续志》，民国七年刊本。C：《上海县志》，民国二十四年刊本。D：李伟平主编：《上海中医药发展史略》，上海科学技术出版社2017年版。E：申报。F：各区区志，上海市地方志办公室网站。G：《稀见上海史志资料丛书》，上海书店出版社2012年版。H：《民国上海市通志稿》第四册，上海古籍出版社2019年版。

2. 本表所列只限于上海县在此之前已经存在并在继续发挥作用的慈善组织，同时对于那些对受济对象有地域或者行业限制的会馆公所、同乡会以及其他类似机构也不列出。

第一章 同仁辅元堂的崛起(1855—1912)

表1-1列举的主要是同仁辅元堂成立以前就已经存在的善堂，而且基本上只指位于上海县城及附近乡镇的善堂，不包括今天已经并入上海但当时不属于上海的其他地区的慈善组织，共计20个。其中县城内6个，其他14个分布于各乡镇，此时的租界地区原本有救生局，后也被移置到县城东门外外马路，也就是说现有资料显示，租界初设的十年内，没有设立一个中国的慈善组织。另外，这些慈善组织也是到1855年为止一直存在并在继续发挥作用的，那些以前存在并发挥过重要作用、但是由于种种原因已经毁掉了的慈善组织大部分都未统计在内，如明代设立的上海养济院等。

从表1-1可以看出，在1855年前后，上海的善会善堂至少有20个，大都同时举办多项善举，只有养济堂仅收养孤老，广仁堂施药局和善庆堂只施医药；清晖阁也只惜字、施棺，育婴堂因为事业规模宏大，而且都是长期性的善举，耗资巨大，因此，也只进行育婴和赡老两项善举。也就是说，上海这一时期的慈善组织已经基本上都属于"综合性善堂"①。从成立时间来看，康熙、乾隆年间成立并仍然存在的只有5所，而且其中同善堂实际上已经被同仁堂合并，不是独立善堂。嘉庆年间成立的也是两所；剩下的除了恒善堂是在咸丰三年成立外，其他12个善堂都建立于道光时期。可见从道光时期开始，上海慈善组织的数量出现了第一轮增长。当然，以后上海的慈善组织越来越多，尤其在小刀会起义和太平天国运动以后，这可以在后文表1-4中得到明确佐证。从表1-1可以部分得知，此时期很多善堂拥有田产和地产，收租取利，作为维持活动的保障，这比单纯依靠募集经费维持生存的公益慈善机构更具稳定性，但这时期田产和地产主要还是直接佃给农民耕种，善堂收取地租，并未建房出租。

良好的制度建设是一个组织得以存续的重要条件，虽然我们无法了解每一个组织的具体结构和运行情况，但是粗略知道这些组织一般都有董事会，有具体的操持者，也有监督者；同时地方官府虽然不直接参与善堂的经营管理，但也会随时予以支持和襄助。可见此

---

① 参见梁其姿：《施善与教化——明清的慈善组织》。

时期民间慈善事业已经初步形成了自身的业务体系和操作规范,有各自的议事规则和办事流程。上述慈善组织虽然以道光时期成立者居多,但也有一百多年历史的组织存在,既说明上海慈善具有悠久历史,同时也说明上海慈善组织长久的生存能力,并且建设速度有加快的趋势。

从表1-1还可以看出,这些慈善组织的主要业务可以分为救生和助葬两大类。救生类包括育婴、赡老、施药、义学、恤嫠、义渡、救火等项,这些属于积极救济,帮助生者获得更长久的生存条件,尽可能改善其生活。从事救生类活动的有12个慈善组织,即63%的慈善组织从事此类救生善举。另外其时还有独立或附属于善堂的义学,如同仁义学、蓬莱义学、南村义学、全节义学、果育义学及引溪义学等六所,以帮助贫穷子弟接受基本识字教育为主,同时具有救济功能。[①] 助葬类,即帮助安葬逝者,包括赊棺、施棺、掩埋、义冢、代葬等类,有15个组织参与此类活动,即有75%的慈善组织从事与安葬死者相关的慈善活动,由此亦可见善堂对协助安葬死者更为积极。事实上,表1-1尚未列入同样具有慈善功能的义冢,此类为贫穷人等提供墓穴的义冢,在明清两代甚多,单上海一县,在明代至少建有9处,清乾隆十五年(1750年)前即新建24处。[②] 也许人之生死有命,但死者需落土为安,如果得不到适当安葬,则可能成为孤魂野鬼,这既是死者及其家属的悲哀,也可能成为其他生者的威胁,毕竟在一个敬畏鬼神的文化中,孤魂野鬼是极为可怕的事物。另外,表1-1中还有6个慈善组织有"惜字"活动,占到全部慈善组织的30%。从以上简单分类可知,此时期慈善组织举办的善举,以帮助逝者安息为主,其次才是救助生者,反映出此时期慈善救助还是以消极救济为主,这是中国传统型慈善组织活动的主要特征。

---

① 〔清〕应宝时等修,〔清〕俞樾、方宗诚等纂,陈正青点校:《同治上海县志》,见《上海府县旧志丛书·上海县卷》,第1598页。
② 〔清〕李文耀修,〔清〕叶承等纂,赵文友点校:《乾隆上海县志》,上海古籍出版社2016年版,第643—644页。

二、同仁辅元堂的历史沿革与业务发展

1853年的小刀会起义(1853年9月7日—1855年2月17日)是近代上海社会发展的一个重要分水岭。一方面,起义军占领县城造成的混乱局面,使得外国列强趁机侵夺了中国的海关管理权以及上海租界的行政权、司法权等,并使上海成为清军"借师助剿"的实验台。① 另一方面,小刀会与清军及法军等交战,造成老城厢地区大批民房被毁,殷实商户遭抢,上海县城内外商业陷于停顿,"百年富庶繁华,席卷殆尽"②。

1855年清军收复满目疮痍的上海县城,地方社会开始进行战后重建。善堂作为县城主要的社会组织,在重建中发挥了重要作用,也获得了快速发展的机会。同年,同仁堂董事经纬③等禀明上海知县,将因小刀会起义而"堂几一蹶不复振"的沪上最主要的慈善组织同仁堂与辅元堂合并,成立同仁辅元堂,办理战后善举,很快就成为沪上善堂中的"巨擘"。④ 此节重点介绍同仁辅元堂的历史、财产状况、慈善活动,并分析其在沪上善会善堂中的地位和作用,进而探究同仁辅元堂的特点。

同仁辅元堂是"善堂林立"的上海慈善界之"巨擘",因此凡是研

---

① 谢俊美:《上海小刀会起义再认识》,《历史教学问题》2004年第2期;[法]约瑟夫·法斯著,倪静兰译,章克生校:《上海小刀会起义(1853—1855)》,《史林》1987年第4期;郭绪印:《评东南社会变迁与上海小刀会起义》,《学术月刊》2005年第7期;江天岳:《法国海军与上海小刀会起义的失败——以法方新档案史料为中心的研究》,《世界历史》2018年第4期。
② 姚际唐:《避氛后集》,载《上海小刀会起义史料汇编》,上海人民出版社1960年版,第23页;谢俊美:《上海小刀会起义再认识》,《历史教学问题》2004年第2期。
③ 经纬(1804—1865),字庆桂,号芳洲,浙江上虞人,"幼孤寒",在沪习业起家,白手致富数十万金,成为上海钱业巨头,"勇于为善",是沪上有名的"经善人"。其子经元善,继承父业,不仅接手了经氏在沪钱庄,也继续其父乐施好善的特点,广泛参与上海以及各地慈善活动。(〔清〕唐煦春等修,朱士黻等纂:《上虞县志》卷十三,光绪十七年刊本,第1050页)
④ 〔清〕王韬:《瀛壖杂志》,第29页。

究上海慈善事业的学者,几乎都不可能不提到它。但奇怪的是,现有相关研究对同仁辅元堂却也仅仅是提及而已,对其具体情况并没有弄清楚,而且其中颇多谬误,如有人认为同仁辅元堂是经元善之父经芳洲(经纬)所建。① 关于同仁辅元堂的专门研究现在尚未见到,夫马进在《中国善会善堂史研究》第十章《上海善堂与地方自治》中重点分析了同仁辅元堂,认为光绪年间上海已经形成了以同仁辅元堂为中心处理各种地方事务的机制;同仁辅元堂是上海地方自治的起点。② 梁元生的文章中有比较长的篇幅对其进行了介绍,然而遗憾的是,该文对同仁辅元堂的基本历史有较多误解,甚至一些基本史实也存在问题。③ 同仁辅元堂本身的历史及其具体慈善活动是怎么样的? 同仁辅元堂在整个上海民间慈善事业史上处于何种地位?

清嘉庆五年(1800年),上海知县汤焘捐置城北田地,与上海人朱文煜、徐思德等创设义冢,取名"同仁",同时,他们还想要建立善堂,推广善举,可惜未能如愿。嘉庆七年(1802年),邑绅又仿照苏州模式,在同仁义冢的基础上,举办恤嫠会,并扩充赡老之举。又二年(1804年),在朱文煜之侄朱朝坤以及绅士李炯、陈元锦、乔钟吴等人的倡议下,众绅踊跃捐资,购买药局街(今药局弄)乔氏房屋,建立善

---

① 罗彩云、陈丽华:《论经元善慈善思想的形成和发展》,《株洲师范高等专科学校学报》2002年第6期。这个观点可能受到李文海的影响,李在《晚清义赈的兴起与发展》(《清史研究》1993年第3期)一文中谈到经元善之父经纬时,说其"曾在沪上设同仁辅元堂、公济堂、养老堂、育婴堂、清节堂……"而这一说法来自经元善之媳盛静英为其家翁所作传记,编人《经元善集》,但编者明确说明:"该文内容与事实略有出入。"(《经元善集》,华中师范大学出版社1988年版,第407页)经纬曾经主持过同仁堂和辅元堂合并事宜,并曾担任同仁辅元堂董事,在其任内使同仁辅元堂事业大为扩张,但并不能因此就说同仁辅元堂即经纬所建。实际上经纬主持过沪上很多善堂,也大多非其所创。

② [日]夫马进:《中国善会善堂史研究》。此处参见伍跃:《夫马进教授的〈中国善会善堂史研究〉》,载《中国史研究动态》1999年第12期。

③ 梁元生:《慈惠与市政:清末上海的"堂"》,《史林》2000年第2期。该文认为同仁堂设立于嘉庆九年,实际早在嘉庆五年就已经成立;另外,辅元堂并入同仁堂是在咸丰五年,而不是作者认为的道光二十三年。

第一章　同仁辅元堂的崛起(1855—1912)

堂,于是正式称为同仁堂。①

同仁堂逐步从义冢发展成典型的综合性善堂,其所举办之善举包罗万象,几乎涉及了所有的慈善活动,建堂后很快即成为上海"诸善堂之冠"②。嘉庆十一年(1806年),为保护同仁堂的发展和维护其善举,上海知县苏昌阿为同仁堂勒立石碑,要求保长、居民等对同仁堂所办善举,悉听其董事"照依规条办理,毋得藉端滋扰"③。

图1-1　同仁辅元堂图

---

① 此处主要参照〔清〕应宝时修,俞樾撰:《上海县志》,同治十一年刊本,第194—195页,台湾成文出版社1975年版。本文所引方志,除特别说明外,都出自本套丛书,后文只注页码,不另详注。
② 《上海县志》,同治十一年刊本,第195页。
③ 同上书,第196页。

道光二十三年(1843年)，上海人梅益奎①得到杭州赊棺规条，遂与海门施湘帆、慈溪韩再桥共同劝募，在一龚姓屋内设立赊棺栈，向贫民赊棺；道光二十六年(1846年)，梅等租下同仁堂后陆氏房屋，设立赊棺局(即辅元堂)，并合局栈为一，向贫乏者赊棺，同时集资扩大善举，在夏秋之季向贫病施药。因此，辅元堂也是从帮助安葬死者开始发展，并以此为主业，只在夏秋之际开展施药活动。这与前面分析的此时期上海慈善组织以帮助死者入土为安为主相一致。

咸丰三年(1853年)，小刀会起义并占领上海县城，随后，太平天国进攻上海，这使得上海的慈善事业遭受了巨大的损失，同仁堂、辅元堂"堂几一蹶不复振"②。咸丰五年(1855年)上海县城复城后，同仁堂董事经纬(芳洲)等"迭奉宪谕，将两堂合为一，重集捐资，复兴善举"③，同仁堂与辅元堂合并以后，改名同仁辅元堂。战后上海百废待兴，同仁辅元堂整理房产，重兴善举，并进一步扩充之，如代给尸场验费，收买淫书以及稽查渡船等。④

随着同仁辅元堂本身财力及影响力的不断增加，其承担的善举在同治年间也进一步扩大，诸如清道、设路灯、筑路修桥、建祠庙、举办团防等类。⑤ 同治十一年(1872年)，同仁辅元堂移建救生局，并在各渡口设夜灯；十二年(1873年)，凿公井九处等。另外，同仁辅元堂的善举已经开始越出上海一隅，逐渐参与到上海以外的灾害救济中去，光绪四年(1878年)，经办直豫奉晋赈捐等活动，河南巡抚李涂专门颁给"仁风远被"匾额。⑥ 后来又代办儒寡会，救助孤寡老妇人等，

---

① 梅益奎，清末江苏上海人，字再春。幼年失怙，中年后专门举办地方慈善事业，曾为同仁堂、辅元堂及育婴堂等置田数千亩。他曾从浙江省获得恒义集赊棺章程，募得巨款，在上海仿行之，设立赊棺局(即辅元堂)(吴成平主编：《上海名人词典》，上海辞书出版社2001年版，第475页)。

② 《上海同仁辅元堂征信录》，转引自[日]夫马进：《中国善会善堂史研究》，第697页，[注25]。

③ 同上。

④ 《上海县志》，同治十一年刊本，第196页。

⑤ 吴馨等修，姚文枬等撰：《上海县续志》，民国七年刊本，第205页。

⑥ 《上海县续志》，第205页；《松江府续志》卷九，光绪九年刊本，第937页。

第一章 同仁辅元堂的崛起(1855—1912)

同时积极参与救济各地自然灾害的活动。1912年同仁辅元堂与上海主要慈善团体联合成立上海慈善团,使得其事业进入一个新的发展阶段。

同仁辅元堂并入上海慈善团以后,依然在组织上保持相当高的独立;抗战爆发以后,同仁辅元堂虽然在战争中遭受了严重损失,但依然在维持经营。抗战后同仁辅元堂的业务规模大为缩小,实际上又回到了其创办之初的主业,即以施棺为主,每月施棺一千具左右,费约一百四十万元(当时花费在一百万以上的善堂已经很多了),另外还办有分堂和救生局。① 上海市人民政府成立以后,慈善组织被政

图1-2 同仁辅元堂
(摘自:《图画日报》第五十号)

---

① 陆利时编:《上海特别市救济事业概况》,上海特别市社会局救济院,1942年,第282页。

府接收、改造,同仁辅元堂才宣告结束。由于并入上海慈善团以后,同仁辅元堂的业务有了新的变化,本研究将其列入下章一并讨论,因此,此处主要探讨其1912年以前的历史。

表1-2 同仁辅元堂善举扩充情况表

时间	新增善举名称	备注	主要与事者	资料来源
嘉庆五年（1800年）	义冢	始兴	知县汤焘、朱文煜、徐思德	A
嘉庆七年（1802年）	恤嫠、赡老		李炯、朱朝坤、陈元锦等	A
嘉庆九年（1804年）	施棺、掩埋、义学	建立同仁堂	朱朝坤等	A
道光二十三年（1843年）	施棺	设赊棺栈（即辅元堂）	梅益奎、施湘帆、韩再桥、朱增龄等	A
道光二十六年（1846年）	造正副号棺供施、施药	设施棺局,并与栈合并		A
咸丰三年（1853年）	救济金陵南下难民	费钱六万余缗	郁松年、经纬、江承桂、叶介寿	A
咸丰五年（1855年）	代给尸场验费、收买淫书、挑除垃圾、稽查渡船、接办育婴堂赡老、接管育婴堂	同仁堂与辅元堂局合并为同仁辅元堂,以堂置房收租充值,华亭置地分拨育婴堂	经纬	A、C
咸丰十年（1860年）	救济苏常难民	资遣难民费钱五万余缗		A
咸丰年间	重建三元桥			A
同治元年（1862年）	添保守两等恤嫠	补助全节堂		A
同治七年（1868年）	建斜桥东烈女亭、建积骨塔			B

续表

时间	新增善举名称	备注	主要与事者	资料来源
同治八年（1869年）	辅元义学	后岗仓房地		C
同治十一年（1872年）	移建救生局、设各渡口夜灯、修秦裕伯祠墓	添置堂后房地		B
同治十二年（1873年）	凿公井九处、同仁分局	建分堂房屋、北门外汤家坟前旧栖流公局基	分局仿堂规举行	B、D
光绪四年（1878年）	办直豫秦晋赈捐	总督给"仁风远被"额		B
光绪九年（1883年）前	惜字、施衣米、救火、放生、修街路、点夜灯、赈济流民			C
光绪十九年（1893年）	募捐大修城隍庙			B
光绪二十九年（1903年）	代办儒寡会			B
光绪三十一年（1905年）	救济风潮巨灾、修塘工、收埋水淹棺木			B
宣统元年（1909年）	经办地方之事不胜枚举	在此前后已经开始办理		B
民国元年（1912年）	统筹慈善事业	设慈善团，与果育普育等善举合并办理		B

说明：1. 资料来源，A：《上海县志》，同治十一年刊本；B：《上海县续志》，民国七年刊本；C：《重修华亭县志》，〔清〕光绪四年刊本；D：《松江府续志》，〔清〕光绪九年刊本。

2. "新增善举"一栏主要是指同仁辅元堂逐渐增加的活动，其原本举办的活动继续在维持，本栏不重复列出。

由表1-2不难看出，同仁辅元堂所办善举有一个逐步扩展的过程,但是与一般意义上的慈善组织相比,同仁辅元堂的善举有两点值得注意。首先,同仁辅元堂在对上海贫民进行救济的同时,开始注意到外地特殊情况下所需要的救济,如咸丰三年对南京难民的救济,咸丰十二年对苏州、常州难民的救济,以及光绪四年代办直豫秦晋赈捐活动。这说明民间慈善事业的视野在逐渐扩大,慈善观念有了新的发展,不再只是将眼光局限于自身所在地域。这与梁其姿认为嘉庆道光时期江南慈善组织的"小社区化"发展方向不同①,而是开启了新的发展方向:越出狭隘地域观念的束缚,逐步走向更加广阔的天地。这一现象的出现,与上海城市人口大量集聚、城市化开始启动、都市社会雏形初现等都有着紧密的关系;而且这一特点在此后上海民间慈善组织的发展中越来越明显,我们在后文会继续关注并予以分析。

其次,同仁辅元堂所举办的活动中,有些已经不是简单地救济弱者和协助安葬死者,而是具有地方公共工程性质的市政建设,如设渡口夜灯、义渡、凿公井、修塘工以及经办其他地方之事。传统时期中国县级城市没有专门的市政建设机关,政府建设的市政工程极为有限,但随着上海开埠后城市社会经济的迅速发展,市政建设需求日益增加,地方绅商等慈善人士充分发挥自身的主动性和积极性,使得民间慈善组织大大扩展了自身的活动范围,在一定程度上有效弥补了此一时期官方力量不足给社会带来的不利局面。与1855年以前的各善堂业务进行比较可知,同仁辅元堂此时的业务已经开始逐渐越出了传统善举的范围,其所举办的事项中许多都具有市政建设和维护城市社会秩序与稳定的功能,时人因而认为其"实为地方自治之起点"②。

除此以外,此一时期的同仁辅元堂业务还包括对其他慈善团体的管理和资助。如救生局本为巡道陈銮于道光八年(1828年)谕令同仁堂董筹办,后毁于太平天国,恢复后,仍然归同仁辅元堂兼办。③ 道

---

① 梁其姿:《施善与教化——明清的慈善组织》,第242页。
② 《上海县续志》,第205页。
③ 同上书,第206页。

光十六年(1836年),知县黄冕"以育婴事谕同仁堂兼理";咸丰三年(1853年),由于经营困难,育婴堂活动基本停止,每月捐钱若干给同仁辅元堂,由其散给。① 此后,育婴堂基本也就归入同仁辅元堂的业务范围。另外,咸丰十年(1860年)创立的同仁保安堂,是由绅商席裕宽等会同同仁辅元堂董事禀官办理,一切活动"皆仿同仁辅元堂行之"②。同治元年(1862年),因全节堂"嫠多费寡",同仁辅元堂添"保""守"二等,补助寡妇,开始办理救助寡妇业务,并以此为契机,兼管全节堂业务。③ 设立在法租界的同仁辅元分堂,"一切事皆同仁辅元堂主之"④。光绪十一年(1885年)设立的儒嫠会,于光绪二十九年(1903年)移设同仁辅元堂,归其兼管。⑤ 可见,此一时期的同仁辅元堂还对沪上其他诸多的慈善团体负有责任,说明其影响并不仅仅在于其自身所从事的慈善事业,它在无形中已经成为上海慈善界的领袖,"同仁辅元堂已然成为上海慈善界之首"⑥。

1855年同仁堂与辅元堂合并,以合并后的同仁辅元堂为核心,上海民间慈善组织开始集聚,由大型慈善组织兼管其他慈善组织的做法,成为同仁辅元堂不断扩大的重要手段,也是上海大型慈善团体出现的重要方式,这在此后上海慈善事业的发展历史中有更清晰的呈现。而这一大型化、综合化发展路径,与梁其姿观察到的嘉道时期民间慈善组织的"小社区化"发展背道而驰,初步显现出都市型慈善组织更为复杂和立体的图景。

三、同仁辅元堂的财产与收入

民间慈善事业需要经费,而经费当然要由举办者募集或捐赠,好

---

① 《上海县志》,同治十一年刊本,第192页。
② 《上海县续志》,第208页。
③ 《上海县志》,同治十一年刊本,第197页。
④ 《上海县续志》,第209页。
⑤ 同上书,第218页。
⑥ 梁元生:《慈惠与市政:清末上海的"堂"》,《史林》2000年第2期。

在慈善组织一般奉行量入为出的准则,可以根据财富实力来决定兴办的事项。同仁辅元堂敢于接收众多其他慈善组织及其业务,自然与其财富实力雄厚有关系。同仁辅元堂财产规模到底有多大?其运营资金来源又主要是什么呢?

我们未能找到同仁辅元堂的全部征信录或其他完整的会计资料,无法完全说清楚其所有财产和资金情况。但从有限的资料和各种信息中,我们可以试着对其财产规模作一大致分析和估计。

同仁堂成立之时,即有知县捐地、绅士捐银以及购屋;同时得到沪上诸多行业组织的定期捐助,"其捐有总捐、岁捐,豆业按月提捐"①。辅元堂由上海本地人梅益奎与海门人施湘帆、慈溪人韩再桥募捐筹设;此后又"集资施药",说明其经费来源主要依靠举办者的捐助和向社会募集。1855年两堂合并后,其经费来源更为多样化。首先我们来看看行业捐款。各业相对固定的捐款是各地民间慈善组织维持运转的重要经费来源和保障,同仁辅元堂同样如此。表1-3列出了1862年到1882年间4个年份同仁辅元堂收到的行业捐款情况(并不完整,只是部分)。

表1-3 同仁辅元堂所有各业捐(单位:钱、文)

名称	1862年	1867年	1878年	1882年
商船派捐	849 012	1 526 266	739 000	487 000
五善商船派捐		393 049		
丝茶绸业派捐	1 281 780	978 339		
饼豆业派捐	282 366	259 379	146 000	94 000
杂粮业派捐		112 410		
南北市钱业派捐	1 067 015	254 100	668 000	840 000
子花·净花业派月捐	343 000	84 555		

---

① 《上海县志》,同治十一年刊本,第194页。

续表

名称	1862年	1867年	1878年	1882年
纱布业岁捐		100 000		
青尺布业提捐		106 125	40 000	40 000
洋布业月捐		221 350	134 000	289 000
阉猪业提捐		33 501		
丝线业季捐		40 000		
绸缎业月捐		50 400		
合计	3 823 173	4 159 474	1 727 000	994 000

说明：1862年和1867年数据根据[日]夫马进：《中国善会善堂史研究》，第560—561页表格改制；1878年和1882年数据来源于张国辉：《中国金融通史·鸦片战争时期至清末时期(1840—1911)》，中国金融出版社2003年版，第170—171页，后两年数据四舍五入到千文。

　　1862年，同仁辅元堂总收入34 174 777文，所收各业捐款3 823 173文，占全年总收入的11.2%；1867年总收入14 447 639文，所收各业捐款4 159 474文，占总收入的28.8%；1882年总收入13 433 565文，各业捐款994 000文，占7.4%。需要说明的是，1862年同仁辅元堂的总收入中包括几笔出卖公地的地价，共计3 745 712文[1]，这种收入不是经常性的，如果扣除此类因素的影响，各业捐款在其总收入中所占比重实际应该更大。1878年和1882年的数据目前只找到5个行业的，比实际要少，因此比例偏低；但仔细比较4个年份中这五组数据，可以发现一个非常有意思的现象，即上海传统行业中的商船业和饼豆业所提供的捐款呈现减少趋势，而南北市钱业和洋布业捐款明显增加，说明随着上海开埠后，与外来商品相关的行业以及为之服务的金融等业得到了大发展，传统行业却走向衰落。这与1862年清政府被迫取消"豆禁"政策、允许洋船贩售东北等地豆类商品后，

---

[1] [日]夫马进：《中国善会善堂史研究》，第560—561页。

沙船运输业和传统饼豆业衰落直接相关①；也与上海经济转向外洋贸易为主以及洋货在上海销售大增的特征相契合。

另外，作为慈善组织，同仁辅元堂还有数量不菲的、来自大众个人的捐款。不过此项收入并不稳定，其在当年总收入中所占比重也一直处于波动之中。1862年同仁辅元堂各姓捐款收入12 035 827文，占当年总收入的35.2%；1867年则仅1 089 540文，占当年总收入的7.5%。② 1862年的各姓捐款比合并前同仁堂历年各姓捐款都低，同仁堂1831年总收入5 261 970文，捐款收入2 051 292文，占当年总收入的39%；1843年总收入5 964 218文，各姓捐款1 069 770文，占当年总收入的17.9%；1846年总收入5 654 603文，捐款收入1 614 850文，占当年总收入的28.6%；1849年总收入7 148 656文，捐款收入1 868 085文，占当年总收入的26%。③ 虽然数据并不全面，但是大致可知这类捐款每年无论从绝对数量还是在同仁堂总收入中所占比例，均处于变动之中。也正因为捐款收入并无可靠保证，而善堂一旦开始收容救济，就必须持之以恒以利长久，因而有远见和真正热心慈善之善堂董事，往往会想尽办法为善堂购置或募集土地和房屋，出租取利来维持善堂长期生存。

此外，同仁辅元堂会将结余经费或暂时未动用经费存入钱庄或典当行生息，这类收入当然并不稳定，也非常有。1831年同仁堂曾有"各典息银"338 000文，但1843年、1846年和1849年均未见此项收入。④ 而到1862年，同仁辅元堂又有存庄取息的记载。⑤ 可见此类收益时有时无，于善堂长久维持而言不具有重要性。

其实，同仁辅元堂资金的最可靠来源是自身所拥有的房地产的租金收入。同仁辅元堂在开办业务的同时，利用结余或筹募资金购

---

① 张博：《晚清营口豆货贸易研究》，天津社会科学院出版社2016年版，第47—49页。
② [日]夫马进：《中国善会善堂史研究》，第560页。
③ 相关捐款收入数和当年总收入数见[日]夫马进：《中国善会善堂史研究》，第538页表10-1。
④ [日]夫马进：《中国善会善堂史研究》，第538页表10-1。
⑤ 同上书，第561页。

买了大量土地和房屋,或者在繁华街市自行兴建房屋用于出租,因此其地租、房租收入迅速增加。同治二年(1863年),同仁辅元堂董事经纬为堂购买华亭、金山两县田三十八顷八十三亩有奇①;同治十一年(1872年),添置堂后房地;十二年建分堂房屋②;光绪十年(1884年),添建毗连楼房;十七年,呈请巡道捐置义地四十八亩有奇;二十年添置义地九亩有奇;三十年,呈请知县汪懋琨照会,置义地一百十八亩有奇;宣统元年(1909年),改建后进楼房七幢。③

表1-4显示的材料只是简单记录,难以对其进行具体分析。因为对于房地产来说,具体的位置是个十分重要的问题,城市中尤其如此。不同的地段,不同性质的田地,其价值相差甚远,此处简单相加得出的数字无疑并不能十分有效地说明同仁辅元堂的财产规模。而且,从表中也可以看出,对于同仁辅元堂拥有的房产,也只是一个简单而模糊的数字,甚至连单位都并非明晰,"幢"与"间"没有一个具体的概念,也难以进行有效分析。因此,笔者在此只能对同仁辅元堂的财产进行大概归纳。

表1-4　同仁辅元堂房地产略表

名称	添置时间	面积/金额/幢或间	资料来源	备注
租田	同治二年(1863年)	三十八顷八十三亩有奇,并于华亭后岗镇建仓房收租充费	A	位于华亭、金山县
义地	光绪十七年(1891年)	四十八亩有奇	B	呈请巡道捐置
义地	光绪三十年(1904年)	一百十八亩有奇	B	呈请知县照会劝捐
义冢		365.798亩	C	综合计算得出
义冢		各处义冢630多亩	A、E	上海义冢地

---

① 《上海县志》,同治十一年刊本,第196页。
② 《上海县续志》,第205页。
③ 同上书,第206页。

续表

名称	添置时间	面积/金额/幢或间	资料来源	备注
田地		4 542.257 亩	D	综合计算得出
楼房		211 幢	D	综合计算得出
平房		203 间	D	综合计算得出
其他		另有校舍 2 座,仓库 1 座,以及所属各团体办公处所	D	

说明:1.资料来源,A:《上海县志》,同治十一年刊本。B:《上海县续志》。C:此处根据《上海县续志·义冢》合计得出。D:此处根据《上海县志·慈善款产》合计得出,民国二十四年刊本。E:《松江府续志》卷九《上海义冢地》,〔清〕光绪九年刊本,第941—942 页。

同仁辅元堂至少拥有近 400 亩地的义冢,4 500 多亩地产,同时拥有 200 多幢楼房和 200 多间平房,其中楼房大多三层以上。而且其房产大多是在市区,在开埠以来土地不断升值的上海,这笔资产是相当可观的,其租金收入的确不菲①,在其资金来源方面也一直占据重要位置。1862 年,同仁辅元堂的房租、顶首、地租三项共计 1 831 558 文(占总收入的 5.3%),这个比值同样因存在卖地的缘故而显得较小,到 1867 年三项收入就增加到了 4 382 004 文(占总收入的 30.33%),短短五年时间,租金增加近两倍,而且在其收入中所占比重相当大。②

从上面简单分析可知,同仁辅元堂的收入来源主要有三大类,其中各业捐款在历年总收入中占比在 10%—30% 之间;各姓个人捐款占比变动更大,从 10% 以下到 30% 以上都有可能,这两类捐款都不稳定,后者比前者变动更大,更无保障。第三大来源为自身房地产租

---

① 直到抗战爆发之前,同仁辅元堂业务的维持依然主要依靠房地产收益,也可见房地产在其财产中的地位是十分重要的。参见陆利时编:《上海特别市救济事业概况》,上海特别市社会局救济院,1942 年,第 281 页。
② 〔日〕夫马进:《中国善会善堂史研究》,第 561 页。

金收入,由于近代上海城市化发展迅速,城市房地产租金上涨很快,同仁辅元堂庞大的房地产为其带来了持续增长的租金收入,而且租金收入在总收入中所占比重也越来越大。

同仁辅元堂正是因为拥有庞大的财产规模,才能够比较稳定地维持并不断扩张其业务,成为沪上"诸善堂之首",从而在一定程度上能够避免那些主要依靠不稳定捐款来维持活动的团体的弊端,也可以在政权发生更替之时,不至因依赖官款而发生经营困难的问题。随着同仁辅元堂在上海慈善界的影响和作用与日俱增,也就顺理成章地成为上海慈善界无可争议的领袖,世人也对它寄予了诸多的希望,这也许就是后来同仁辅元堂成为上海地方自治运动基础的缘故。

四、同仁辅元堂在上海慈善界的地位

同仁辅元堂成立以后,沪上原有的善会善堂继续发挥作用,并有一些获得了较大的发展;与此同时,各种新的慈善组织如医院、救火会等进一步增加。分析这一时期整个上海民间慈善事业的发展状况,有助于我们进一步了解同仁辅元堂在此时期上海慈善界的地位。表1-5收集了1855年到1912年上海新建立的部分慈善组织的基本信息。有些不能确定建立于此时段的组织该表未列入;有些可能新建后不久就倒闭或者因为没有进入文字记载而未被我们发现,因此实际数字肯定要比该表所列多。另外具有公益慈善功能的救火会和医院也没有列入该表格中,但我们会在后面的文字分析中予以介绍。

通过比较表1-1与表1-5,我们可以很清楚地看到,与1855年前相比,上海的慈善组织增加了许多。表1-1仅仅列出了20个慈善团体,表1-5新增79个,这些都是可以确定成立时间在1855年到1912年之间的慈善组织,另外还有14家慈善医院或具有慈善功能的医院;此时同样具有公益慈善性质的救火会也大量增加,并成立了救火联合会。同治年间短短的13年内成立了17(或18)个慈善组织,而且其中12家集中在同治八年(1868年)到同治十三年(1874年),平均每年增加两个。小刀会起义使上海的慈善组织受到重大损失,普

表 1-5 1855—1912 年成立的上海慈善团体一览表

序号	名称	建立时间	主要参与者	地点	主要善举	资产状况	资料来源	备注
1	同仁辅元堂	咸丰五年（1855年）	经纬等	药局街同仁堂	施棺、掩埋、恤嫠、施医施药、施衣施米、救生、路灯、清道等	同仁堂、辅元堂及各地房地产	见表1-4说明	合二为一
2	仁济堂	咸丰八年（1858年）	朱铵	广福寺桥南土地祠	救助产妇婴儿、养孤、施医施药、给棺		E	果育、同仁二管事
3	济善堂	咸丰九年（1859年）	叶绍虞	申明亭左	收容贫病治疗、给川资、给棺、义学、施医、慈育、救火	申明亭旁建房，基地四分三厘三毫	E	光绪三十二年，归并果育
4	同仁保安堂	咸丰十年（1860年）	席裕宽、张思藏、张聚云等	公共租界老闸镇（南京路）	仿同仁堂（恤嫠赠老施衣米、施医药、施棺、乡约、施界老所，1936约、美租界掩埋、义学		A、E	仿同仁辅元堂（后改名保安老所一所），1936年于酱园弄设二所）
5	新安慈善堂	咸丰十一年（1861年）		闵行镇	施医施药、种痘、施棺代葬	楼房46幢，平房52间、殡舍95间、土地116亩，墓地19亩	S	

第一章 同仁辅元堂的崛起(1855—1912)

续表

序号	名称	建立时间	主要参与者	地点	主要善举	资产状况	资料来源	备注
6	保息局	咸丰年间，另说同治元年(1862年)	冯桂芬、袁仲蔚、陈绶卿、施善畦	老城厢北广福寺(现广福寺路旁)	发粮、施棺、施衣、施医、施粥	盛绸提捐、义冢四亩九分	D、A	前志不载
7	同仁辅元分堂	同治元年(1862年)	王西严、宋善贤、姚胜祥、张孝濂	法租界宁波路(淮海东路)	施棺、收埋、义学、借字、施医药衣米	经费劝募月捐，法租界公廨拨罚款	E	同仁辅元堂主事(1937年移到杨浦)
8	施粥厂(即南厂)	同治年间	巡道创办	城内旧救济院	施粥、恤孤、怜贫		B	每春由道委员办理
9	复善堂	同治二年(1863年)	陈义华等	南门外教场西	举行诸善、义塾、路灯、消防洋龙	基地六分二厘	E	兼管七宝乡堂诸善
10	土山湾孤儿院	同治三年(1864年)	天主教举办	徐家汇蒲西路448号	收养孤儿		E	董家渡迁此
11	普育堂	同治六年(1867年)	应宝时、余治等	城内半段泾(梅溪、凝和路)	收养丐童、残废、义塾、施粥、保产贴孤、施衣米	关库月给钱500串，淞沪厘金局300串，余由丝茶商栈抽捐充费，基地7,579亩，堂有楼三楹	A、B、E	分立七所，与果育堂合办粥厂，辛亥后并入新普育堂

续表

序号	名称	建立时间	主要参与者	地点	主要善举	资产状况	资料来源	备注
12	同善粥厂（闸北粥厂）	同治八年(1869年)	果育、普育堂董张凤山、徐润	闸北	施粥		B	果育、普育分担经费，并募丝捐
13	安老院	同治八年(1869年)	张齐修、艾德勋	坡内邑庙东	养贫老男妇各三十名，光绪三十年，各养三百名		B	费由修女募
14	赞育堂	同治八年(1869年)	李曾裕、李曾进、陆复、黄尔思	法华乡钱家木桥	施棺、掩埋、救火、惜字、施药、恤贫等	厅五楹，厢房四间，门楼五幢，基地1.5亩，房租及月捐	B	宣统三年附设自治公所，果育堂拨付医药费
15	同仁永善堂	同治八年(1869年)	王承绪等	公共租界盆汤弄泰安里	施医、施粥、种痘、义塾、惜字、寄柩、戒烟药	南北两堂	S	
16	轮船救生局	同治十年(1871年)	果育堂董事姚曦禀道设立	浦东杨家渡	巡视河道、救生、缉匪	船数艘、楼房三楹	B	捕盗局支款、堂筹部分

50

续表

序号	名称	建立时间	主要参与者	地点	主要善举	资产状况	资料来源	备注
17	清节堂	同治十年（1871年）	巡道涂宗瀛、海防同知郭阶、知县朱凤梯、邑绅姚曦等	城内半段泾	年三十内之贫孀	地基三亩、田三亩，建房百间，后另建三十多间	B	
18	益善堂	同治九年（1870年）	顾铭照	城厢大南门外	主要惜字、淫书小说，收枝给药，施衣、施米	基一亩一分五厘	B	后改名迎春昌庙
19	闵行救生局	同治十一年（1872年）	浙商陈煦元、沈铸	闵行镇	救溺水，救风灾等		B、F	
20	保婴总局	同治十三年（1874年）	无锡余治、邑绅张韦承，沈高龄	城内邑庙西偏罗神殿	保婴，后称节、义塾		B、G	各乡设分局
21	得安仁医局	同治十二年（1873年）		虹口三官堂（江湾镇），浦东烂泥渡	施医药			

续表

序号	名称	建立时间	主要参与者	地点	主要善举	资产状况	资料来源	备注
22	放生局	同治十三年（1874年）	张韦承、卫钟骏、金秉钧	城厢陆家浜南	专办放生，后添借字、施衣给药、施棺、掩骼		B	
23	普安堂	同治十三年（1874年）	顾鸿绪	闵行镇	捞尸、义冢、贷棺、借字、放生		B	光绪二十年衍善堂归并办理
24	若瑟孤儿院	光绪元年（1875年）	若瑟修道院	公共租界四川南路37号	收养女婴		G	葡籍，不明国籍混血儿
25	普安慈善堂	光绪元年（1875年）		闵行镇	施医施药、种痘、施棺代葬		S	
26	广仁堂	光绪三年（1877年）	盛宣怀	英租界，后建堂于广仁里	施医、施药、施蒉、收养育婴、借字、义赈	十余年费金十余万	B,E	
27	沪北栖流公所	光绪五年（1879年）	会审英公廨、委员陈福勋、同知吴恒、知县莫祥芝等	公共租界新闸大王庙（静安区）	收养失业贫病流民二百名、种痘、施暑药、掩埋救生、救生捞尸	地十三亩五毫亩、房九十六间，另十五间平房	B,E	教各种简单工艺

第一章 同仁辅元堂的崛起(1855—1912)

续表

序号	名称	建立时间	主要参与者	地点	主要善举	资产状况	资料来源	备注
28	沪北仁济堂	光绪六年(1880年)为文明局,1881年为中和局,1883年为仁济堂	陈凝峰、张雪堂、沈芝庭、陈眠江等	公共租界云南路594—596,今35号	惜字、放生、筹办产母孤婴儿需用物、矜孤、恤嫠、赡老、施医施药、义塾、米给给棺、义冢、粥厂、义冢掩埋	屋三十余楹,多处田产,房产及义冢	A	设分堂、育婴堂、施粥厂等
29	仁济分堂	光绪十年(1884年)	仁济堂分设	北新泾镇	义冢、讲乡约、施棺、施药、放生	费戳纱办	B	沪北仁济堂经办
30	儒嫠会	光绪十一年(1885年)	邑绅杨德荣等	城内	补给儒嫠、月给钱700文	会董4人	B	1903年归同仁辅元堂代办
31	保节堂	光绪十一年(1885年)	巡道部友王宗谦准寿等建	城内清节堂内	三十岁至四十岁之贫嫠	楼房八楹	B	"补清节之不及"
32	广益善堂	光绪十四年(1888年)	丁济万等	公共租界北河南路	施医给药、义校、施医衣米、恤嫠、施茶、暑药	月捐、特捐、衣米捐、房租年约2.1万余元,以房租为大宗,1.5万余元	E	董事会制,分南北两堂,1918年设广益中医院

53

续表

序号	名称	建立时间	主要参与者	地点	主要善举	资产状况	资料来源	备注
33	集义社	光绪十三年(1887年)	朱其莼、黄彬、顾泽尧	高行镇	施棺、后赡老、济贫、恤嫠、义塾、施医药衣米等	月捐	B、E	
34	延绪山庄	光绪十三年(1887年)	朱葆三、戴运来、叶澄衷	闸北共和新路童家浜	丙舍、义冢、施材		G	又名天下会馆
35	复恩善堂	光绪十三年(1887年)	黄勖南、毛华甫	公共租界七浦路66弄36号	各种慈善、义学		G	会员制,不募款
36	善余里施医局	光绪十三年(1887年)	唐元甫	公共租界南京东路	单日施医药		G	
37	普施医局	光绪十三年(1887年)	曾子楷	西门外西新桥南升和里	施医、给药		G	
38	留婴堂	光绪十四年(1888年)	仁济堂董贾振毓芬、蒋韬苏、张韦承、施善昌等	西门外西新桥北、仁济堂旁	收养育婴	房三十余间	B	

续表

序号	名称	建立时间	主要参与者	地点	主要善举	资产状况	资料来源	备注
39	务仁堂	光绪十五年（1889年）	丁承霖、杨文俊、陈其昌	曹行镇	施棺、惜字	田四十余亩	B	
40	广益善堂	光绪十四年（1888年）	朱荣三	公共租界河南北路1号	施诊给药、整妇、施衣、施米	董事捐助、号金、房地产租金	G	
41	卫中堂（仁济南堂）	光绪十五年（1889年）	施善昌、查济元、汤桂彰等	城厢东门外郎家桥	施米、施药、施医、种痘、义务小学	任事者筹费，南市大王庙楼三进，捐款1.5万，租金1 000，事业收入5 000	B、E	十六年（1900年）建堂、董事会
42	息影公所	光绪十七年（1891年）		北城濠	旅客病毙借验处	平屋凉亭各三	E	沪北仁济堂经办
43	保赤总局	光绪十八年（1892年）	知县袁树勋、黄承暄等奉敕办	半段泾普育堂内	收养育婴	商捐总局兼理	B	因教案而起，各乡设分局
44	惜米公所	光绪十九年（1893年）	瞿诒荪、徐敬熙、盛传镁	城厢东门外北六铺	收集米粒送残病院、惜字、义校、施医药	全恃资产租息维持，地1 505亩	E	义校外无所成，创办人后裔管理

续表

序号	名称	建立时间	主要参与者	地点	主要善举	资产状况	资料来源	备注
45	保节会	光绪二十年(1894年)	秦荣光、康逢吉	浦东三林乡	恤嫠、施蒸姑婆		B	年三十以内妻夫目贫者
46	同愿留心惜字社	光绪二十一年(1895年)	穆湘瑶、沈宗约、朱带、丁春山	城内也是园	惜字、赈棺、检埋孩尸		B	
47	上海理教联合会	光绪二十四年(1898年)	张一尘、邹德馨	闸北沪宁车站路13号	劝诫烟酒、施医药		E,S	1928年(三十周年庆)
48	宝善堂	光绪二十五年(1899年)	湖北人公建	浦东洋泾镇(二十五保十四图)	施棺、义冢、丙舍	房屋三进,旁殿,门面捐,货置	A,I	
49	百寿会	光绪二十六年(1900年)	邑绅杨承志	法租界西紫金路	专办赈棺	会员百人,月输一元	B	1905年设分所于杜家湾
50	益寿会	光绪二十六年(1900年)	邑绅张轼、叶庆文	城内旧校场	专办赈殓衣		B	不期年而止

第一章 同仁辅元堂的崛起(1855—1912)

续表

序号	名称	建立时间	主要参与者	地点	主要善举	资产状况	资料来源	备注
51	汇善堂	光绪二十八年(1902年)	秦荣光	陈行乡	赊棺、施医、施药		B	
52	济良所	光绪二十七年(1901年)		公共租界虹口长治路431弄	拯救妓女、教授工艺	美国教会拨款		济良分所
53	同仁公济堂	光绪二十八年(1902年)	经元善、谭显坤	公共租界虹口制造局东	义塾、施医、恤嫠、设义渡祠		B、E	义渡祠由放生局兼理
54	保节公会	光绪三十年(1904年)	钱椒、孙景康	塘湾乡	恤嫠二十四名、义校、施医	田四十余亩	B	知县立案
55	上海万国红十字会	光绪三十年(1904年)	沈敦和、施则敬等	公共租界二马路	战争救济、灾难救援			中国红十字会总办事处
56	上海医院	光绪三十年(1904年)	李平书	城厢东南门外多稼路	施医施药		《中医》	
57	济良分所	光绪三十年(1904年)	白保罗、潘慎文等	公共租界福州路396—398号	拯救妓女、教授工艺		G、S	

续表

序号	名称	建立时间	主要参与者	地点	主要善举	资产状况	资料来源	备注
58	广仁体善堂	光绪三十年(1904年)		公共租界虹口提篮桥西	施米、施衣		G,S	
59	广仁堂	光绪三十年(1904年)	盛宣怀	公共租界成都路广仁里	施医药、施棺、恤嫠、育婴、惜字、义赈	十年来糜10余万金	G	
60	同义善会	光绪三十一年(1905年)	张茂章	北城外露香园路	施医、给药、施材		B,E	
61	贫民习艺所	光绪三十一年(1905年)	郭怀珠、叶佳棠、姚文枘、莫锡纶、袁树勋	城厢车站路	课贫民简单工艺	袁道台捐五千两,拨地十余亩	B	同仁辅元堂义地,原拟建勤生院
62	课勤院	光绪三十二年(1906年)	秦锡田	陈行乡	专收无业游民,课以工艺,义学	沙田110亩	B	知县立案
63	吴淞广义善堂	光绪三十一年(1905年)	盛如玉、缪同甫等	吴淞外马路东	养病室、施材、惜字、给药	堂屋16间	E	1932年毁于战火

第一章 同仁辅元堂的崛起(1855—1912)

续表

序号	名称	建立时间	主要参与者	地点	主要善举	资产状况	资料来源	备注
64	吴淞息影公所	光绪三十一年(1905年)	顾桐	吴淞镇	留养病患、代葬、病院、施棺	屋5楱，院屋7间	B	
65	思济堂	光绪三十二年(1906年)	王增禧、吴文涛	城厢广福寺桥南土地祠内	施医药、施衣米、施棺、小本无息借贷	堂无恒产	B	1908年改名思济因利局
66	上海孤儿院	光绪三十二年(1906年)	李钟玉、沈懋昭、王震、高凤池	龙华镇茂公桥	小学堂、工艺所	占地30亩，屋舍四十余楹，造价34 500元，房屋70余幢	B,E,G,S	课以工艺等，南市雨化堂迁此
67	华洋义赈会	光绪三十二年(1906年)	吕海寰、盛宣怀等	公共租界汉口路3号	义赈		G,S	
68	联义善会	光绪三十三年(1907年)	王士俊	闸北沪宁车站旱桥西交通路	验票、施棺、施医给药、义务小学、惜字、赈济		D,E	民国时期发展较快
69	救火联合会	光绪三十三年(1907年)	李平书等	城内小南门旁五厰漕	各社聚会、研求火政	地三亩八分五厘，房七楹、警钟楼	B	共四十二个救火社(铺)

续表

序号	名称	建立时间	主要参与者	地点	主要善举	资产状况	资料来源	备注
70	贫儿院	光绪三十三年（1907年）	曾铸、盛宣怀、施则敬、曾泽栻	城厢斜桥南	收养贫儿、义学、工艺	基金三万两，地二十五亩，后筹银四万两	B	
71	同济善堂	宣统元年（1909年）前设		松江打铁浜润德里			C	
72	上海义赈协会	宣统元年（1909年）	王震等	公共租界成都路广仁里1582号	义赈		G	
73	豫园书画善会	宣统元年（1909年）	王震、杨东山	豫园	卖画助赈		B	
74	公济堂	宣统二年（1910年）	杨维邦	马桥乡	附设崇正小学校	房六间，田五十余亩	B	
75	吴淞施材会	宣统二年（1910年）	梁恭寅	吴淞	施棺		G	
76	中国公立医院	宣统二年（1910年）	周金箴、沈仲礼、陈炳谦	闸北天通庵路397号	施诊时疫及流行病、种痘	11.7亩花园及房屋	S	上海商务总会筹备

第一章 同仁辅元堂的崛起(1855—1912)

续表

序号	名称	建立时间	主要参与者	地点	主要善举	资产状况	资料来源	备注
77	中国红十字会上海市分会	宣统三年(1911年)	王正廷,杜月笙,刘鸿生,闻兰亭等	城内光启路	施医药、救灾、种痘、施衣米		D	
78	上海盲童学校	宣统三年(1911年)	傅兰雅	公共租界北四川路	教养盲童,贫者免费		H	1915年迁江苏路
79	中国普济会	宣统三年(1911年)	汪惕予、陆树藩、王一亭	大南门中华路	赤十字会、救难、施医药、施衣米、种痘、义学、收容、施棺、顺济		X	
80—94	医院	咸丰五年(1855年)至宣统三年(1911年)					B	至少十四家

说明:1. 资料来源:A:《上海县志》,同治十一年刊本。B:《上海县续志》,民国七年刊本。C:《稀见》。D:《上海县志》,民国二十四年刊本。E:上海市地方志办公室,上海市历史博物馆编:《民国上海通志稿》,第四册,上海古籍出版社2019年版。F:季伟苹主编:《上海中医药发展史略》,上海科学技术出版社2017年版,第86页。G:各区区志,上海市地方志办公室网站。H:熊月之主编:《上海名人名事名物大观》,第276页。I:《民国上海县续志》。X:《新闻报》。S:《申报》。
2. 本表所列只限于1855年(同仁辅元堂成立)以后新建之善会善堂,原来已经建立并仍在发生作用的机构,参见表1-1。
3. 救火会和很多医院都有公益慈善功能,但具有更强的专业性,此处不一一列举。

61

育堂甚至一度难以为继,在咸丰三年(1853年)以后停办事业,只是将其财产收入捐给同仁辅元堂;同仁堂和辅元堂在这一段时间内也遇到了严重困难,如前所述"堂几一蹶不复振"①。但小刀会起义和太平天国运动结束以后,上海的慈善组织大多得以重建,并且新建了许多慈善组织。

太平天国运动使得大批难民涌入上海,这一时期,上海公共租界人口从1855年的2万余人增加到1865年的9万余人,法租界增加约4万人,两租界合计净增加人口11万余人。其中1860—1862年期间,由于太平军东征,江南大半被克,上海租界人口更是一度多达50万—70万。② 华界虽然由于小刀会起义人口大减,但到1866年整个上海地区的人口比1852年还是净增约15万人。③ 社会上要求救济的群体大量增加,救济难民不仅事关难民的生存,更重要的似乎还在于社会秩序所需,这就为上海慈善事业的发展提供了现实的需要。梁其姿曾说:"经过十多年的太平天国运动,战乱造成中国社会——尤其在南方——在19世纪的下半叶处于百废待举的状态中,都市善堂因而担任了复杂的善后工作。"④然而,有意思的是,这些善会善堂的大量设立却并不是在难民涌入上海的高峰期,也不是在战乱刚结束的时候,而是在此之后。太平天国时期江浙难民大量涌入上海是在1853年到1865年以前,即太平天国开始东征之时到清军攻陷南京为止。此后随着战后重建,许多难民离开上海返回家乡,到1870年前后滞留上海的难民大为减少。根据记载可知,1865年公共租界内有92 800多人居住,而到1870年即只剩下76 700多,减少了16 000多人,减少的人口主要是战时逃到租界的难民,战争结束后返回家乡去了。⑤ 也就是说,此一轮上海慈善组织建立的高峰是在太平

---

① 《上海同仁辅元堂征信录》,转引自[日]夫马进:《中国善会善堂史研究》,第697页,[注25]。
② 樊卫国:《论开埠后上海人口的变动(1843—1911)》,《档案与史学》1995年第12期。
③ 邹依仁:《旧上海人口变迁的研究》,上海人民出版社1980年版,第3—4页。
④ 梁其姿:《施善与教化——明清的慈善组织》,第2页。
⑤ 参见邹依仁:《旧上海人口变迁的研究》,第90页表格。

第一章 同仁辅元堂的崛起(1855—1912)

天国运动结束后过了四年左右才开始出现,这一现象颇值得思考。

"善后"是战乱一结束就应该大力进行的事情,如果善堂真的是为善后而建,为什么太平天国运动被镇压以后这么多年才出现建立善堂的高峰呢?梁其姿在分析明清善会善堂大量出现的原因时,很有见地地指出,用社会的需求来解释明清慈善组织的大量出现,是"一个不具说服力的解释"①。19世纪60年代,清政府在部分官僚的推动下,开始进行一场以"自强""求富"为目标的洋务运动,一大批洋务企业的建立为上海近代经济的发展提供了一个新的机遇,也为部分在上海从事洋务活动的绅商提供了巨大的发展空间。上海城市社会的发展以及部分绅商经济实力的增强极大促进了上海慈善事业的发展。另外随着清政府实行漕粮海运和"豆禁"政策,使得上海传统的沙船运输业和豆饼业等获得了新的发展机会,新增了一批十分富有的船商和其他商人等。这些使得大量善堂在这时建立变得容易理解。客观需要可能仅仅是一个外在的因素,单纯以此来解释近代上海慈善事业的发展则显得有点勉强;当然,如果没有这一需求,慈善事业也不可能获得发展。一大批拥有大量财富的绅商的出现,以及一批具有慈善热忱的地方精英的投入,使得慈善事业的发展具备了基本条件。

救火会作为传统的民间慈善组织的一种重要形式,在表1-1中没有列出,然而它们是很早就已经存在的,随着上海城市化的不断发展,救火会社的数量也在不断增加,并且逐渐联合。在光绪三十三年(1907年)成立了救火联合会,"集合团体,研求火政"②。救火联合会实际上是在与租界外国消防组织的竞争中发展起来的,具有维护主权、捍卫华人民族尊严的重要意义。③ 救火会在近代上海的慈善事业中占有重要地位,并且也发挥了重要作用。这类组织的发展和联合,既是城市化扩展的需要,也是都市社会发展到一定程度的必然产物。

---

① 梁其姿:《施善与教化——明清的慈善组织》,第54页。
②《上海县续志》,第231页。
③ 参见[日]小浜正子著,葛涛译:《近代上海的公共性与国家》,第三章。

都市社会拥挤的街道、紧密的房屋布局,使得火灾的危险性大为提高;而且火灾面前人人平等,不管穷人还是富人,都无法独善其身,只有借助社会的力量,借助联合的力量,才能在灾难来临之前加以预防,或在灾难来临之际予以舒缓。上海城厢内外救火会每年5月20日举办水龙大会,该大会即由同仁辅元堂主办。各救火会将自己的水龙装饰一新,到朝阳门外校场参加比赛,水射得最高者获胜。届时,全城文武官莅场观看,并给奖。① 实际上这也是展示同仁辅元堂影响的高光时刻。

具有一定慈善意义的医院是一种新生事物。表1-1和表1-5都很清楚地显示,上海的各善堂很大部分也从事施医、施药工作,施医、施药本身就是传统慈善事业的重要组成部分,早在宋代就有专门的惠民药局及施药局等机构从事对贫民施药等善举。② 但是,作为专业的近代医疗机构而出现,显然是受到了西方影响。民国七年版的《上海县续志》共记载了十四家医院,只有仁济医院是在咸丰初年由西人在公共租界创立的,其他十三家全部是在1855年以后建立。新式医院的出现,既是传统善堂施医给药的传承,更是学习和仿照西人在租界创办医院的经验,具有明显的现代性和都市性,是维护和发展都市社会不可缺少的构件。

另外,从表1-5可以看出,越来越多的乡镇都已经设立了慈善组织,虽然没有具体的事业会计书,但是从表中所列善举类型以及财产规模上可以判定,这些组织力量有限,所举行的善举应该只限于本乡本镇,其受益对象很可能仅仅是当地的贫病人员。这应该就是梁其姿所谓清代中后期以来,民间慈善活动趋向"小社区"③发展的表现,但是,这种现象是否就是这一时期民间慈善事业发展的主要趋势呢?本书后面将对此进行分析。总之,从表1-5可以看出,无论是从组织数量还是组织种类上来看,19世纪60年代中期以后,上海的

---

① 《上海县续志》,民国七年铅印本,第130页。
② 梁其姿:《施善与教化——明清的慈善组织》,第36页。
③ 同上书,第297页。

第一章　同仁辅元堂的崛起(1855—1912)

民间慈善事业都有了长足发展。

此时期新增各类慈善组织的活动依然可以分为"救生"和"送死"两类,其中从事救生类善举(包括施医药、施衣米、义学、恤嫠、赡老、义赈等)的有74个组织,且大多数同时从事多项善举,占这一时期新增79个慈善组织的92.5%。从事"送死"类善举(包括施棺、施材、提供义冢、代葬、掩埋等)的有32家,占全部79家的40%,其中只办理救助死者善举的有6家,占总数的7.6%。从事"惜字"类善举的新增慈善组织有11家,占全部新增79家的13.9%。另外还出现了专门救济寡妇和节妇的清节堂和保节堂,以及救济妓女的济良所及其分所。除了出现新生事物医院外,还出现了"施以工艺"即教授所收容的救济人员以技艺的慈善组织7个,占新增慈善组织的近8.9%。

由此可以看出,进入近代以后,上海慈善组织进入一个大发展时期,新增慈善组织众多,而且其举办的慈善活动在继承传统的同时,开始出现了一些变化。从事救生类慈善活动的组织比此前增加了近30%;而从事"送死"类慈善活动的组织则下降35%,从事"惜字"等类活动的组织也下降了16.2%,后两者总体上呈现下降趋势。另外有近10%的新增慈善组织开始关注被救济者的自我救赎,即教授其技艺,试图让其能够自谋生路。因此,我们可以看出,此时期积极救济的比重逐渐增加,而消极救济的比重在逐渐减少。当然,由于这些组织都是指1855年以后新建的慈善组织,在总量上,无论是从事救生还是送死或者是惜字等善举的慈善组织都在增加,说明整个上海民间慈善界的力量也在不断增强。而且,这些慈善组织也大多都是综合性善堂,很多慈善组织同时开展多项善举。同时从其从事的善举活动来看,各类活动的比重已经出现明显的变化。

那么,同仁辅元堂到底在上海慈善界居于什么样的地位呢？它在近代上海地方社会发挥了什么样的作用？从表1-5来看,晚清上海其他民间慈善组织无论在业务方面还是在财产规模方面,没有一家可以与同仁辅元堂相比,除了孤儿院、贫儿院以及贫民习艺所以外,其他团体的财产规模都比较小,由此更加凸显同仁辅元堂在众慈善组织中的地位。另外,我们再对上海此一时期较大的几个善堂进行简单比较,也许更能清楚同仁辅元堂的地位。

表1-6列举了当时上海主要的三个慈善组织的收入情况,同仁辅元堂有数可查的三年中,收入最高的1862年是34 174 777文,最低的1882年是13 433 565文(至于为什么有这么大差异,目前资料无法解释);普育堂有数可查的三年中,收入最高的是1903年的23 234 920文,最少的为1868年的14 140 790(按照银钱1∶1 000计算,实际是14个月的收入);而果育堂只有1882年的数据,为28 281 169文。从这几组数据来看,同仁辅元堂的收入年份不同差异比较大,多的时候远远超过其他善堂,但低的时候也比其他慈善组织低很多。同仁堂最早虽然是在知县的倡议下创立的,而且后来也一直得到了官府的扶持,但是,咸丰年间与之合并的辅元堂完全是民办的,而且,至少早在同治年间,同仁辅元堂的收入中官款就非常少了,在

表1-6 同仁辅元堂、普育堂、果育堂收入比较①

名称	时间	收入数	资料来源
同仁辅元堂	1862年	34 174 777文	A
	1867年	14 447 639文	
	1882年	13 433 565文	
普育堂	1868年	钱10 335 698文、银6 161.887两	B
	1877年	15 064 742文	
	1903年	23 234 920文	
果育堂	1882年	28 281 169文	C

说明:1.资料来源,本表根据[日]夫马进《中国善会善堂史研究》第十章制作。A:第561页;B:第579—580页;C:第576页。2.表中1868年普育堂的收入包括1867年11月至1868年12月共十四个月。

---

① [日]夫马进:《中国善会善堂史研究》,第十章。

其整个收入中不占重要地位,因此,可以将其完全视为民办慈善组织。表1-6中所列普育堂、果育堂的收入中包括大量官款,因为它们本身就是主要依靠官款维持的慈善组织,其自主募捐、自身财产增值以及业务收入不占主要地位。普育堂1868年所有收入中官款钱6 583 531文、银4 810.549两,分别占总收入的74.31%和91.08%;1877年的收入中官款9 528 000文,占总收入的63.25%;1903年的收入中官款9 572 000文,占总收入的41.20%。

表1-7 普育堂收入中官款、非官款比较表

时间	官款	其他(非官款)	合计	官款所占比率
1868年	钱7 680 783文、银5 612.307两	钱2 654 915文(茶捐)、银549.58两(糖捐)	钱10 335 698文、银6 161.887两	74.31% 91.08%
1877年	9 528 000文	5 536 742文	15 064 742文	63.25%
1903年	9 572 000文	13 662 920文	23 234 920文	41.20%

说明:根据[日]夫马进《中国善会善堂史研究》(第十章,第579—580页)表格制作而成。

从表1-7可以看出:尽管普育堂所有收入中官款所占比重在逐渐减少(这可能与它自身资产在不断增值有关),但是绝对数仍然在不断增加,而且在其整个业务中仍然占有非常重要的地位。也就是说,即使普育堂本身的经济实力也在不断上涨,但是它与这一时期的同仁辅元堂相比,仍然存在非常大的差距。如果不考虑官款,同仁辅元堂每年的收入都远远超过普育堂相近年份的非官款收入。1868年,普育堂的非官款收入为钱2 654 915文、银549.58两,按照银钱1∶1000的大致比率折算,该年其总收入约为3 204 495文,该数字只相当于同仁辅元堂1867年收入的22%。[1]

由于资料限制,对于果育堂的情形本书暂时无法给出具体的数

---

[1] [日]夫马进:《中国善会善堂史研究》,第560—561页。

字,但是它也主要是依靠官款才得以维持,这一点是肯定的。在清政府垮台以后,它就因为官款无着而陷于停顿,难以维持,后来上海慈善团的成立就与此直接相关。① 可见官款在维持其活动中的重要地位似乎并不比普育堂逊色。就1882年来说,即使其官款只占80%左右,其收入也小于同仁辅元堂。我们之所以强调这些组织的非官款收入的重要性,主要在于本研究主要想探讨的是这一时期上海民间慈善事业的发展状况及其特点。那么,用民间资金从事民间事业应该最具有说服力,也更能够充分反映这一时期整个民间力量的增长情况。

根据夫马进的研究,从慈善事业规模的角度来说,果育堂、普育堂以及沪北仁济堂与同仁辅元堂大体相当,甚至在19世纪晚期先后超过同仁辅元堂。② 但就纯粹的民间资金支持慈善事业而言,同仁辅元堂的地位远远超过同时期的其他任何慈善组织。也正因如此,它才在这一时期的上海慈善界占有了首要地位,并且在以后相当长的一段时间内,它在上海慈善界的地位并没有受到严重挑战,并成为上海地方自治的起点。

正是同仁辅元堂所具有的几乎完全民捐民办的特点,以及它所具有的实力和影响,使得它在辛亥革命以后的上海慈善界发挥了更大的作用。1912年,以同仁辅元堂为基础,成立了上海慈善团,实现了上海慈善界的第一次大整合。上海的民间慈善事业走向了一个新的发展阶段。

五、小结

1855年同仁辅元堂成立以前,上海就已经存在诸多的慈善组织,它们从事各种各样的善举活动,大都是"综合性善堂",而且在组织数量上呈现上升趋势。

---

① 《上海县志》,民国二十四年刊本,第699页。
② [日]夫马进:《中国善会善堂史研究》,第574、577页。

第一章　同仁辅元堂的崛起(1855—1912)

同仁辅元堂成立以后,上海的慈善组织继续增加。小刀会起义以及太平天国运动以后,涌入上海的难民大量增加,许多难民无以为生。出于起码的人道关怀,上海的绅商们也不可能不闻不问。另外,失去基本生活保障的难民,随时都可能发生骚乱,严重影响社会秩序。更重要的是上海地方精英们在这一时期有能力同时也愿意从事大规模的慈善事业。因此,现实的需要以及精英们自身的追求,使得上海这时期的善会善堂大量建立,这在一定程度上救济了难民,也舒缓了社会的紧张形势。但善堂的建立并不与需求同步,只有社会经济快速发展,才能为善堂成立与发展提供更大的机会和可能。

同仁辅元堂是这一时期上海慈善界最大的组织;它通过自身的经济实力,对育婴堂、同仁辅元分堂以及其他慈善组织进行资金援助等,极大地增加了自身的影响力,开始确立其在上海慈善界的领袖地位。这一时期上海慈善界最大的特点是出现了同仁辅元堂这种大型慈善组织,其活动也越出了传统善举的范围;以同仁辅元堂为首的上海慈善组织之间的联系大为加强。

当上海慈善事业因清政府的垮台、官方力量暂时退出、善举难以为继之时,上海慈善界顺理成章地以同仁辅元堂为基础,联合其他几个慈善组织,于1912年成立了上海慈善团,从而实现了上海慈善事业的首次大规模整合,不仅给同仁辅元堂,也给整个上海慈善事业带来了新的发展机会。

第二章

非常时期的民间救济与上海慈善组织的创新
——以救济善会与济急善(局)会为例

上海民间慈善组织的活动在19世纪中后期出现了诸多新的变化。本书前一章表1-2显示,1878年同仁辅元堂参与办理直豫秦晋赈捐;表1-5中显示,沪北仁济堂和广仁堂业务中有协赈和义赈。办理和协助外地灾荒救济,也即协赈和义赈,是19世纪中后期上海及江南地区民间慈善组织的一大创新,是上海民间慈善事业发展史上具有重大意义的事件。在发生大规模的自然灾害和战争等非常时期,民间社会组织的慈善救助活动,成为近代社会的重要维系力量。义赈等大规模外地救助活动,是上海民间慈善界从分散走向合作,从关注本地弱势群体走向跨地域施赈救济的重要标志,也是近代上海都市社会经济发展、慈善理念和组织创新的重要表现。

目前学界关于上海义赈的起源、义赈在近代中国灾难救济中的作用等问题的研究,已经取得了重要进展,尤其对"丁戊奇荒"(1876—1880年间)、徐淮海大水灾(1906年)以及20世纪20年代华北大灾荒等期间的义赈,有了比较详细的研究[①];另外关于上海和江

[①] 朱浒:《地方性流动及其超越:晚清义赈与近代中国的新陈代谢》,中国人民大学出版社2006年版;贺永田、石莹:《论晚清义赈的历史定位》,《石河子大学学报(哲学社会科学版)》2009年第2期;靳环宇:《晚清义赈组织研究》,湖南人民出版社2008年版;贺永田、石莹:《试评晚清义赈》,《延边大学学报(社会科学版)》2009年第3期;胡家广:《晚清义赈研究——以光绪三十二年江北水灾为中心的个案考察》,华东师范大学硕士学位论文,2012年;冷兰兰:《晚清义赈:举措、动因及伦(转下页)

南绅商在义赈中的表现、义赈本身所具有的特色以及具体的义赈组织等,都有了比较深入的研究。① 但对义赈与民间慈善组织创新的关系、义赈与上海慈善事业发展的关系以及战争等非常时期的民间社会救助等问题仍然有进一步探讨的空间。本章以"庚子之变"后上海绅商组织的救济善会和济急善会(局)对北方战争灾难的救济为例,来探讨此时期上海慈善事业的发展及其与上海民间慈善组织的创新和慈善事业格局变化之关系。

一、"庚子之变"后的北方灾难民

1900 年"八国联军"侵华造成的"庚子之变"给中国社会带来了深重的灾难,许多学者对此有深入研究。但对于战时及战后的救济问题,尤其是以上海绅商为代表的救济善会和济急善会在其中的所作所为,仍有值得探索之处。事实上,由于两江总督刘坤一和湖广总督张之洞合力肩撑"东南互保",并与闽浙总督许应骙、两广总督李鸿章和山东巡抚袁世凯声气相通,"留东南以救社稷",使上海等江南地区免遭战争之灾,保存了一定元气。② 因此在战争尚未结束之时,上海

(接上页)理价值》,《伦理学研究》2013 年第 6 期;朱浒:《名实之境:"义赈"名称源起及其实践内容之演变》,《清史研究》2015 年第 2 期。

① 李文海:《晚清义赈的兴起与发展》,《清史研究》1993 年第 3 期;徐茂明:《江南士绅与江南社会(1368—1911 年)》,商务印书馆 2004 年版;朱浒:《江南人在华北——从晚清义赈的兴起看地方史路径的空间局限》,《近代史研究》2005 年第 5 期;曾京京:《唐锡晋与晚清义赈》,《南京农业大学学报(社会科学版)》2005 年第 4 期;王卫平、黄鸿山:《江南绅商与光绪初年山东义赈》,《江海学刊》2006 年第 5 期;王卫平:《光绪二年苏北赈灾与江南士绅——兼论近代义赈的开始》,《历史档案》2006 年第 1 期;靳环宇、周秋光:《施善昌与晚清义赈》,《福建师范大学学报(哲学社会科学版)》2012 年第 1 期;周秋光、贺永田:《李金镛与晚清义赈》,《湖南师范大学学报(哲学社会科学版)》2012 年第 3 期;靳环宇:《谢家福与晚清义赈制度的创立》,《西部学刊》2013 年第 3 期;王蓉丽:《谢家福与晚清义赈》,湖南师范大学硕士学位论文,2013 年。

② 杨国强:《"庚子之变"与 20 世纪初年中国的思想世界》,《思想与文化》2001 年第 1 辑。

及江南等地的士绅就已经积极组织救济善会和济急善会,开展战争救济。

　　此次救济活动是光绪初年以来出现的中国传统慈善救济方式革新的进一步发展,是继救济"丁戊奇荒"之后中国历史上少有的民间大规模的跨地域救济行动。闵杰注意到了这一事件对晚清社会变迁的意义,但未展开论述;李文海、朱浒则主要从此次义赈对地方史研究的方法论意义展开论述,两文均未涉及此次救济活动对慈善事业发展本身的影响和意义。① 笔者对此次救济做过专门研究,认为这是上海等江南士绅创造的义赈在战争这个非常时期的发展和应用,并对中国红十字会的成立直接起到示范作用。② 冯志阳将整个庚子救援事件置于20世纪之初中国南北政治文化变迁的大背景下,对此次事件的方方面面做过详细研究。③ 池子华探讨了救济善会及其主要主事者陆树藩在此次救济过程中的功绩与无奈。④ 但从慈善事业史的角度来看,此次救济活动实际上是地方慈善人士和慈善组织积极应对战争灾难的一次尝试,也是慈善组织自我革新的一个新起点,对于其后中国红十字会等新式慈善机构的成立具有直接的影响和借鉴意义。因此这一课题依然还有继续探讨的价值。本章在上述研究基础上,从上海慈善事业发展史的角度,对此次救济活动与上海都市社会之关系,及与上海慈善组织理念创新之间的关系作进一步论述。

　　1900年夏,八国联军侵华,京师沦陷,举国为之震惊。敌人的烧杀抢掠,土匪强盗、散兵游勇的趁火打劫,加上战前已经逐渐严重的灾荒,使人文渊薮的北京沦为人间地狱,成千上万的难民惊慌失措,

---

① 刘志琴主编,闵杰著:《近代中国社会文化变迁录》(第二卷),浙江人民出版社1998年版,第181—186页;李文海、朱浒:《义和团运动时期江南绅商对战争难民的社会救助》,《清史研究》2004年第5期。
② 阮清华:《非常时期的民间救济——以"庚子之变"后上海绅商义赈为例的探讨》,《华东师范大学学报(哲学社会科学版)》2005年第1期。
③ 冯志阳:《庚子救援研究》,北京师范大学出版社2018年版。
④ 池子华:《庚子救援:成功背后的无奈与辛酸——陆树藩及其中国救济善会人道行动述论》,《河北学刊》2018年第3期。

四处逃命。这次变故不同于以往各次战争或灾荒。首先,帝国首都沦陷,最高统治者——慈禧太后和光绪帝仓惶"西狩",战场所在地各级政府官吏和军事指挥官或自杀,或逃亡。① 政府根本没有力量对难民、灾民进行赈济,正如时人哀叹"官吏已去,库款无存,欲救孑遗,束手无策"②。其次,战前的混乱由民族矛盾与灾荒共同引起,灾荒在影响人们的行为上起着重要作用,甚至可以说,灾荒对普通民众的影响比战争更为直接和严重,也更为深远。③ 目前研究庚子之变后的救济问题的学者,关注重点都在战争难民,而未及灾民,实际上义和团拳民很多都是因为灾荒才参加义和团的,灾荒对此次事件的发生具有重大影响,救济战争难民固然是紧急要务,而同时救济灾民,更是解决长久问题之根本。④ 最后,各国军队遍布灾区,在这次大劫难中,不论是以前养尊处优的王公大臣,还是家藏万贯的富商大贾,几乎无一例外遭到抢劫,也都一贫如洗,无力为生,更不用说那些升斗小民了。这些特点加在一起,是中国历史上从来没有发生过的现象,也是近代中国的达官贵人和平民百姓从未有过的经验,因此也使得这次灾难给社会带来的危害更加深重,对人们的心理造成了巨大冲击。

　　北方乃人文渊薮,救北方被难绅商官民等就是"为国家扶植元气"⑤,因此,此次救济活动已经不仅仅是单纯的灾难救济,而被提升到了救国保种的高度,因而号召力极强。刘鹗在得到上海绅商创办救济善会、援救北方被难官绅的消息后,立即捐款五千两,另筹垫七千两,亲自携带前往京津施救。他在给救济善会的信中更是坦言"良民宜惜良士尤宜惜,难民可怜难官更可怜,京官苦况,平时且不免支

---

① 冯志阳:《庚子救援研究》,第2—3页。
② 《津郡来函照录》,《申报》1900年8月1日,第3版。
③ 关于灾荒与义和团运动兴起之间的关系目前尚未引起史学界足够的注意,但也有人开始对此进行探讨。参见林敦奎:《社会灾荒与义和团运动》,《中国人民大学学报》1991年第4期。
④ 王艳:《略论义和团运动与灾荒的关系——以山西为例》,《才智》2009年2月下旬刊;李丽杰:《清末灾荒与四川义和团运动》,《兰台世界》2010年第8期。
⑤ 《仁人之言》,《申报》1900年11月8日,第9版。

绌;当兹大难猝兴,走则无资,留则无食",而"人才为国之元气,京师为人才渊薮,救京师之士商即所以保国家之元气"①。当此"列国师船连樯北上,竟以全球兵力决胜中原"②之际,当时在京的各省文武大员大都身经磨难:部分官员浴血奋战,以身殉国,留京大学士昆刚前后十三次向行在请求对留京被难官绅赐恤③;部分官员随扈西逃,这些人开始也吃尽苦头,但也还有多少不等的补贴④;更多的中下官吏绅商等流离失所,妻离子散,"大约苦者十居八九,仅可自给者十之一二"⑤。这些平时养尊处优的达官贵人们骤遭此难,"往往举家闭户,相对饿死者"有之;四散奔逃而遭劫者有之;来不及逃离而身首异处者有之。"前吉林将军延茂……共十二口,阖家引火自焚"⑥,"国子监祭酒熙元……仰药殉难"⑦。"怡亲王为某国所拘,既加棰楚,复令为诸兵浣衣,督责甚严,卒以困顿不堪而自裁。"⑧种种惨痛之事,俯拾皆是,无需一一列举,国难当头,无论贫民还是贵胄,都一样在劫难逃。这时候的满清朝廷自顾不暇,根本无力对难民进行救济。在此情形之下,因"东南互保"而得免战乱的东南方各省尤其是上海的绅商们闻风而动,力挽狂澜于将倒,开始组织善会,积极施救,这无疑是雪中送炭,其作用不容低估。

---

① 《刘鹗致陆树藩四封》,载刘德隆编:《刘鹗及老残游记资料》,四川人民出版社1985年版,第297页。
② 《救济善会启》,《申报》1900年9月9日,第3版。
③ 见中国第一历史档案馆编辑部编:《义和团运动史料续编》,中华书局1990年版;另见王镜航编:《庚辛之际月表》,收入沈云龙主编:《近代中国史料丛刊》,台湾文海出版社。
④ 根据军机处"奉旨酌减"后制定的给所有随扈之王公以下大小文武各员每月津贴清单,当时随扈之大小各员每月可拿到五百两到三十两不等的津贴,见中国第一历史档案馆编辑部编:《义和团运动史料续编》,第811页;另见《中外日报》1900年12月24日。
⑤ 《中外日报》1900年11月13日。
⑥ 中国第一历史档案馆编辑部编:《义和团运动史料续编》,第817页。
⑦ 同上书,第818页。
⑧ 佚名:《西巡回銮始末记》,收入中国历史研究社编:《中国历史研究资料丛书——庚子国变记》,上海书店1982年版,第91页。

二、救济规模与过程

1900年9月9日(庚子年八月十六日),八国联军攻陷北京后的第二天,丁忧在籍的湖州士人陆树藩等即在《申报》上登出《救济善会启》,宣布筹办中国救济善会;第二日,申报又刊布《救济会章程》,初步拟定筹款和救济计划等事宜。① 随后《中外日报》《新闻报》等沪上各大报纸也相继刊登公启及章程。9月18日(庚子年八月二十五日),严信厚等在《申报》刊登《济急善局公启》,宣布济急善局已于17日成立②;9月20日,济急善局刊布章程,明确具体施济办法和办事方针。③《中外日报》《新闻报》等各大报刊随后亦予刊登。专门以北方被难官民为救济对象的救济善会和济急善局相继成立,并开始劝募,很快就引起了较大的社会反响。④

9月底,以盛宣怀为首的东南济急善会(东南救济会)亦宣布成立。⑤ 冯志阳认为东南济急善会并非独立的救援组织,而是"济急善局的扩展",认为济急善局就是东南济急善会的前身。其理由主要是"没有'公启'等公开宣示其成立的公告",以及济急善局与东南济急善会的主要主事者大多是同一批人。⑥ 冯的解释有一定的说服力,两者的确有很多相似之处,甚至东南济急善会的很多消息都是通过济急善局发布的;但这一推断还需要解释几个疑点,或者需要更多材料加以证明。一是,东南济急善会成立以后,济急善局依然一直在活动,两者并存时间很长,如果是改名或者改组了,用新名字更合乎常

---

① 《救济善会启》,《申报》1900年9月9日,第3版;《救济会章程》,《申报》1900年9月10日,第3版。
② 《济急善局公启》,《申报》1900年9月18日,第3版。
③ 《承办济急善局章程》,《申报》1900年9月20日,第3版。
④ 关于两会成立的具体过程及其中之曲直与分歧等问题,详见冯志阳:《庚子救援研究》,第117—139页。
⑤ 《济急公函》,《申报》1900年9月30日,第3版。
⑥ 冯志阳:《庚子救援研究》,第7、160页。

理;二是,东南济急善会实际上有自己的开办章程,并且拥有比其他两个组织更为强有力的参与者——盛宣怀。三是在济急善局代为发布的消息中,对东南济急善会的成立及其工作有明确说明。在《承办济急善局章程》中,济急善局同人已经预先交代其救济范围为"自清江起旱,沿途查探核办,至德州沿河一带为止;德州以上至津京一带另延妥友分头举办"①,而东南救急会(东南济急善会)可以说就是专门为此成立,陆树藩创议的救济善会主要救济天津等地难民,严信厚等创办的济急善局主要办清江至德州段救急,所以东南济急善会就以北京救济为主,三者有明确分工。②虽然东南济急善会与济急善局在主要办事人方面有诸多重复,但并不妨碍其作为独立的救济组织;也许可以说正是严信厚等人在李鸿章的授意下,拉拢盛宣怀出来创办东南济急善会,而济急善局同仁也都身与其事。同一批人创办不同的慈善组织,此类现象在近代上海屡见不鲜。而从其实际运作过程来看,东南济急善会在某种程度上倒更像是济急善局的执行机构之一,济急善局将筹募到的款项一批批打给东南济急善会,以便在京师等地施救。③但济急善局又单独在清江至德州一带实施救济工作,而东南济急善会也另外筹募款项,因此二者是既合作又独立的关系。

此后,以上海为中心,以三大慈善组织④为主轴,形成了遍布全国诸多地方的筹、募款网络。救济善会、济急善局⑤都将总局设在上海,救济善会随后在天津设局,由陆树藩坐镇指挥,进入北京后又在城内、城外各设立两个分局⑥,从事施赈及收款活动。另外救济善会的收款、收信处,在上海有北京路庆顺里总会、申报馆协赈公所以及新

---

① 《承办济急善局章程》,《申报》1900年9月20日,第3版。
② 《济急公函》,《申报》1900年9月30日,第3版。
③ 《济急第二号公函》,《申报》1900年10月3日,第3版。
④ 实际上后来还成立了一个协济善会,办理直隶、山东等地的救济工作(《协济善会启》,《申报》1900年11月22日,第3版;冯志阳:《庚子救援研究》,第155—156页)。
⑤ 济急善局有时亦称济急善会,尤其是时人往往呼之为"济急善会",以与"救济善会"相呼应,因此二者也皆可称之为会。
⑥ 《中外日报》1900年12月24日。

闻报馆等;外地有德州、苏州、广东、宁波、绍兴、杭州、湖州、汉口、南京、太仓等地。① 济急善会除在上海由申报馆、源通官银号、陈家木桥电报局、六马路仁济善堂、盆汤弄丝业会馆等分别筹办外,另在杭州、苏州、九江、镇江、汉口等城市设点收款。② 全国商业较为发达的城市基本上都设立了善会的分支机构。同时,由于各善会都代南方各省找人寄物,各地同乡会也大都组织了大量的募捐活动,通过上海的善会到北京等地查找、拯救本省和他省在京被难官绅等。实际上,各地同乡会也大都成为各善会的重要协助者。通过这个庞大的筹、募款网络,上海绅商组织的"集南方各省之力,救北地被难官绅"的救济活动迅速开展起来了。

此次救济活动前后历时一年有余,从总体上大致可以分为两个阶段:从1900年8月创办开始到1901年春为第一阶段。这一时期主要是筹款救助那些在战争中沦为难民的官绅商民等。救济善会于1900年9月在天津设立分会,然后又冒险进入北京,在北京设立救济局,大力援救被难绅商官民等。济急善局成立后很快派人到德州等地设立济急分会从事救济活动。这一阶段的主要成就,陆树藩在日记中有详细记载:"是役,共援出被难官民5 583人,运回旅柩136具,拾埋碎骨76箱,又装大包37包,拾全男骨61箱,女骨55箱,安埋碎棺48具,医药惜字等项另有细单。"③另有细单即"医药局至10月19日止共治男妇内外科288名;惜字局至10月19日止收字纸3 500斤"④。

从1901年春开始,救济转入第二阶段:由主要赈济被难的南方各省官绅商民转为赈济北方的普通灾民。早在1900年底陆树藩给沪局的第七号公函中即言明来春必须续办赈济⑤;接着又发布启事,声明将在农历二月底结束救济事宜,以后接办顺直春赈⑥;1901年2

---

① 《新闻报》1900年10月13日。
② 《中外日报》1900年9月21日。
③ 陆树藩:《救济日记》,商务印书馆1902年版,第23页。
④ 《中外日报》1900年12月28日。
⑤ 《新闻报》1900年12月17日。
⑥ 《新闻报》1901年3月9日。

月,廖寿恒尚书与陆树藩商议,认为此时顺直"民间十室九空,败瓦颓垣,风餐露宿,既乏秋收又无春熟,舜届青黄不接之时,绝粒恐所难免,加以农器失散,籽种全无,干戈之后,继以年荒","若不亟为赈抚,地方终属难安",因而建议"宜接办顺直春赈,使兵火余生,得安耕种,麦收有望,可免饥寒"①。1901年3月,济急善会也在《中外日报》等刊登《东南济急善会接办京畿春赈公启》,至此,义赈进入第二阶段。在此阶段,各善会通过平籴、发放赈济粮食、物资以及施医施药等,拯救了大量北方难民。济急善局到1901年4月底,此次大规模的救济活动基本结束。② 救济善会的救助工作最后结束时间可能晚至1902年初,1月20日《申报》最后一条关于救济善会的物资信息是"救济善会陆君伯纯备就棉衣运赴京津施振(赈)"③。

此次非常时期的救济活动,不可能有非常完整的详细资料留下来,但综合各种资料可以看出,救济善会募集到捐款近20万元,这不包括陆树藩本人大量垫付的资金,据称其因此次救济活动负累达10多万元;济急善局和东南济急善会募集的资金更高达50万元以上。救济善会救回东南各省官民至少6 000余人,济急善局和东南救济善会施救当更多。④

各善会除了接受捐款和棉衣以外,还接受了大量的物捐,其中不乏价值颇高的各类文物、古董及字画,最终大都被变卖或者作为奖品增发彩票,筹募资金用于赈济,其数亦相当可观。比如救济善会就曾发行两次得物票:第一次2 000张,每张2元⑤;第二次3 000张,每张6角⑥。同时还应该考虑的一个因素是:救济善会的创办禀明了李

---

① 《新闻报》1901年3月9日。
② 吴康丽、池子华主编:《陆树藩:中国红十字会运动的先驱》,合肥工业大学出版社2017年版,第76页。
③ 《挟纩怀仁》,《申报》1902年1月20日,第3版。
④ 池子华:《庚子救援:成功背后的无奈与辛酸——陆树藩及其中国救济善会人道行动述论》,《河北学刊》2018年第3期。
⑤ 《新闻报》1900年12月7日。
⑥ 《中外日报》1901年2月5日。

第二章 非常时期的民间救济与上海慈善组织的创新

鸿章,济急善局和东南济急善会更是承李鸿章"面谕",由盛宣怀等创办①,因此它们都获得轮船招商局、转运局、电报局等的大力支持,所有善会工作人员往返及被救难民的南回、钱粮的运送以及各地善会的电报往来概"免收轮船水脚""一概不收川资"②,或者请招商局发给免票③。而当时没有获得此项优惠的协济善会从总共一万多的经费中支付"往返车船路费银陆百六十三两一钱,棉衣运费五百三十九两三钱,电报费八十四两四钱",这些开销占到总赈济款的十分之一强。④ 另外,各善会在各地设立的平粜局,一般都是先筹垫部分款项,购入部分粮食平粜,然后再用卖粮的钱购粮平粜,如此循环往复使用。《老残遗恨》就曾讲过:刘鹗在北京进行赈济的时候,仅用两万元作为周转金就从俄国占领军手中赎出近二十万元的粮食平粜。⑤ 综合考虑以上因素,可以看到此次义赈的规模相当大,对于当时处于列强侵凌、土匪暴虐下的绅商官民其作用不容低估。

除了帮助南方难民的返乡,各救济机构大都在灾区相继开展了平粜,仅救济善会在北京城内开设的两个分局办理平粜,日售米四千余斤。⑥ 若再加上在别的地方设立的平粜救济局以及其他善会设立的各类救济机构,所活当以数万乃至数十万计。同时,各善会还与各占领当局交涉,掩埋尸骨,清理战场以及施医施药,对于防止灾后疾病的流行也作出了重要贡献。救济善会、济急善会等组织的救济对于北方人民的心理稳定也起到了一定的作用,救济善会救难船只刚出现于北方之初,大家都以"救命船"呼之,当此突遭变难之际,得获新生之望,其脆弱的心理必会有所振作。⑦

---

① 《中外日报》1900 年 9 月 21 日。
② 《中外日报》1900 年 9 月 17 日。
③ 《新闻报》1900 年 9 月 19 日。
④ 《中外日报》1901 年 4 月 2 日。
⑤ 寒波:《老残遗恨》,湖南文艺出版社 1995 年版,第 58 页。
⑥ 《中外日报》1900 年 12 月 24 日。
⑦ 《中外日报》1900 年 11 月 10 日。

三、救难与上海慈善事业的新发展

本书前文已经论述过我国民间的慈善事业有着悠久历史,到明清时期甚为发达,上海慈善事业在此时期更是处在发展之中。

在严重的灾荒或灾难救济中,历代政府一直起着主导作用。直至 18 世纪清代中期,官赈依然是灾荒救济的主要方式,且在当时形成了比较完善的荒政体系,并产生了重大影响。① 但是进入清代晚期以后,中国人口急剧增加②,由于官僚政治逐渐走向腐败,加上晚清以来的外敌入侵,清王朝已经不可能像 18 世纪那样,对频繁发生的灾荒进行大规模救济;与此同时,中国地方绅士力量逐渐增长③,尤其以上海为中心的东南绅商力量迅速增强。他们不仅财力雄厚,而且大都拥有功名,在地方社会具有相当高的威望与较强的凝聚力。以他们为主体的近代地方精英们开始大规模跨地域参与地方事务。从赈济光绪初年的"丁戊奇荒"开始,由地方精英与在地士绅及赋闲官员共同组织的义赈逐步兴起并发展。④ 由于义赈形式新颖,效率高,且民捐民办,有许多官赈不及的优点,与同时期的官赈形成了鲜明对照。时人认为"自有赈务以来,(义赈)法良意美,当以此为第一善举"⑤。从那以后,义赈在多灾多难的近代中国发挥了越来越重要的作用。此次"庚子之变"救济北方被难官绅及北地灾民,是中国传统慈

---

① [法]魏丕信著,徐建青译:《十八世纪中国的官僚制度与荒政》,江苏人民出版社 2003 年版。
② 关于清代人口的具体数量学界一直有各种说法和争议,但是清代中期中国人口有一个比较大的增长则无疑义,即清初 1 亿左右,到开埠前后达到 4 亿左右,这是中国历史上从未有过的人口数,因此社会治理难度自然也大为增加(朱义明:《清代中前期人口数量及增长率的辨析与重估》,《中南大学学报(社会科学版)》2012 年第 6 期)。
③ [美]孔飞力著,谢亮生等译:《中华帝国晚期的叛乱及其敌人:1796—1864 年的军事化与社会结构》,中国社会科学出版社 1990 年版。
④ 李文海:《晚期义赈的兴起与发展》,《清史研究》1993 年第 3 期。
⑤ 《申报》1883 年 8 月 1 日。

事业的又一次发展,也可以说是义赈在战争这一特殊时期作用的再次展现。那么,这次战时难民救济活动有些什么样的特点?

首先,这次战时难民救济与义赈一样,主要是由民间绅商组织的:从善会的筹备到募捐的组织以及赈济的具体操作,都主要由以上海绅商为主的善会人士进行。救济、济急等会成立以后,即分头劝募,并"延请历届助赈诸君,以期得力而归实济"[①]。每个善会在操作中都强调要雇妥实友人从事各地业务,以免胥吏从中生事。虽然救济善会首倡者是湖州籍丁忧官员,但其时身份依然是士绅,并且善会建立后,主要的募集和施赈者依然是上海等地绅商。[②] 善会成立后,沪上各善士分工协作,专人留沪劝募,另派专人赴京、津、德州、济宁等地设立分局劝募、施赈。救济善会领导人陆树藩亲赴天津设立救济分局,刘铁云(刘鹗)更是自募银钱,自带翻译,一切开销自支,在当时尚险象环生之际赴北地开展救济活动。济急善会、协济善会也都派遣会中人员到北方查灾放赈。而且这些人大都是自愿而去,义务服务,正如陆树藩在呈李鸿章的禀中所说:"此次北往诸友均出自愿,谅不至假手他人,而有不实不尽情弊。"[③]参与救济活动的诸君本着"有一分力尽一分心做一分事"的初衷,大都不支工薪,"不动正项分文",其一切花销自理或自募,尽可能节省节约,以期救助更多的难民。[④]

在救济过程中,所有勘灾、查赈、放赈等工作大都由善会雇请的人员严格按章程行事,免却了官府依靠胥吏或地方保甲长来操作而难以克服的弊端,从而在相当程度上杜绝了官赈的种种缺陷,更在一定程度上弥补了官赈的缺失。而且因为民间施赈方式灵活,随查随赈,及时方便,大大提高了救济效率,这对于在战争加上天灾中处于求生边缘的官绅商民等尤其具有极大意义。

[①]《新闻报》1900年9月19日。
[②] 冯志阳对三个善会的主要参与者作了详细的介绍,相关情况参见氏著:《庚子救援研究》,尤其是第117—122、133—138页等处。
[③]《中外日报》1900年9月19日。
[④] 同上。

其次,上海绅商组织的战时救济得到了官方在财政、交通、外交以及道义上的支持。参与战时难民救济活动的绅商本身大都是有功名、有虚衔或实衔的。如救济善会陆树藩是户部郎中,其他善会的主要领导人如严信厚是候选道,庞元济是刑部郎中,施则敬是候选知府等。① 而且义赈是在李鸿章支持下开展的,得到江浙沪鲁等地方大员的协助,并有轮船招商局盛宣怀、转运局恽莘耘以及电报局官员的支持和赞助。善会首先都呈请官方批准成立,都得到了江苏省和上海县官府的支持,浙江省还专门批拨库平纹银三千两以资赞助。② 各衙门官长也量力捐输助赈,如上海道台蔡钧即曾变卖家产,捐给济急会6 000大洋并70件棉衣等。③ 由于东南各省与西方各国订有"互保条约",加上救济善会创办章程中宣称创办善会"亦如外国红十字会之例,为救各国难民及受伤兵士起见",因此,在官方的斡旋下,善会人士较为容易地取得了护照及各国保护的承诺。④ 这是目前所见中国民间慈善界首次自主提出仿照外国红十字会这一国际慈善机构参与战争救援,可以说救济善会和济急善会是中国红十字会的首次实践和预演。⑤ 善会北上施赈时期尤其是在拯救被难官绅时,战争仍在进行,和议未成,北方局势极为混乱,土匪强盗、散兵游勇随处可见,善会人士携带钱粮随时都有被抢、被劫甚至被杀的危险,陆树藩坦言:"惟到处龙潭虎穴,出入可危。"⑥但因为有了洋人的护照,李鸿章及其幕僚和其他地方大员的协助、打点,先后恳请美国、法国、日本派兵保护南省被难官绅,整个施赈、拯救工作才最终得以进行。⑦ 可以说,这

---

① 《中外日报》1900年9月19日。
② 《中外日报》1900年9月25日。
③ 《奏疏汇录》,《申报》1901年8月11日,第12版。
④ 《中外日报》1900年9月17日。
⑤ 关于中国红十字会的起源,目前学界尚有几种不同的观点,如认为即起源于此次救济善会和济急善局,或认为起源于日俄战争时期东三省红十字普济善会,或认为起源于整个庚子时期的救援行动等(杨智芳、周秋光:《论中国红十字会的起源》,《湖南师范大学社会科学学报》2006年第4期)。
⑥ 《中外日报》1900年11月4日。
⑦ 《新闻报》1900年12月5日。

第二章　非常时期的民间救济与上海慈善组织的创新

次战时难民救助活动是在官方的大力支持下,官方与民间通力合作的结果;若是没有官方的支持,民间即使有一定的经济实力,他们要完全自主开展救济也将难以如愿。

由以上分析不难看出,中国的民间社会在这一时期力量已经比较强大,当出现非常情况时,能够采取许多有力措施来维护正常的社会秩序,安定民心,使整个国家、民族不至于在战争中束手无措。然而,即使是衰弱不堪的清政府,其官方力量依然在社会中起着重要作用。官方与民间在非常时期的携手合作,既符合双方的利益,也是必不可少的。在难民救助后期,由于募款持续进行,加上这时的山西、陕西等地都爆发了大规模的灾荒,各地都在举行义赈,募款越来越困难,救济善会等举办的顺直春赈亦不得不仿秦晋赈例,实行实官捐,以期提高人们的捐款热情,此亦反映出"官"的身份依然具有较大的吸引力,民间力量依然需要借助官方来扩大自己的影响。[①] 中国民间力量在近代以来持续增长,官方与民间、国家与社会之间的关系在这个时期发生了巨大变化,但民间力量并不能完全独立发挥影响,而且与政府基本处于同一立场。中国传统慈善力量、中国地方士绅在重大问题面前,与国家、政府之间往往处于同一立场和地位,或者是发挥着相互补充的作用,并不是处在一种竞争或对立的位置上。

再次,这次战时难民救济活动从一开始就与公共传媒结下了不解之缘。首先是有人给报纸写信,主张上海绅商应该创办赈救兵难会;接着报纸上就有人响应,认为此论"发明国民相爱急难之义"[②]。然后陆树藩等在报上刊登启事,陆续创办了救济善会和济急善会,并继续刊登募捐启事等,通过上海各大报纸的大力报道和宣传,上海绅商的义举很快就获得了各地各种力量的支持。刘鹗就是通过《申报》看到陆树藩等人设立救济善会的启事后开始萌生到北方从事救济工作的意愿。另外,救济善会和济急善会的许多收款点就设在各地的

[①]《新闻报》1901年3月28日。
[②]《中外日报》1900年9月11日。

电报局或报馆中。在整个赈救过程中,善会与善会之间、善会与各地之间都通过电报等相互联系,可见,当时的传媒对这个事件起到了非常积极的作用。各善会几乎每天都在各报刊登善会告白等,将各地往来信函以及各地捐款名单和数目等刊登在报纸上,一方面可以取信于社会,有利于社会对整个过程的监督,从而共同把事情办好;同时也有利于宣传善举,激励更多的人捐款、捐物。通过阅读报纸,许多人开始了解当时发生的事情,并考虑为之做点什么,如代善会募捐,自愿为善会服务等。现代公共传媒的广泛介入,有力地推动了此次义赈的顺利进行。通过报纸、电报等公共媒介,善会人士将在救济过程中遇到的问题、困难公布出来,马上就有人献计献策,为问题的解决提供帮助;善会本身出现问题,也会在报纸上曝光,以求得问题的处理以及公众的信任与支持,如救济善会西沽分局被发现有人舞弊,很快就被刊登在报纸上,并且被要求进行彻底查办。① 通过报纸、电报等现代媒介,在当时形成了一个比较松散但依然发挥了重要作用的公共舞台,不管是上海善会的领导人还是一般绅商,乃至普通读者,都在关注这个事件,开始形成一种社会各阶层共同努力处理紧急事件的合力。正是通过这一舞台,民间社会得以更多地表现出自己的力量,并不断壮大。

最后,这次赈济活动中的几大善会之间相互联系,分工合作,在某种程度上实现了中国民间力量的联合与团结,使得各地之间的互动进一步加强。无疑,由不同的人具体组织的善会存在差异性,救济善会主要负责京津一带的救济工作;济急善局负责清江至德州等地;而东南济急善会主要办理京畿救济,以期"事有专责,款不虚糜"②。但这种分工原则上只是为了工作、收款以及征信等的方便,二者目标上是一致的:"救济被难官绅商民等。"二者开始都声称只援救东南,尤其是江浙在北方的被难绅商,但后来都应各省要求将救济范围扩大,代各省施救,从而使此次赈济在规模上大大扩展,并收到了良好

---

① 《中外日报》1900 年 11 月 22 日。
② 《新闻报》1900 年 9 月 22 日。

的效果。各善会之间在实际工作中,也经常互相合作,如每次运送难民回南方,救济、济急善会都进行合作,共同利用轮船招商局的船只;而且他们在钱款上也互有往来,济急善会就曾拨银二千两给陆树藩作为救济善会津局施赈之用。① 这种分工合作既有利于工作的开展,又有利于形成竞争,从而共同完成义赈工作。②

"庚子之变"后以上海绅商为主组织的救济善会和济急善局等民间慈善组织,积极越出地域界限,努力救济北方被难官绅士民,并且呈现出诸多新的特点。来自江南各地的绅商通力合作,以上海为中心,但同时在各地设立施赈分局和收款分支机构,构建起一张行之有效的慈善网络,共同拯救北方遭遇战争灾难的人们。随着战争结束,天灾再次袭击北方,使得北方老百姓更是雪上加霜,于是义赈机构继续开展赈济活动,进一步开展慈善活动。在开展慈善活动的过程中,不仅各慈善组织之间相互配合,慈善组织与地方政府、官办轮船招商局以及上级官方机构等也密切合作,从而使得救济活动成效卓著,活人无数。这一救济事件也表明上海民间慈善事业此时已经进一步走出地域限制,开始走向更为广阔的范围来开展救济活动,其救济对象范围也有扩大,而且开始仿照国际红十字会的惯例,在敌对双方的军事力量之间展开救济,险象环生,但依然坚持不懈,开启了中国民间慈善事业发展的新格局。

---

① 《新闻报》1900 年 12 月 7 日。
② 现有论者多从陆树藩《救济日记》中流露出来的一些抱怨,认为救济善会与济急善局之间自始至终都存在诸多矛盾和冲突,创办济急善局的义赈诸公包括严信厚等人都不信任陆树藩,甚至"欲使其陷入难堪之境",甚至济急善局的成立本身是对救济善会的排挤等。(冯志阳:《庚子救援研究》,第 122—124 页;池子华:《庚子救援:成功背后的无奈与辛酸——陆树藩及其中国救济善会人道行动述论》,《河北学刊》2018 年第 3 期)但在实际救援过程中,不仅济急善局与东南救济善会紧密合作,济急善局与救济善会等也随时互通信息,开展合作,共同救济,甚至在资金上也有相互援助。地方慈善界人士设立不同机构,从事相似甚至相同的善举,在上海以及其他地方都是很常见的现象;彼此之间有些矛盾和冲突也是自然之事,但是在解决彼此矛盾的同时,共同推进对弱势群体的救济,则是举其大端,这也是近代上海慈善事业不断得以创新和发展的重要特征和面向。

四、小结

  八国联军侵华期间及战后上海绅商为主的战争难民救济活动，不仅拯救了大量难民，而且在此非常时期对于安定人们心理、恢复社会秩序都产生了重要作用。随着近代中国地方绅商力量的增强，民间力量与政府之间的关系出现了新的变化：在政权力量受到削弱之际，民间的积极作为直接弥补政权力量的暂时缺失，有力维护了社会的稳定和安全。古老的慈善事业在近代获得了新的发展机会，也产生了新的形式，从而有了更为广阔的发展空间。正是通过组织慈善机构，开展救济活动，地方精英们不仅赢得了广泛的赞誉，更重要的是他们获得了更多参与社会治理的机会；通过现代传媒的作用，他们开始形成一种新的思考问题的方式：把问题公之于众，经过广泛讨论，以求得共识。他们的活动具有了新的内涵和意义，并对中国近代社会产生了重大影响。上海民间慈善组织和慈善家群体积极参与此次义赈，也在义赈中相互合作，不仅扩大了上海民间慈善组织的影响力，也创新了自身的组织和救济模式，为上海慈善事业的进一步发展开辟了新的领域。

第三章

上海慈善团与慈善事业的初次整合

1912年,辛亥革命爆发后,清政府的统治很快土崩瓦解,在庆祝革命取得胜利的同时,原本依赖于清政府生存、发展的许多个体和团体则遭受了致命打击。依附于旧政权的政治机关自然在旧政权垮台后就应当消失或被取而代之,但那些关系民生的机构,尤其是与下层弱势群体的日常生活息息相关的组织和机构,则不仅不能简单地消灭或解散了之,而且应该在政权鼎革之际发挥稳定社会秩序和维持社会正常运转的作用,同时应积极参与革命后的重建与稳定工作。吊诡的是,这些机构因为此前依赖政府拨款来维持生存,而新建立的革命政府,并没有足够的财力和人力关注底层老百姓的民生问题,更无法提供资金保证那些具有官办性质的慈善组织继续运营。

另一方面,辛亥革命后,地方自治得以进一步推行。成立于1905年的上海城厢内外总工程局在1909年改组为上海城自治公所,1911年11月再改组为上海市政厅,办理地方自治事业。[①] 慈善事业作为晚清和民国初年地方自治的主要内容之一,成为上海市政厅的管辖业务。[②] 第一章已经提到,上海大型慈善组织果育堂、普育堂等的经费主要来源于地方官划拨的公款,清政府被推翻后,这些组织很快就

---

① 吴桂龙:《清末上海地方自治运动述论》,《近代史研究》1982年第3期。
② 1908年清政府颁布的《城镇乡地方自治章程》和1911年11月江苏省临时省议会通过的《江苏省暂行市乡制》都规定慈善事业为地方自治内容之一,由地方自行办理。

难以为继。为了防止此前依赖官款的慈善组织倒闭,上海市政厅领导了上海慈善界新一轮的合作,组建上海慈善团,筹划对辖境内慈善组织的统一规划,不仅挽救了那些失去官款补助的慈善组织,而且进一步增加了上海慈善组织的活动,提升了上海慈善界的合作规模和层次,是近代上海民间慈善事业发展史上的重要节点。

一、上海慈善团的成立

上海慈善团是以同仁辅元堂为基础,联合其他几大善堂而成立的新的慈善组织,是继同仁辅元堂之后上海慈善界最大的慈善组织,不仅直接管理数量众多的慈善组织,同时其事务所本身也直接从事相关慈善活动,但目前关于上海慈善团的专题研究却基本付诸阙如。现有研究中提到它的仅有数篇论文,且都没有比较详细的讨论,大都一笔带过。① 小浜正子从社团史的角度对上海慈善团做过介绍,她认为"与以往善堂相比,上海慈善团的理念和活动内容都开始发生很大变化。它以济贫和职业教育为中心,试图解决贫困等社会问题"②。在实践中,这个变化只是初步表现出来的新特征,在上海慈善团的业务中并未占到特别重要的地位。作者重点介绍了上海市政厅的主要慈善活动,即贫民习艺所与新普育堂的建立情况,这些也是上海慈善团活动的重要组成部分。作者虽然在书中单列了一目"上海地方自治与上海慈善团的成立"③,但是似乎并没有论述二者之间到底存在一种什么样的关系。从现有研究状况来看,上海慈善团本身的基本情况、它在近代上海慈善事业中的地位及其在整个近代上海都市社

---

① 梁元生:《慈善与市政:清末上海的"堂"》,《史林》2000年第2期;李学智:《1923年中国人对日本震灾的赈救行动》,《近代史研究》1998年第3期;张礼恒:《略论民国时期上海的慈善事业》,《民国档案》1996年第3期;张化:《试论地方政府与教会的关系》,《世界宗教研究》1998年第2期;葛涛:《研究近代上海公共性与国家关系的新作——小浜正子〈近代上海的公共性与国家〉介绍》,《史林》2001年第1期。
② [日]小浜正子著,葛涛译:《近代上海的公共性与国家》,第53页。
③ 同上书,第52页。

第三章 上海慈善团与慈善事业的初次整合

会发展中的作用等问题都值得进一步探讨。

上海慈善团成立前后,上海的慈善事业正处于一个关键时期。一方面,由于清政府倒台,原来依赖官款维持的普育堂、果育堂等慈善机构顿时陷入资金困境,业务无法继续维持。另一方面,上海这一时期的民间慈善组织却在不断增加,自太平天国以后上海出现成立慈善团体的高峰期以来,历同治、光绪两朝而不衰。从前面的统计可以看到,同治十三年间共有17个慈善组织设立,光绪年间设立的达到47个之多(参见表1-5)。这表明民间力量在慈善事业领域获得了很大的发展,为上海慈善事业的进一步发展奠定了良好的基础。

辛亥革命前后,一方面是那些主要依靠官款维持的上海慈善组织陷入困境,难以为继;另一方面这一时期却又是上海人口增加的一个高峰期。1909年上海华界人口为671 866人,而到1914年增加到1 173 653人,增加超过70%;同时期两个租界的人口也大量增加。① 作为移民城市,上海人口在短时期内的增加主要是外来移民增加,而很多外地移民初到上海后,由于种种原因难以在短期内就业,或者根本就找不到工作,因而出现生活困难的状况,迫切需要各方救济。为了更加有效地利用现有资源,救济社会弱势群体和特殊群体,更好地发挥慈善组织在城市社会发展中的作用,在上海市政厅的领导下,上海慈善界开始探讨新的慈善发展模式。

上海城自治公所议事会曾因各慈善团体"各自为政"而讨论过"统一之法",但未及施行即发生了辛亥革命。② 1911年底上海地方自治机构——上海市政厅成立,开始筹划将辖境内各慈善组织联合起来,组成上海慈善团,作为"慈善事业之统一机关",并于1912年初"议就办法大纲十一条,议举刘景兴为监理员,郭聘之为经理员"③。1912年3月1日,在上海地方士绅们的共同努力下,来自上海老城区

---

① 参见邹依仁:《旧上海人口变迁的研究》,第90页表格。
② 《呈县民政长吴联合各善堂为慈善团统一办理文》,《上海市自治志·丙编》,第826页。
③ 《组织慈善团》,《申报》1912年2月23日。

的主要慈善团体负责人假座同仁辅元堂,共商慈善大计,正式成立上海慈善团。①

上海慈善团全称为"上海市政厅慈善团",由"市区旧有之同仁辅元堂、果育堂、普育堂、育婴堂、清节堂、保节堂、全节堂、同仁辅元分堂、施粥厂、救生局暨新成立之新普育堂、贫民习艺所"组成,目的在于统合区域内的慈善资源,"酌盈剂(济)虚,统一办理"上海的慈善事业。② 上海慈善团设董事会,是全团最高权力机关,负责处理慈善团的主要事务,对全团财产具有支配权,所有慈善团所属组织的财产由其统一收支、统一管理,根据需要,"酌盈济虚",统筹规划,以便更好适应时代变化的特点,更加有效地充分利用现有资源,这也是慈善团与后面将要论及的上海慈善团体联合会最主要的不同之处。董事会设董事长和副董事长各一人,由董事会推举产生。董事长和副董事长对外代表慈善团,负责全团事务。慈善团成立初期董事名额没有限制,可以随时按照章程增补,但"为实行负责办事起见,由董事中公举常务董事七人,执行本团事务",即明确规定选举七名常务董事,分管总务、财产、建设诸事宜。董事会定每月中旬开会一次,由董事长召集之,如有特别事故,得开临时会议。③ 从1912年5月开始,上海慈善团成立参议会,每四周开会一次,推举莫子经任会长,"提议本团事件,以期集思广益,有裨善举"④。

慈善团在同仁辅元堂设事务所,由慈善团董事会领导,作为慈善团董事会的办事机构,但后期也兼做部分慈善工作,事实上成为慈善团下辖的一个相对独立慈善组织。上海市政厅成立后,一度试图全盘统筹上海慈善事业,因此对上海慈善团所属各善堂业务加以调整,在慈善团事务所内设立六个科具体分管各类慈善活动,分工协作,统一办理。第一科办理恤嫠、赡老、矜孤和济贫;第二科办理施棺、赈

---

① 《上海县志》,民国二十四年刊本,第699页。
② 《上海市自治志·各项规约、规则、章程》,丙编,《上海市政厅章程·慈善团办法大纲》。
③ 以上叙述根据《上海慈善团章程》(1944年6月29日),上档R15—2—71。
④ 《慈善团事务所报告》,《上海市公报》1912年第1期。

棺、赊葬、义冢；第三科办理育婴、保赤；第四科办理养老院、残废院、贫病院；第五科办理贫民习艺所；第六科办理妇女工艺院。在养老、残废、贫病各院未成立以前，原有之普育堂照旧办理；妇女工艺院未成立以前，原有之清、保节堂照旧办理。同时规定，各善堂向来办理之黄浦江救生移交给警务水巡等部门，向来办理之义学、义塾移交给学务科，向来办理之救火水龙改隶救火联合会，向来办理之施医施药改隶卫生科，均不由慈善团办理。唯卫生科未完全成立以前，医药事宜暂由事务所照办。①

上海慈善团按照市政厅的规划，对所属各善团业务活动进行了部分归并和调整，逐步统一原来彼此独立、各不相同的救济名目和救济标准，如将同仁辅元堂的恤嫠、赡老、保节、恤流，果育堂的恤嫠、赡老、残废，全节堂的恤嫠、仁济善堂的矜孤等统一办理（"恤嫠不限年例，故保节可并入，赡老不分籍贯，故恤流可并入"），同时统一规定每个善堂各类善举的救济名额和救济额度。另外，慈善团还统一规定所属善堂在办理施棺、赊棺、助葬、收殓路毙等方面的标准，尽力做到统一规划，"酌盈济虚"，以利慈善事业之持久。②

从规划来看，上海慈善团似乎走上了专业办理慈善事业的道路。此前由同仁辅元堂等慈善组织办理的诸如救生、义学、救火、施医施药等社会公益事业则准备移交给成立的专业机构。不过市政厅并没有要求一步到位，而是强调要遵循循序渐进的基本原则，在规定慈善团各科调整、规划和归并的大致方向的同时，要求按照实际工作进展情况来决定各机关的调整进度。因此慈善团并没有马上打乱原有慈善布局，也就是实际调整工作并没有完全按照市政厅的规划进行。这体现出上海慈善界务实的风格和实事求是的态度，也为地方自治被取消后，上海地方慈善事业继续原有格局，并进一步扩大其在地方事务中的影响力保留了基础。

---

① 《上海市政厅慈善团办法大纲》，《上海市公报》1912年第1期；亦可见《组织慈善团大纲》，《申报》1912年9月16日，第6版。
② 《慈善团各种条约案》，《上海市公报》1912年第1期。

从上海慈善团设立时的情形,人们依然不难看出同仁辅元堂的影响。上海慈善团事务所是主管全团各个慈善组织,并指挥各善堂开展慈善活动的机关,其办公地址就设在同仁辅元堂内,以同仁辅元堂代行慈善团事务所职责。另外同仁辅元分堂、施粥厂、儒寡会、救生局等都是属于同仁辅元堂的组织;全节堂由同仁辅元堂兼管①;果育堂"并入同仁辅元堂"之说虽未必肯定②,但果育堂受同仁辅元堂相当大的影响则是毫无疑义的,因其所举行的善举"皆仿同仁堂行之",并且在太平天国以后,"与同仁分管查察渡船之事"③;另外,新普育堂就建立在同仁辅元堂的义冢上。④ 这些在在说明同仁辅元堂在上海慈善团中仍然居于非常重要的地位。

然而,上海慈善团毕竟不是同仁辅元堂与其他慈善团体的简单合并。无论从规模上还是从其活动的影响和作用上,二者都不可同日而语。更何况由于所处时代背景的不同,上海都市社会得到进一步发展,上海慈善团的活动有了更多的时代特点。而且由于政权更替频繁,政令变化多端,地方自治时断时续,官方对慈善组织的介入也逐步增加,这些都使得上海慈善团的活动带有更多的时代印记。

二、上海慈善团成员及关系

上海慈善团最初由老城区的主要慈善团体组建而成,随着地方

---

① 参见前文同仁辅元堂业务部分。
② 《上海县志》,民国二十四年刊本,第704页。但是,此处所言"前志续志并入同仁辅元堂",而经查前志、续志均无此说法,续志有光绪"三十二年归并仁济堂善举"一说(《上海县续志》,第208页),可见,民国二十四年版县志可能有误。上海市政厅《慈善团案》也曾有"果育堂并入同仁辅元堂"之此议,但因自治运动很快结束,市政厅的许多措施实际上都没有来得及实行。实际情形是果育堂业务并入同仁辅元堂,但是它名下的财产收益等依然使用果育堂之名,因此在以后的诸多文献中依然可以看到果育堂的名字。
③ 《上海县志》,同治十一年刊本,第199页。
④ 《上海县志》,民国二十四年刊本,第702页。

第三章　上海慈善团与慈善事业的初次整合

自治的逐步推进以及市政厅的统筹规划,加入慈善团的善会善堂也逐渐增加。1914年2月3日袁世凯命令停办地方自治后,上海市政厅于4月撤销,上海慈善团又恢复"自由之身",不再是市政厅的下属机构,因而也能更加放开手脚发展地方慈善事业;同样也由于市政厅撤销后,地方政府没有专门管理地方社会事务的部门,或因政府财力有限,无暇顾及地方社会救济与福利事务,因此慈善团必须继续承担此前一直承担的责任。而经过辛亥革命后两年的融合与改造,上海慈善团的运转效率及其办事能力,已经赢得了上海社会相当高的认同,因此,慈善团不仅没有随着市政厅解散,反而获得了进一步扩张和发展的空间。

除了1912年一起组织慈善团的十二个慈善组织以外,到20世纪二三十年代,先后又有一批慈善组织加入上海慈善团,上海慈善团自身也新建了一批慈善机构,从而使其规模更为宏大,业务范围更为广泛,影响力也随之不断增强。在此过程中,上海栖流公所,庇寒所,慈善团第一、二、三义务小学校,妇女教养所,上海孤儿院,辅元堂南市办事处,保婴局,吴庆馥堂,保安司徒庙,同仁保安堂(后改为保安养老所),顾德润堂,上海慈善团养济院[1],上海游民习勤所,淞沪教养院(即游民习勤所第二所)[2],赒葬局,普安施粥厂,保赤局[3],慈善病院[4]等组织先后加入或者直接由慈善团兴办,成为慈善团的组成部分。此外还有诸多慈善组织与其有着业务或者资金方面的往来,他们共同构成了慈善团的业务网络。

慈善团的事业有一个逐渐扩展的过程,其组织机构亦然。慈善团刚成立的时候,在同仁辅元堂设立事务所,由董事会聘任事务所经理、协理各一人。慈善团所有基金、资产、款项的收支全部由经理负总责,协理从旁协助之。第一任经理为郭廷珍,第一任协理为凌纪

---

[1] 《上海慈善团养济院沿革》,上档 Q130—6—61。
[2] 上海市图书馆藏《上海游民习勤所第一届报告》。
[3] 《上海慈善团章程》,上档 R15—2—71。
[4] 《上海慈善团二十三年度预算册》(1934年),上档 Q6—18—331。

椿。① 事务所内分设六科,各科主任亦由董事会聘任。第一任各科主任如下:第一科(恤赡)主任艾恒镇,第二科(棺冢)主任刘汝曾,第三科(清保节堂)主任叶佳棠,第四科(育婴堂)主任胡继松,第五科(新普育堂)主任陆熙顺,第六科(贫民习艺所)主任张焕斗。② 与前述市政厅的筹划相比,六科名称和业务都有所变化,反映出慈善团根据实际需要对《慈善团办法大纲》进行了一定程度的改造,以便更好地推进慈善业务。此外,慈善团事务所还设有文牍、会计、庶务三科,作为事务所的综合管理部门,具体办理事务所和全团相关事务。③

加入慈善团的各团体大都依然保留原来的组织机构,各自组织、领导本团体的活动,经费上依靠慈善团拨款,业务上接受慈善团董事会的指导,并向慈善团董事会报告业务进展状况。当然,在整个慈善团内部,各个组织之间的地位并不完全一样。现有资料显示,以上海慈善团为核心的数十个慈善组织与上海慈善团之间至少有这样几种关系。

首先,是完全隶属于慈善团的组织。这些组织由慈善团管理、经营或者由它直接开办,在慈善团董事会领导下开展工作。这些组织每年的经费开支直接并入慈善团的预决算(即慈善团业务开支表中领用"慈善事业经费"和"教育事业经费"的团体全属于此类)。这类组织主要有同仁辅元堂(包括它所属的所有同仁辅元分堂、救生局、辅元堂南市办事处等),普益习艺所(后改名贫民习艺所),游民习勤第一、第二所,慈善团第一、第二、第三义务小学④,清节堂(1929年改妇女教养所)、保节堂、育婴堂等。⑤

---

① 郭廷珍,字聘之,1906年当选上海城厢内外总工程局议董,1910年被选为上海城自治公所议董(马小泉:《国家与社会:清末地方自治与宪政改革》,河南大学出版社2001年版,第231页);凌纪椿,字伯华,上海人,上海总工程局、城自治公所议董。
② 《慈善团案》,《上海市自治志·公牍》,丙编,第六册。
③ 《上海县志》,民国二十四年刊本,第699页。
④ 《上海慈善团十九年度预算册》,上档Q6—18—329。
⑤ 《上海县志》,民国二十四年刊本,第699页。

其次,是既接受慈善团董事会领导、又具有相对独立性的组织。这些组织加入了上海慈善团并由其监管业务,但依然设有比较独立的办事机构,有自己的领导力量和组织架构,并有独立会计核算,但其经费开支主要依靠慈善团拨款。如栖流公所①、同仁保安堂(后改为保安养老所,并入慈善团)②、新普育堂等组织"各设主任,各自收支,金(经)费不敷,堂中按月补助"③,另外,上海慈善团养济院④等也属此列。

再次,是接受慈善团资助的组织。这些组织没有直接加入慈善团,业务也不受慈善团董事会的监管或领导,甚至地域也不限于旧城区,但是这些组织在经济上接受慈善团比较稳定的资金资助。如1933年到1936年间经常得到慈善团资助的主要团体有:上海医院(1 200 元)、复善堂(300 元或 600 元)、安老院(200 元)、残疾院(1 000—1 500 元)、普善山庄(375 元)、庇寒所(6 000 元)、孤儿院(500 元)、高桥三知堂(120 元)、保产医院(48 元)以及南区救火会(30—50 元)等。⑤ 当然,这些组织也不是每年都一定能够得到慈善团的资助,而且数额也经常变动,这可能要视慈善团本身的经济状况以及这些组织与慈善团之间的合作关系而定。有时候会增加一些受资助的组织,有时候原来可以得到资助的组织可能会被取消受助资格。这些可以从慈善团历年的预决算表中得到反映(参见本书第七章图7-3)。

最后,上海慈善团还是上海邑庙董事会的成员,通过邑庙董事会的对外资助,慈善团还能影响其他一些慈善组织。邑庙董事会由上海县公款公产管理处、上海医院、上海慈善团、上海市公所、整理邑庙豫园委员会、上海乞丐教养院等组成⑥,其主要职能是管理城隍庙的

---

① 《上海慈善团十九年度预算册》,上档 Q6—18—329。
② 《上海慈善团二十三年度预算册》,上档 Q6—18—331(1)。
③ 《上海县志》,民国二十四年刊本,第 699 页。
④ 上档 Q114—2—1。
⑤ 上档 Q6—18—331(1),Q6—18—331(2),Q6—18—332。
⑥ 《上海邑庙大加整顿详情》,《申报》1927 年 2 月 8 日,第 14 版。

香火、房租、店租收入,以便补助给市内主要慈善团体。① 该会1937年的收入为67 983元,一共补助了19个慈善组织。② 因此,通过邑庙董事会的董事身份,慈善团还可以在一定程度上影响到其他一些不在慈善团本身资助范围内的慈善组织,进一步扩大其活动和影响范围。

当然,以上三个或四个层次的关系并不是固定不变的,慈善团内部也没有明确区分,我们只是根据现有材料对其内部关系进行了初步分类和整理。而且这些团体与慈善团的关系也并非固定不变,而是处于不断变化之中。有些组织可能会在三个层次中变动,如新普育堂就是如此;也有一些可能会从受助对象中取消,如普善山庄、上海医院等都在1934年以后就不再出现在慈善团预算表的补贴对象栏中。③ 我们从后文图7-3中还可以看到,每年列入慈善团补助经费开支中的团体都有所增加,说明慈善团的影响力在不断扩大,或者说明上海民间慈善组织之间的合作关系得到了不断推广。

另一个值得注意的现象是:在30年代受资助的对象中,已经有一些并不是上海地区的慈善组织,如松江若瑟医院、周浦辅善医院、海宁县所花镇施材会、江阴昭德学校等④;这些慈善机构都不在上海老城厢地区,也不在闸北和两个租界等已经明显城市化了的地区,而是在乡镇甚至外地。与此同时,还有一些特殊的救济机构也受到了慈善团的资助,这些机构与传统慈善组织所从事的活动已经有了比较大的差别,如各省水灾急救会、川宝崇南启赈灾会、河南赈务委员会等组织。⑤ 慈善团对这些组织的资助属于一次性捐助,说明慈善团本身具有独立法人地位,是其对外捐助的体现。这两类相对比较新鲜的现象,反映出此一时期上海慈善理念的改变,即更多地跨出狭小

---

① 《邑庙董事会成立会纪事》,《申报》1926年12月7日,第14版;另见《上海邑庙董事会章程》(1937年6月1日),上档Q114—1—9。
② 《上海邑庙董事会收支清单》(1937年6月1日),上档Q114—1—9。
③ 《补助经费支出表》,上档Q6—18—331(2),Q6—18—332。
④ 上档Q6—18—329(1),Q6—18—328(2)。
⑤ 上档Q6—18—329(1),Q6—18—328(2)。

地域观念的束缚,将慈善事业向上海周边和外地扩展;另外,慈善活动的内容也明显扩大,慈善组织本身作为捐赠者,积极参与其他种类的救助和公益活动。

上海慈善团以自身所属组织为中心,通过直接或间接的方式向其他慈善组织提供资金援助(详见本书第七章),在一定程度上影响这些团体的活动,从而不断扩大自身的影响力。通过此一途径,上海慈善团在上海慈善界构建起一个以其自身为圆心的同心圆式的多层次的慈善网络,并逐渐取得了某种形式上的领导地位。

三、上海慈善团的主要活动

晚清以来,同仁辅元堂的善举就在不断扩充,许多原本不属于慈善范围,但与市民生活息息相关的一些事情,诸如清洁道路、安装街道路灯以及开设义渡等都在其活动之列。这些实际上是地方精英们维护地方利益、方便市民生活的自发行为,也许并不能当成是"地方自治之起点"①。至少就现有资料来看,当时同仁辅元堂的领袖们并没有任何具体的实行地方自治的规划或者说蓝图。他们的行为只是适应时代和社会发展的需要,将原来慈善事业中没有注意到或者在当时不是十分迫切、而现在却不得不办的一些事情自发地开办起来而已。

而到了1905年,上海城厢内外总工程局成立以后,其情形就有了质的不同。总工程局是一个合法的地方自治机构,它的目的就是实行地方自治。其《章程》第一条就明确规定:"本局遵奉苏松太道照会设立,为整顿地方一切之事,助官司之不及,兴民生之大力,分议事办事两大纲,以立地方自治之基础。"②总工程局设立有专门机构办理清道路灯等事务,所以同仁辅元堂以前所办的这些事务就移交给了总工程局。总工程局并没有专门的社会福利机构,对于慈善事业也

---

① 《上海县续志》,民国七年刊本,第205页。
② 《上海市自治志·规则规约章程》,甲编,《上海城厢内外总工程局简明章程》。

没有任何具体的规划，而且当时的总工程局也没有足够的实力管理一切社会事务。因此，同仁辅元堂继续维持自身的传统善举活动。

地方自治作为清末新政中重要的组成部分，在1909年获得了法律的保护，是年清政府颁布《城镇乡地方自治章程》。该章程第三节《自治范围》第五条规定："本城镇乡之学务；本城镇乡之卫生：包括清洁道路、施医药局等；本城镇乡之善举等正式列入地方自治的范畴。"①因此，传统慈善组织所办之事几乎全部包括在地方自治的范围之中，慈善事业成为地方自治的重要组成部分，也为地方精英尤其是那些本来就在地方享有较高声望的地方精英利用善会善堂的董事身份参加地方政治提供了极大的便利。

《城镇乡地方自治章程》第十四条规定："城镇乡地方各设自治公所，为城镇乡议事会会议和城镇乡董事会乡董办事之地。自治公所酌就本地公产房屋或庙宇为之。"②根据自治章程的此一规定，上海城厢内外总工程局改组为上海城自治公所，开始讨论具体重组慈善事业的办法，但并无结果。③上海城自治公所的自治活动并没有取得多大的成就，辛亥革命就爆发了。清政府倒台之后，原本主要依靠政府拨款维持的上海果育堂、普育堂等慈善组织无法继续维持，而善举却不能就此止步。上海市政厅成立后，接管自治公所在原上海县的业务，以前讨论的重组慈善事业的方案再次提上了议事日程，并且初步实现了对上海慈善组织的大整合，为上海慈善事业的发展创造了一个新的机遇。

1912年上海慈善团成立以后，就按照上海市政厅的规划，首先将全市慈善事业进行调整。慈善团事务所设在同仁辅元堂，事务所下设六科，具体分工为：第一科，恤嫠、赡老、矜孤、济贫；第二科，施棺、赊棺、赊葬、义冢；第三科，育婴、保赤；第四科，养老院、残废院、贫

---

① 故宫博物院明清档案部编：《清末筹备立宪档案史料》，下编，《城镇乡地方自治章程》，中华书局，1979年版，第728—729页。
② 同上书，第730页。
③ ［日］小浜正子：《近代上海的公共性与国家》，第52页。

病院;第五科,贫民习艺所;第六科,妇女工艺院。① 这一规划实际就是想要把整个上海慈善事业进行新的整合,一方面继续办理不得不办的传统善举,并把这些以前许多善堂都分别举办的各种善举进行一定的调整,如第一至第四科;另一方面是希望进行更多的新的慈善活动,救人救彻,不仅仅给受济者以一时的物质救济,同时希望能够教给他们一技之长,以便他们以后能够进入社会依靠自身的技术自谋生路,也就是对受济者实行职业教育,如第五、第六科。

另外,对于慈善团下属组织从事的善举活动也有一定调整。上海慈善团成立以后,对原有各善团之间的业务进行了一些分工,以便更好地统筹规划。同仁辅元堂及其分堂主要办理第二科之施棺、赊棺、赊葬、义冢等。它的其他善举虽然也在继续进行(自治取消以后,这一趋势一度有所改变),但是其活动范围已有所收缩。以前的清道、设置路灯等事务早已经移交给了总工程局,而按照上海市政厅的统一规划,同仁辅元堂进一步把主要精力集中在施棺等善举上,回到了它最先(辅元堂最初的业务就是施棺)也是一直着力从事的事业上。这种趋势一直延续着,直到抗战时期,同仁辅元堂的自我定位即为"施棺掩埋的慈善组织"②。抗战胜利以后,同仁辅元堂即使经费紧张,但仍然在勉力从事施棺掩埋等业务。③

慈善团的育婴保赤事业主要交给育婴堂等统一办理。养老、残废、贫病等事业在这些计划中的专门机构未成立以前,全部交给普育堂照旧办理,这也使得普育堂的业务大为扩展,而原有设施不堪使用,因此成立了新普育堂。救济妇女是传统慈善组织的重要活动之一,而且一直带有非常明显的意识形态印记④,但是进入晚清民国以来,这种意识形态的作用已经大为减弱,在清政府颁布的《城镇乡地方自治章程》所列举的地方慈善活动中已经没有了清节、保节等活

---

① 《上海市自治志·各项规则规约章程》,丙编,《上海市政厅慈善团办法大纲》。
② 《同仁辅元堂募捐启》(抗战时期,具体日期不详),上档 Q114—2—10。
③ 陆利时编:《上海特别市救济事业概况》,上海特别市社会局救济院发行,第281页。
④ 梁其姿:《施善与教化——明清的慈善组织》,第204页。

动。① 慈善团成立以后就开始考虑把保节堂改组为妇女工艺院,当然按照实际需要,在妇女工艺院未成立以前,所有的妇女救济事宜仍归清节堂、保节堂照旧办理,只是不再规定年龄以及其他方面的限制,只要是本市区贫病需要救济者就予以救济。慈善团办法大纲还规定:各善堂向办之浦江救生移交警务水巡,向办之义塾学堂移交学务科,向办之救火水龙改隶救火联合会,向办之施医施药改隶卫生科,均不由慈善团办理。唯卫生科未完全成立以前医药事宜暂由事务所照办。②

然而,地方自治并没有按照地方精英们的设想进行下去,袁世凯上台后下令终止地方自治。上海市政厅还没有来得及施展其抱负就被迫宣告解散,由官办的上海工巡捐局取而代之。③ 自治停止以后,上海慈善团也从市政厅独立出来,成为完全的民间慈善组织,因此原来许多的规划也就自然中止,各慈善组织基本继续从事着原来的事业,新的重组也没有完全实现。但是慈善事业并没有因此止步不前,上海地方精英们以更大的热情投入地方公益事业,极大地促进了上海民间慈善事业的发展,并与上海都市社会的发展相协调、相适应。

上海慈善团开展的各类活动非常多,大体上可以分为三大类。一是自身机构建设活动,即建立新的慈善组织。二是慈善团添置财产的活动。慈善团充分利用近代上海社会经济和城市化快速发展的机遇,在各善团拥有的地段较好的土地上新建或扩建市房、菜市场等出租、出售,获取高额租金和利润,确保慈善团收入来源的稳定并可以持续扩充。三是慈善团领导下的各善团的慈善活动以及由慈善团组织的联合善举等。

(一) 机构建设

上海慈善团成立初期的主要活动是按照上海市政厅的规划进

---

① 故宫博物院明清档案部编:《清末筹备立宪档案史料》,下编,《城镇乡地方自治章程》,第729页。
② 《上海市自治志·各项规则规约章程》,丙编,《上海市政厅慈善团办法大纲》。
③ 《上海市自治志·公牍》,丙编,《上海工巡捐局函告开办日期》。

行,主要有建立贫民习艺所和新普育堂;自治取消后,慈善团根据慈善事业发展的需要,又先后新建、扩建、改建了一批慈善组织,如游民习勤所、妇女教养所和养济院等。此处从慈善团的角度介绍这些组织的建立情况及简要历史,以便呈现慈善团在民国时期上海慈善界的作用,并探讨慈善组织在民国时期的发展特点。

关于贫民习艺所和新普育堂的建立情形,前人已经有了一些描述①,这里就笔者所掌握的资料略作补充,以便对二者的历史有更为清晰的了解和把握。

贫民习艺所

贫民习艺所即后来慈善团所属的普益习艺所,早在1905年就开始由上海地方绅商酝酿设立。② 在此之前,1901年留美归国的黄中慧给清廷上了一个《倡议北京善后工艺局说帖》,提出创设工艺局的建议,此后京师开办了工艺场;1904年,在"振兴实业"的口号下,全国范围内兴起推广工艺的高潮,各种工艺局、工艺场、习艺所等纷纷涌现。③ 在此背景下,1906年郭怀珠、叶佳棠、姚文枏、莫锡纶④等人联名向上海道和上海县政府提议创办,初拟定名为"勤生院",拟以收容和教养无业游民基本谋生技能为主。上海道台袁树勋同意拨款五千两银赞助此事,并拨给九亩地(露香园路)原火药局旧址公地作建筑之用。⑤ 但恰逢上海士绅中"护墙派"战胜"拆墙派",决定保留县城城

---

① [日]小浜正子:《近代上海的公共性与国家》,第53—56页;何孔蛟:《民国上海最大的留养类慈善机构——新普育堂》,《文史月刊》2006年第8期;何孔蛟:《从新普育堂看慈善组织与政府机构间的互动(1912—1937)》,《中国矿业大学学报(哲学社会科学版)》2007年第2期;张斌:《上海新普育堂研究》,杭州师范大学硕士学位论文,2019年。
② 但实际上这个"勤生院"在浦东三林,并非上海勤生院。郭彦军认为1905年上海绅士们"创建了勤生院",实际上是把二者混淆了。(郭彦军:《近代上海社团发展及其社会管理意义研究》,上海交通大学出版社2017年版,第160页)
③ 池子华:《流民问题与社会控制》,广西人民出版社2001年版,第172—173页。
④ 此四人均为创办上海地方自治机构城厢内外总工程局的地方士绅,总工程局成立后也都被选为局董事(《上海市政的分治时期》,《上海市通志馆期刊》1935年第8期,第189页)。
⑤ 薛理勇主编:《上海掌故辞典》,上海辞书出版社1999年版,第286页。

墙,但为"振兴商务"起见,需要增开新城门,原定作为勤生院的公地恰好位于预计新辟城门的位置(1909年开辟的小北门),勤生院只好另寻他地再建。① 1908年上海城厢内外总工程局②议定将县城南门外施粥厂旧址改建勤生院。1909年上海城自治公所又决定将其迁到车站路另建。③ 但此事一再拖延,直到辛亥革命爆发,勤生院也未能建成,士绅们本来寄望于建立勤生院,"专收乞丐入院,督教以粗浅工艺,不使流而为匪"④,通过大力收容游民乞丐以安定社会秩序。然而,勤生院尚未建成,辛亥革命已经推翻了清政府。

上海士绅要维持的当然主要不是清政府的统治秩序,而是这个现代都市的社会秩序,是他们身历其境且赖以维生的秩序。因此,清政府倒台后,收容教养游民乞丐的迫切性甚至更强了。1912年,江苏省议会计划在全省设立七处贫民工场,其中一处设在上海;并制定了预算方案,"本年应支开办费银五千元,经常费银一万三千一百二十五元"。正为筹办勤生院苦恼的上海士绅们,决定利用此次机会,将二者合二为一,上海市政厅致函上海县民政长:"请拨省定上海应设贫民工场经费,以资开办。"⑤市政厅认为,既然省议会也有开办省立贫民工场方案,"不如就已有之成局,将预算之开办费、经常费一并请领,以便从速开办"。上海县议事会议长莫锡纶等因此呈文江苏省议会,要求将勤生院与贫民工场二者合并办理,并请求从速开建,"为地方治安计,工场之设立刻不容缓"⑥。但是,省财政实际上也没有余力支持各地的贫民工场之创设,因此省行政公署认可上海县议事会将勤生院代替贫民工场,但在经费方面只能给县议会开空头支票:"候

---

① 李铠光:《上海地方自治运动中成员的身份与运作冲突》,《史林》2003年第5期。
② 薛理勇认为是上海城自治公所划拨施粥厂旧址,不确。1909年清政府颁布《城镇乡自治章程》后,上海城厢内外总工程局改组成上海城自治公所,因此1908年不可能由城自治公所划地建勤生院。
③ 薛理勇主编:《上海掌故辞典》,上海辞书出版社1999年版,第286页;吴金良主编:《中华慈善大典》,浙江工商大学出版社2017年版,第208页。
④ 《乞丐学堂》,《四川官报》,第二十九册,1905年12月,第38页。
⑤ 《上海市自治志·公牍》,丙编,《贫民习艺所案》。
⑥ 《上海公报》第一期,1913年1月1日,上海县知事署公报处,第15页。

筹有的款,再行派员勘视,设法开办,以利民生。"①毫无疑问,上海如果等待省财政筹款来开设贫民工场,可能遥遥无期。

幸而,上海并没有真正寄希望于江苏省,而是积极利用各方资源进行筹办。改建勤生院的施粥厂旁边原为同仁辅元堂的普安亭义冢,可以将义冢坟墓搬迁腾地作为扩建之用;再旁边是火药局旧址,因附近已经趋于繁华,不宜再设火药局,因此早就有人提议将公地变卖作为经费投入勤生院建设。②江苏省并无经费支持各地贫民习艺所建设,上海县民政长自然也没有拿到这笔经费,无法拨款给市政厅。③最终省、县议事会与市政厅以及上海地方士绅达成共识,用出售公地的收入拨付习艺所建设费用,另由市政厅从闸北水电公司筹借的60 000两中拨出10 000两补足。④ 1912年,市政厅终于在大南门外施粥厂前空地上建起了勤生院房屋⑤,并改名为贫民习艺所,划归上海市政厅慈善团领导,作为慈善团第五科业务。同年习艺所开始扩大收容贫民,并教习各项工艺,其一切活动悉由慈善团安排和领导,慈善团聘任徐乾麟为贫民习艺所主任,对其进行管理。贫民习艺所第一期收贫民子弟150人,开设藤器、木器、竹器、陶器、泥塑等课程,由院里发给饭资和微薄生活费,学生除学习中文和英语外,主要学习职业技能,实际上是上海第一家半工半读的技术学校。⑥ 1914年地方自治被取消后,上海市政厅被撤销,贫民习艺所改名为普益习艺所,依然由上海慈善团领导,由徐乾麟负责打理,直到1937年日军入侵上海才停办。⑦

---

① 《上海公报》第十期,1913年5月16日,第20—22页。
② 《总工程局拟定变通勤生院章程》,《申报》1907年8月3日,第19版。
③ 熊月之主编:《稀见上海史志资料丛书》,第七册,上海书店出版社2012年版,第492页。
④ [日]小浜正子:《近代上海的公共性与国家》,第54页。
⑤ 《慈善事业之进步》,《申报》1912年8月7日,第7版。
⑥ 楼鹏飞、方印华:《纪实虞洽卿》,慈溪市政协教文卫体和文史资料委员会编:《纪实虞洽卿》(慈溪文史资料第二十八辑),宁波出版社2014年版,第53页。
⑦ 陈定山:《春申旧闻》(续),海豚出版社2015年版,第220页。

新普育堂

新普育堂是在辛亥革命后因普育堂被撤销而由上海慈善团重新建立的慈善组织。因此民国二十四年之《上海县志》说慈善团是"将市区旧有之同仁辅元堂……暨新成立之新普育堂、贫民习勤所"合并而成的说法欠妥①,实际上是先有慈善团,后有新普育堂。普育堂由上海道台应宝时于1866年设立,位于西城半段泾(今蓬莱路附近)淘沙厂陈公祠,堂基占地七亩多,内分七所,收留无家可归的丐童和鳏寡孤独废疾者。丐童则"抚而教之,艺成听其自去";鳏寡孤独废疾者则分所收养,在堂留养达三百名,堂外保产、贴婴也是三百名;"兼留养因案发堂之妇女"。其常年经费由江海关库月给钱五百串,淞沪厘局月给钱三百串,余俱由丝茶商栈抽捐充费。② 到1911年辛亥革命前夕,普育堂留养规模日益扩大,留养人员"恒五百余人"③。可见,普育堂在上海慈善事业中也占有重要地位,但是它有一个致命的弱点:它的经费主要依靠官款及各业抽捐来维持。过于依赖官款导致普育堂在辛亥革命以后很快就陷入难以为继的窘境。

1912年上海市政厅成立后,曾经规划将普育堂所办恤嫠、赡老等业务并入残废院、贫病院及工艺所等统一办理,但是由于地方自治停办,这一规划未能实现。随着近代上海社会经济的发展,人口随之增加,需要收容救济的人员随之增加,另外"教养兼施"的慈善理念得到越来越多慈善界人士的认同,因此慈善团决定扩大普育堂,而不是停办,以便收容、救济更多的贫民和无业游民,并教授其简单工艺,以便自谋生路。普育堂虽然堂基有七亩多,但相对于需要收容的人数来说,依然显得过于狭小,无法扩建;更重要的是,普育堂在城内,且近乎老城地理上的中心位置,周边日渐发达,人烟稠密,不宜留养大量无业游民、乞丐等社会边缘人群。因此慈善团最终决定易地新建,

---

① 《上海县志》,民国二十四年刊本,第699页。
② 《上海县志》,同治十一年刊本,第202—203页;璧:《上海之建筑——普育堂》,《图画日报》第八十号;陈可畏:《应宝时与十九世纪六十年代的上海》,《历史教学问题》2013年第4期。
③ 《叶大善士棣华八秩寿诞》,《申报》1911年10月7日,第2版。

图 3-1 普育堂图

（摘自：《图画日报》第八十号）

故而有新普育堂之设。

新普育堂是慈善团成立后新建设的第一个大型慈善组织，根据张斌的研究，其兴建可能从 1912 年 4、5 月开始酝酿，到 1913 年 3 月初完工。① 其间最大的问题是筹措建设经费和开办经费。不迟于 1912 年 5 月，慈善团董事会最终决定在同仁辅元堂义冢土地上兴建新普育堂，实行边建边筹资的策略，此时已被聘任为新普育堂主任的

---

① 张斌：《上海新普育堂研究》，杭州师范大学硕士学位论文，2019 年，第 15—17 页。

陆伯鸿①在其中发挥了巨大的作用。慈善团为了筹资开办新普育堂想尽办法,可谓不遗余力。1912年5月10日,市政厅呈文沪军都督府民政总长李平书,请求将平价米石余款拨给慈善团作建筑新普育堂之用。② 李平书应该是同意了这一请求,划拨了11 564.626元给新普育堂。③ 新普育堂破土动工之后,慈善团又不断向市政厅等提出划拨原有公款补助的建议。1912年5月,慈善团要求从上年省拨平价粮余款中拨付两万两给新普育堂,不足部分由堂另筹补足,但是似乎没有成功④;7月,因为建筑费用短缺,慈善团再次向市政厅提出将去年办理平价的余粮拨充工食,同时要求将招商局备赈款余额及南漕米余款拨充工食。⑤ 上海县知事划拨了9 000余元给新普育堂;市政厅两次划拨款项2.5万余元。⑥ 陆伯鸿可能发挥了他的个人影响,经过与各部门反复交涉,到1913年3月新普育堂建设事宜得以顺利完成。⑦

新普育堂规模宏大,第一期建有房屋两百余间⑧,建筑、开办耗资巨大,共计达78 676.291元,主要来自上海民政总长、上海县知事、上海市政厅的拨助,共计47 833.334元,加上县知事拨助的地方费2 200元,以及法会审公堂拨助800元。⑨ 这些来自地方官府和市政

---

① 陆伯鸿,字熙顺,1875年出生于上海县城,近代中国著名的实业家,先后于老城厢地区创办华商电气股份有限公司、南市电车厂、内地电灯公司,并创办浦东和兴铁厂、闸北水电公司等新式企业;先后出任法租界公董局华人董事、上海总商会董事、全国民营电业联合会委员长等职。陆是天主教徒,担任过公教进行会会长,热心公益慈善事业,先后主持和参与兴办新普育堂、上海普慈疗养院、圣心医院、中国公立医院、南市时疫医院等。
② 《呈民政总长李建筑新普育堂请以平价米石余款拨充工费文》(1912年5月10日),《上海市自治志·丙牍》,丙篇,《新普育堂案》,第833页。
③ 参见[日]小浜正子著,葛涛译:《近代上海的公共性与国家》,第55页表格。
④ 《上海市自治志·丙牍》,丙篇,《新普育堂案》。
⑤ 同上。
⑥ 参见[日]小浜正子著,葛涛译:《近代上海的公共性与国家》,第55页表格。
⑦ 杨逸:《新普育堂建筑工竣接收旧堂贫老病民并分设院所推广留养》,《上海市自治志·丙牍》,丙篇,《新普育堂案》,第218页。
⑧ 《新普育堂添建疯人院》,《申报》1914年3月18日,第10版。
⑨ [日]小浜正子著,葛涛译:《近代上海的公共性与国家》,第55页。

厅拨助的经费占全部费用的64.61%,而且大部分来自出售公地的款项。剩下的部分经费来自捐款和借款。因此,新普育堂的成功兴建,实际上离不开上海县、上海市政厅的公款资助,体现了上海市政厅作为上海地方自治机构充分利用地方资源服务地方社会的目标。

当然,新普育堂的成功兴建,还与辛亥革命后在新的环境下地方士绅们迸发出的积极性有关,没有地方绅商的努力,即使有现实需要,也很难想象新普育堂能在短时期内兴建起来。在当时百废待兴的情形之下,何事能够兴办,何事能得进展,很大程度上可能就决定于办事之人能否有效利用当时的资源。前述的贫民习艺所就是一个很好的例子,即使设立贫民工场"刻不容缓",而且也被列入了预算方案之中,但是上海并没有从江苏省获得任何资金来建设贫民工场。新普育堂在筹建过程中充分利用了当时能够得到的各种资源,这些本身都是地方公产,用在公用事业上也无可厚非,但是当时需要兴办的公用事业非常多,哪些人能够得到这些资源来兴办自己主张的事业,却是一个很大的问题。上海城市开发引起土地升值,上海慈善界人士比较充分地利用了政府大量出卖公地的资源,为慈善事业的发展提供了比较好的机遇。地方精英从地方公益事业出发,经过与官府的多方交涉,获得了较多的可利用资源;而这时的政府在地方自治的氛围下,也愿意让民间力量出面办理一些地方事务,以减轻政府财政以及组织等方面的压力,这样,就出现了二者合作的良好势头,并且在当时的上海取得了一定的成效。

此后,随着业务的不断发展,新普育堂主任陆伯鸿在上海慈善团的支持下,不断筹措款项,陆续又添建了众多房屋,如1914年添建五十余间房屋的疯人病院;1918年5月,新普育堂病舍扩建新屋落成。① 到1918年,新普育堂"计楼屋九十九幢,平房九十二间,周围缭以垣违,垣外余地路基共八十余亩"。分设老人院、贫儿院、贫病院、残废院、男疯人院、女疯人院,另有工作场、湢室(浴室)、主任及助理

---

① 《新普育堂添建疯人院》,《申报》1914年3月18日,第10版;《新普育堂新屋落成》,《申报》1918年5月26日,第10版。

员办事室、看护休息室、庖厨、洗衣室、制药室、毒疮室、割症室、施药室、患毒暂留室、呆人室、小孩室、太平室、阍室(门房)等设施，分类明确，设备齐全，成为上海慈善组织之翘楚。① 新普育堂初期留养五六百人，是普育堂的两倍；到 1921 年留养者达到 1 800 人，十年增长两倍。各项事业和慈善活动开销共计耗费达 70 余万元，为上海都市社会作出了巨大贡献。②

新普育堂除了在南市本部不断扩建房屋外，陆续接收了一些其他机构，如 1913 年 7 月接收慈善团划拨的西门外西方庵③；并在老城厢以外地区新建分支机构，如 1917 年在松江城外马路桥购地三亩多筹建松江新普育堂，1920 年 4 月新普育堂在闸北开设施诊分所等。④ 到 1921 年，新普育堂在各处设立分医局八处，每年免费或低价收治贫民，并施药救治，受惠者五六十万人次。⑤

上海游民习勤所

上海市政厅撤销以后，上海慈善团完全独立，但是它在上海慈善界的地位并没有降低，其慈善事业也在继续发展。在机构建设方面，上海慈善团除了继续管理所属的善会善堂以及吸收其他善会善堂加入以外，同时根据需要和慈善团的规划，继续增设新的慈善机构。1927 年设立的游民习勤所，是慈善团适应都市社会需要，为收容和救助城市无业游民而采取的又一重大措施。

近代上海的人口增长非常迅速，1852 年上海人口为 544 413 人，1910 年上海的总人口增加到 1 289 353 人，1927 年已经达到 2 641 220 人，1937 年达到 3 851 976 人，辛亥以后短短二十多年人口增加两倍多。⑥ 到 20 世纪 20—30 年代，上海街头的游民、乞丐已经成

---

① 吴馨修，姚文枬纂：《民国上海县续志》，民国七年铅印本，第 111 页。
② 《新普育堂接管西方庵》，《申报》1913 年 7 月 10 日，第 7 版。
③ 同上。
④ 《松江建筑新普育堂之起点》，《申报》1917 年 8 月 21 日，第 11 版；《普育堂在闸北设施诊分所》，《申报》1920 年 4 月 28 日，第 15 版。
⑤ 《新普育堂十周年纪念会》，《申报》1921 年 4 月 14 日，第 11 版。
⑥ 参见邹依仁：《旧上海人口变迁的研究》，第 90 页表格。

第三章　上海慈善团与慈善事业的初次整合

为一个严重的问题。据不完全统计，1929年上海华界失业、无业男女多达25.7万；若加上租界，无业、失业人员高达45万—50万人。① 众多无业游民和失业人员集聚上海，给社会稳定造成了巨大威胁，据上海市社会局调查，"1928年8月到1929年8月，上海发生盗匪抢劫案1 138件，平均每8个小时发生一起……绑票案103件，平均每4天一起……自杀的2 327人，平均每4小时有一人自杀……"②

与此同时，20世纪二三十年代，也是上海社会经济迅速发展、都市社会全面形成的重要时期。到30年代初，上海已以绝对优势成为全国的经济中心，建成了数千家工厂和数万家商店，在交通航运、金融、对外贸易等方面都获得了巨大发展。③ 都市社会经济的发展，既吸引许多移民前来寻找谋生就业的机会，同时也扩大了社会富有者群体和有产者阶层，他们面对都市社会发展中出现的各种严重社会危机，积极筹划改良。上海地方社会除了继续一以贯之地支持各种慈善机构尤其是上海慈善团及其所属善会善堂开展收容、救助游民、乞丐以及其他弱势群体的工作外，还不断扩建和设立新的慈善组织来应对游民问题。1927年在上海慈善团组织领导下成立的上海游民习勤所，就是其中之一，这也是第一个专门收容、改造无业游民并教以工艺的慈善组织。此前的勤生院（贫民习艺所、普益习艺所）实际初衷也是为了解决无业游民问题，但开办初期主要招收丐童等贫寒子弟入所习艺，并未直接冠以"游民"字样。所以"游民习勤所"从名称而言是上海第一个专门处理游民问题的慈善组织，但并非"创办最早"的游民救济机构，更不是持续时间最长的游民救济机构。④ 实

---

① 《现代上海社会的危机》，《社会月刊》第1卷第9号，1929年。转引自侯清：《民间组织与游民教养——上海游民习勤所研究（1929—1937）》，华东师范大学硕士学位论文，2008年，第9页。
② 《潘公展谈上海社会之危机》，《申报》1930年1月24日，第13版。
③ 张赛群：《上海"孤岛"贸易研究》，知识产权出版社2006年版，第8—12页。
④ 戴佩娟：《上海游民习艺组织研究——以上海游民习勤所为中心（1927—1949）》，上海师范大学硕士学位论文，2006年。戴佩娟：《从上海游民习勤所看游民改造》，《东南大学学报（哲学社会科学版）》2010年6月（增刊）。

际上，上海在 1815 年即创办了栖流公所，1879 年可能是旧址重建的沪北栖流公所更是一直持续到民国时期。① 栖流公所主要用来收容、救助外地流入上海的流民，近代以后兼收本地贫民及无业游民，是上海最早处理游民问题的慈善机构。另外，前文提到的新普育堂等都具有收容、救助无业游民之功能，也都远早于游民习勤所。所以"游民救济事业"也不是民国以来才有的事。②

戴佩娟以上海游民习勤所为中心讨论了上海的游民习艺组织，侯清以习勤所为例，讨论民间组织在游民教养中的作用，但二者对习勤所的建设经历均未予以详谈。③ 此处从上海慈善团机构创建的视角，对游民习勤所的建立过程加以阐述。

1926 年冬，姚子让、李平书、王一亭、顾馨一、陆伯鸿等发起筹备上海市乞丐游民教养院，决定在西南乡购地百余亩建筑房屋，收容和教养游民、乞丐。④ 1927 年 1 月，上海地方精英们于上海慈善团事务所设立上海市乞丐教养院筹备委员会，首先推定李平书、顾馨一、莫子经、姚子让、陆松侯、姚慕连为筹备委员，正式着手进行准备。⑤ 筹备委员会一面劝募，一面开始寻找建所地点。经过多方勘定，最后选定上海县漕河泾二十六保十五图一块 90 余亩土地作为所址，通过市公所及筹委会与当地农户反复磋商，县公署也很快批准购地方案，最终成功购买此块地皮，并很快开始动工兴建。⑥ 上海市乞丐教养院最

---

① 黄鸿山：《中国近代慈善事业研究——以晚清江南为中心》，天津古籍出版社 2011 年版，第 52 页；林秋云："变质"的慈善：晚清沪北栖流公所初探，《清史研究》2017 年第 4 期。
② 吴泽霖、章复：《上海的游民救济事业》，《华年》1937 年 11 月 7 日，第五卷第四十三期。
③ 戴佩娟：《上海游民习艺组织研究——以上海游民习勤所为中心(1927—1949)》，上海师范大学硕士学位论文，2006 年；侯清：《民间组织与游民教养——上海游民习勤所研究(1929—1937)》，华东师范大学硕士学位论文，2008 年。
④ 《上海乞丐教养院筹备会纪》，《申报》1926 年 12 月 25 日，第 15 版。
⑤ 上海游民习勤所编印：《上海游民习勤所第一届报告》，上海市图书馆藏，本段关于游民习勤所的叙述除非特别注明外都出自此报告，不另详注。
⑥ 《上海市乞丐教养院购地之复函》，《申报》1927 年 1 月 19 日，第 15 版；《上海县批准乞丐教养院购地建舍》，《申报》1927 年 1 月 21 日，第 11 版；《上海市乞丐教养院昨日开会纪》，《申报》1927 年 1 月 26 日，第 10 版。

后定名为上海游民习勤所,建筑过程历时一年多才完工,占地94.49亩,兴建过程中收款342 530.553元,支出336 299.323元。具体细目见表3-1:

表3-1 上海游民习勤所开办收支详细表

收入	数额(单位:元)	支出	数额(单位:元)
上海慈善团	307 153.723	购地费	19 643.414
保安司徒庙	750	建筑费	180 184.717
上海邑庙董事会	24 000	开办费	26 410.57
特别捐款银	6 380	经常费	11 000.622
息金银	78.83		
游民家属缴款	4 176	留存	6 231.23
合计	342 530.553	合计	336 299.323

本表根据上海游民习勤所编印:《上海游民习勤所第一届报告》制作。

游民习勤所全部的开办费用中,上海慈善团前后支付307 153.723元,占了整个收入的89.7%;上海邑庙董事会成立于1927年,统一管理邑庙香火收入,补助上海医院等慈善组织,上海慈善团是邑庙董事会五个团体董事之一。① 习勤所开办经费中,邑庙董事会拨付24 000元,占全部开办费的7%,是开办经费第二大宗款项。可见上海慈善团在游民习勤所的建设中起到了最为关键的作用。

游民习勤所隶属于上海慈善团,由慈善团董事会领导,但其业务由习勤所董事会负责办理。游民习勤所董事会董事长为王一亭,常务董事为秦观畦、杨福元,另外杜月笙、黄金荣、王晓籁、王彬彦、叶惠钧、袁履登、陆伯鸿等海上闻人均是其董事。② 游民习勤所常年经费

---

① 《各公团将合组邑庙董事会》,《申报》1927年1月21日,第11版。
② 《漕河泾游民习勤所三周年纪念》,《申报》1932年6月15日,第11版。

中,上海邑庙董事会每年补助经费12 000元,保安司徒庙每年补助经费750元,另外有少量游民家属缴款和习勤所工艺品变价所得,其他全部由慈善团拨款。到1931年6月习勤所收留游民500名,由慈善团划拨经常费和临时费达80 915.022元。

1929年4月开始试收容,前述表3-1所列开办收入中有"游民家属缴款"这一比较特殊的来源,实际上就是习勤所正式开所前由家属押送子弟并付费入所教养。根据游民习勤所简章中的规定"本所收容之游民、乞丐除上海慈善团自送外,以下列各项函送者为限……四、游民家属之请求者,但其衣食费需由该家属担任",由家属送来者,每人每月负担费用8元,每次缴足一年。开办费中有4 176元来自游民家属缴款,因此,开办之初至少就有40名左右的游民家属缴款。这说明游民并不完全是由于经济困难、无以为生导致的,可能还有更多其他原因;另一方面也说明收容游民并对其进行某种程度的教养获得了广泛的社会支持。

1929年6月12日,上海游民习勤所正式开所,定额收容500名男性游民,所内设有缝纫、皮鞋、毛巾、织带、糊纸匣等数科,主要由上海特别市公安局拘送游民入所习艺,俾其艺成出所自谋生路。① 1930年7月,第一批"期满一年""悔改有据"的36名游民出所,并分得440余元工作奖金。② 1934年,习勤所再次添建房屋,扩充收容300人,并专辟儿童教室,以教授入所"顽劣儿童"书算等课。③

游民习勤所的成立对于当时上海城市社会的发展起了一定的作用,地方精英们认为:"游民……不为收容教养,非特有碍地方观瞻,抑且影响治安。"(《上海游民习勤所第一届报告》序)从这里也可以看出,实际上收容游民并没有多少为他们考虑的意思,地方精英们的意识里最重要的是如何维持地方秩序的稳定以及如何使得华界的市容能够尽可能变好一点,以免外国人蔑视中国人,这里实际

---

① 《上海游民习勤所昨日开办》,《申报》1929年6月13日,第14版。
② 《游民习勤所开释第一批期满游民》,《申报》1930年7月29日,第14版。
③ 《游民习勤所扩充容额》,《申报》1934年7月28日,第14版。

上已经带有一定的民族意识在里面。正是因为慈善团所办游民习勤所取得了一定的成效,上海市社会局于1930年5月将闸北绅商创建但因经费紧张而管理不善的淞沪教养院划归慈善团管理,改为游民习勤所第二所,收容定额350人。原来的上海游民习勤所改为第一所,继续由慈善团管理,进一步扩大了慈善团的业务;一所主任吴一球兼任二所主任。① 游民习勤所主任吴一球也因办理救济游民事业有功而受到市社会局嘉奖。②

妇女教养所

妇女教养所是由原来的清节堂改建而成。早在上海慈善团成立之初,在重组慈善事业的计划中就曾提出设立妇女工艺院,准备把清节堂、保节堂等合并办理,因为时人似乎已经认识到花费大量有限的资金对节妇和年轻寡妇进行特别救济并没有必要,而建立让贫穷妇女学会一技之长以便能够自谋生路的工艺院,才是社会发展的需要,也是救济贫穷更为有效的方式。只是因为地方自治所要开展的活动太多,而市政厅并没有足够的财力顺利施行其所有计划,因此这个处于规划中的妇女工艺院没有能够在当时变成现实,而继续由保节堂和清节堂对妇女实行救济。③

1928年5月,南京国民政府公布《各地方救济院规则》,要求各地方政府设立救济院,并规定需要设立妇女教养所收容妓女、受虐待妇女、贫弱流浪妇女等。④ 同年10月,上海市妇女协会呈请市社会局从速筹设妇女教养所。⑤ 同年11月,上海市政府颁布《上海特别市救济院组织细则》,试图统筹办理上海救济事业,提出将本市原有与妇女救济相关的慈善机构改组成妇女教养所。⑥ 但因上海民间慈善界反

---

① 《游民习勤所昨开董事会议》,《民国日报》第5619号,1931年12月9日。
② 《社会局嘉奖上海游民习勤所》,《民国日报》第5137号,1930年8月1日。
③ 《上海市自治志·公牍》,丙篇,《慈善团办法大纲》。
④ 转引自朱宇航:《战后上海妇女教养所研究(1946—1949)》,华东师范大学硕士学位论文,2018年,第16页。
⑤ 《上海市妇协会会员大会纪》,《申报》1928年10月30日,第14版。
⑥ 《上海特别市救济院组织细则》,1928年12月6日,第20页。

对市政府的统筹方案,上海市救济院根本未能正式建立①,但慈善界决定主动与政府的管理法规相对接,自行筹设妇女教养所。

1929年,上海慈善团设立妇女教养所筹备处,开始筹设妇女教养所。从1930年开始,上海慈善团预算书中单列妇女教养所筹备处经费开支。② 该教养所实际上还是将原有的清节堂、保节堂改建,只是增加了妇女工艺场,而且收容之妇女也不限定于节妇、寡妇等,普通贫穷女性得以入所,"全系无依妇女"。直到1932年底,妇女教养所似乎仍未建成,一直使用的是"筹备处"的名称,该年妇女教养所筹备处收留妇女205名,用费20 159元。③

养济院

慈善团养济院是上海慈善团后期设立的大型慈善机构。明代政府曾下令各地设立养济院,留养穷民无助者。明洪武七年(1374年),上海县在县城西南建养济院,历经扩建、移建,到清代在县城大南门外陆家浜南重建,嘉庆十七年(1812年)遭火灾,房屋大部分被毁。④ 同治时期巡道在原址设普安亭施粥厂,冬季在院施粥,时人称南厂。⑤ 可见前述普益习艺所也是设于原养济院旧址上,说明当时养济院规模相当大,可惜进入近代以后,这一历时数百年的慈善机构基本上已经成为临时施粥厂,无法再收养老弱穷民。

上海慈善团筹建养济院是为了应对战争难民救济善后事宜。1937年八一三事变以后,上海慈善团体联合救灾会、救济战时难民委员会难民收容所收容了大量难民,后来难民逐渐被遣散到内地或者安置到其他地方,到1942年3月底,慈联救灾会各收容所还剩余

---

① 〔日〕小浜正子著,葛涛译:《上海的公共性与国家》,第112页。
② 《上海慈善团十九年度预算书修正表》,上档Q6—18—329。
③ 《妇女教养所筹备处启事》,《申报》1932年12月8日,第4版;《本会会员及事业统计》(1933年),上档Q114—1—21。
④ 〔清〕宋如林修,莫晋纂:《松江府志》卷十六,清嘉庆松江府学刻本,第1345页;吴泽霖、章复:《上海社会救济事业史的检讨》(上),《华年》第六卷第四期,1938年1月30日。
⑤ 〔清〕博润修,姚光发纂:《松江府志》,卷九,清光绪九年刊本,第840页。

第三章 上海慈善团与慈善事业的初次整合

1 000 余名老弱残废孤寡以及无法遣散之难民难以安置，因此慈联救灾会将各所留所人员集中到浙江北路慈愿收容所（同仁辅元堂义冢空地）统一管理，并将收容所改名为养济院，由慈联救灾会管理，工部局拨款维持。① 但同年 7 月，工部局停止拨款，慈联救灾会只能一方面不断呼吁各界捐助，另一方面则开办工场，俾难民通过生产部分维持。② 然而战时经济不景气，各界都相当困难，募捐不易，而需救孔急；更加雪上加霜的是，1943 年 8 月 13 日，养济院原本就是难民收容所时期搭盖的棚屋，历经六年的风雨后坍塌了。③

上海慈善团体联合救灾会原本是由包括上海慈善团在内的上海主要慈善组织在战争来临之际自行组织起来的临时性联合机构，由各会员单位共同襄助并对外募捐，自身没有任何经济来源。④ 浙江北路养济院棚屋倒塌后，大部分收容人员继续遣散，最后还有 100 多名实在无家可归也无处可遣者难以安置，慈联救灾会因此与慈善团协商，要求其收养。慈善团因事属慈善范围，责任所系，因此在 1945 年 1 月接收了养济院，并将其转移到上海第四区蓬莱路，改成上海慈善团养济院，慈联救灾会收容股副主任陆德绅出任院长。⑤

养济院由慈善团接管后，由慈善团董事会领导，经费由慈善团划拨，在接收剩余难民后，陆续将收容范围加以扩大。慈善团养济院逐步确立办院宗旨：收养 60 岁以上的男女老人，及 8—16 岁"实在无法生活并乏人赡养"的贫苦儿童。养济院内设有工场，按留养人之体力情况安排一定的工作，"但其衰弱或有疾病者不在此限"。养济院分老年部和儿童部，儿童部设有学校，由院聘请教师，专职教读；同时院

---

① 《难胞收容所，改名养济院》，《申报》1942 年 4 月 9 日，第 4 版。
② 《慈联养济院　辟两难民工场　织草鞋及线装》，《申报》1942 年 8 月 17 日，第 4 版。
③ 《两教养团体乞援》，《申报》1943 年 8 月 13 日，第 4 版。
④ 阮清华：《中华人民共和国成立初期对上海民间慈善组织的处理研究》，《党史研究与教学》2018 年第 1 期。
⑤ 《养济院简历》，上档 Q114—2—4；《养济院院长简历》（题目为引者自拟），上档 Q114—2—10。

内还设有修养室,以供留养人念佛修心。① 在社会环境险恶、经济条件困难的情况下,养济院还能考虑如此周到,实在难能可贵。慈善团养济院设立时计划收养女老五十名,男老二十名,儿童八十名,共计一百五十名。但实际上经常超出此数,如1946年收留173人,1949年收留168人,1950年更是多达378人。②

以上介绍的是上海慈善团在机构建设方面主要成就的一部分。当然,在建设这些大型建筑的同时,慈善团也对其原本所属的善会善堂进行程度不同的建设,如1913年建同仁辅元堂分堂房屋③,后来又在南市建同仁辅元堂办事处等;新普育堂以及慈善团的其他成员也根据各自业务和经济力量,在各处兴建分支机构;1919年慈善团还在南市和法租界等地创办了第一、第二、第三国民义务小学,免费收贫儿入学。④ 这些新建、扩建、改建的机构一起构成了慈善团庞大事业的重要组成部分,它们共同支撑着上海慈善团的业务发展,使得慈善团成为上海慈善界之巨擘。事实上,以慈善团事务所为中心,以慈善团董事会为领导,上海慈善界在辛亥革命以后形成了一个复合型的大规模慈善组织、一个巨大的慈善群团,这是上海民间慈善组织在民国时期发展的最突出特点。

上海慈善团成立以后,首先团结和整合了老城厢的传统慈善组织,甚至到20世纪40年代仍然新建了养济院,其理念与数百年前明太祖诏令天下设立养济院"以处孤贫残疾无依者"⑤的初衷并无不同。只是明太祖要求对"鳏寡孤独废疾不能自养者,官为存恤"⑥,但民国

---

① 以上叙述根据《上海慈善团养济院章程》,上档 Q114—2—1。
② 《上海养济院简历》,上档 Q114—2—4;《养济院近三年工作简报》(1950年7月1日),上档 Q114—2—2。
③ 《上海县志》,民国二十四年刊本,第701页。
④ 《慈善团创办三义学》,《民国日报》1919年8月20日,第11版。
⑤ 〔明〕李东阳:《大明会典》卷八十《恤孤贫》,江苏广陵古籍刻印社1989年版,第1261页,转引自方睿博:《明代养济院研究》,黑龙江大学硕士学位论文,2017年,第17页。
⑥ 《初元大赦天下诏》(洪武元年八月十一日),〔明〕佚名:《皇明诏令》卷一,《太祖高皇帝》(上),明刻增修本,第6页。

时期中国政局动荡,从中央政府到地方衙门,都有心无力"存恤"众多弱势者;上海地方精英们以慈善团等慈善组织为基地,继续积极发扬传统慈善组织怜贫救孤功能,存活无数。

与此同时,随着上海经济的快速发展和人口的急剧增加,大量无业游民、乞丐和众多失业者聚集在城市中,都市社会面临巨大挑战。地方精英们不仅将传统慈善组织扩建,扩充收容名额和种类,增加对游民、乞丐的收容救助,甚至开办新的机构,将目标对准这类在明代和清代中前期被认为在道德伦理上有缺陷而不能得到慈善组织救济的人群[①],直接名之为"乞丐教养院""游民习勤所"等。从不动声色地救助留养无业游民和乞丐,到公开明确地收容教养,这不仅是近代以来慈善理念变化的表现,更是上海慈善界积极应对都市社会问题,谋求都市社会健康发展和秩序稳定的需要。

(二) 殖产兴业

民间慈善事业最大的困难在于没有稳定的经费来源,许多善会善堂在筹建之初能够筹募到一笔不小的资金,但是很快就可能因为资金短缺而停办;另外还有一些主要依靠劝募来经营的组织,也会因捐款的没有保障而经常处于不稳定状态,难以长期持续。因此,许多善会善堂建立之初就尽可能地想方设法置产取利,典型的如同仁辅元堂,拥有四五千亩田地以及在市区拥有两百多幢房屋,依靠田地以及房屋的租金,同仁辅元堂就基本能够保障其业务的顺利发展。上海慈善团是在同仁辅元堂的基础上发展而来,它不仅完全继承了同仁辅元堂以及其他并入慈善团的善会善堂的房地产,而且还在不断的添置产业,因而能够保障其事业在同仁辅元堂的基础上更上一个台阶。

上海慈善团是民间慈善组织,但其财产又是属于地方公产,随着中国政治局势的逐步趋于稳定,各级政府对于社会事业的管理也逐步严格和规范。民国以来尤其是南京国民政府成立、上海特别市政

---

① 梁其姿:《施善与教化——明清的慈善组织》,第77页。

府建立以后,国民政府出台了一系列管理包括慈善组织在内的民间社团的法令法规,建立起一整套监督管理民间慈善组织的法律体系①;上海市政府也随之制定相关政策,加强对上海民间慈善团体的管理。② 民间慈善组织是社会公益组织,不以盈利为目标,同时大多数慈善组织都还面临资金压力,一般不可能进行大规模的直接投资;另外慈善组织不管是社区型小善堂还是跨区跨省市的大型综合性善堂,其财产都是地方公产,慈善组织添置、变卖、变易财产的活动往往同时涉及地方公产的处理问题,这是近代以来地方公共观念增强以后的一个新问题。因此慈善团必须获得上海市社会局,甚至市政府的批准和支持才可以执行其董事会添置财产的决议。添置财产的过程,既是慈善团实力不断增强的过程,同时也是民间组织与官方力量反复交涉的过程,这本身也是一个极有意思的问题。

20 世纪二三十年代上海城市社会的发展使得上海的房地产迅速升值,尤其是租界地区的房地产升值更大,城市土地租金和售价以及房屋租金都随之水涨船高。房地产成为一种可靠且不断增加的资金来源。上海慈善团所属善会善堂中有许多组织不仅在城外甚至在外县拥有庞大的地产,出租给当地农民耕种,收取地租,这是传统慈善组织资金来源的可靠保证;随着上海城市化的不断发展,许多慈善组织原本在城外和偏僻地段的土地及其机构设施如义冢、寄柩所等周边地区都发展起来,成为繁华地段,尤其是在租界内的土地,更是寸土寸金,升值空间巨大。但是各善堂由于资金困难,无法开发,土地资源闲置或利用效率低下,而且因无人管理,还影响市容环境和公

---

① 蔡勤禹:《国家、社会与弱势群体——民国时期的社会救济》,天津人民出版社 2003 年版;龚汝富:《民国时期监督慈善团体立法及其启示》,《法商研究》2009 年第 5 期;曾桂林:《民国时期慈善立法中的民间参与——以上海慈善团体联合会为中心的考察》,《学习与探索》2011 年第 11 期;曾桂林:《民国时期的慈善立法》,《中国社会报》2013 年 11 月 22 日;周秋光、曾桂林:《民国时期的慈善立法实践》,《中国社会报》2014 年 3 月 17 日;王林:《慈善与政治:南京国民政府时期慈善团体立案问题研究》,《福建论坛(人文社会科学版)》2019 年第 2 期。
② 关于此一过程小浜正子有相当详细的论述,参见[日]小浜正子著,葛涛译:《近代上海的公共性与国家》,第 110—117 页。

共卫生。

上海慈善团成立后,对存量土地和城内及租界地区的房屋重新加以规划、利用,并进行新的开发建设,提升自有房地产的利用效率。慈善团董事会针对不同地段土地和房屋的具体情况,以更加有效利用现有资源为原则,对原有土地和房屋进行处置,或出租,或出售,或者自筹资金进行开发和建设,稳定资金来源。

法租界市房建设

1929年10月24日,慈善团董事会主席王震呈请社会局称:"敝团所有坐落法租界东新桥之三处基地,共计二十亩七分九厘四毫,拟借款建筑出租……现拟将该处基地向银行或公司抵借四十万两以备建筑之用……事关公产,理合通报。"[①]东新桥原是法租界和公共租界界河洋泾浜上的一座小桥,1914年洋泾浜填浜筑路后就没桥了,但这一带因处于两个租界连接处,因而逐步发展起来,并以桥为名,形成新的社区。尤其是20世纪20年代公共租界迫于世界舆论压力一度决定禁烟、禁娼,烟馆、妓院以及与之配套的产业先后涌入法租界,东新桥一带迅速繁华起来。慈善团董事会诸君很快也认识到这一带地皮的价值,决议兴建市房出租取利,为慈善团开拓利源。

上海市社会局认可并支持慈善团的规划,但是采取了慎重的态度,并没有马上同意其请示,而是于10月31日批示:"请将借款建筑具体计划连同图样等件速送候核。"慈善团把建筑计划以及对于建筑房屋的预期收益、借款的利息、还本付息方式等都作了详细汇报,社会局则派员进行了实地调查。

然而,慈善团似乎并没有等到社会局的具体批示发下来就在自行筹划建设事宜,并开始对外招标。有意思的是,这件事被一市民举报出来了。1930年1月16日,商民顾子文上书社会局,称慈善团在非法招标建设房屋,"此项房屋样子均未看见,亦未呈报社会局核定",而且董事会也没有具体决议,因此,顾子文认为这是慈善团建筑

[①]《上海慈善团借款建屋事宜》(1929年10月24日),上档Q6—18—316,本文此处论述,除了特别注明以外,均来源于此卷档案,不另详注。

主任王季林个人决定的不法行为,要求社会局长查明真相,"速令该团遵照批示,停止投标告白并训令撤退王季林职务,以免种种把持营私而保善堂素来名誉……"①顾子文的具体身份不详,但其上书认定慈善团没有房屋设计图纸,没有董事会决议,说得好像他是董事会成员一样;但慈善团董事会以主席王一亭的名义给社会局上呈申请建设,在社会局催要图样等信息后,慈善团也及时补充了相关信息。说明慈善团对这件事情应该是有过讨论,并有所准备。合理的解释是:顾子文可能是慈善团内部人士或者是熟悉内情之人,担心慈善款产损失破坏,故而上书社会局;或者是占用慈善团基地土地之人,试图阻止慈善团兴建房屋。

社会局对顾子文的上书相当重视,一面再次派员进行实地调查,一面指令慈善团在社会局通知未下之前一切维持原状,不得私自建设。1月22日,社会局调查员报告称:慈善团招标事宜虽然没有经过董事会决议,但是诸董事对于建设主任王季林的主张均表赞同;而且慈善团此前也已经提交了报告,尚在等待批示,以便开工建设,目前并未动工兴建,尚在筹备借款事宜之中。

慈善团在与社会局交涉的同时的确在着手准备借款事宜。但是,借款并不顺利,慈善团先后向中国银行、中央银行、交通银行申请贷款,但三家银行均表示额度太大,不能承受。慈善团转而与几家钱庄联系,虽然钱庄愿意借钱,但是利息太高,慈善团又不能承受。最后,慈善团设法与法商高易洋行签订了借款合同,借款五十万元,到社会局派员调查时,第一期缴款十万元已经到位。当然,这次合同签订的真实情况不得而知,社会局事后调查发现:该(慈善)团与高易的借款合同中佣金、律师费等竟达一万零五百元之多。社会局调查员认为扣费太高,合同可能存在问题,但社会局在得到一份慈善团的说明以后也就不了了之了。

社会局将慈善团的呈件以及借款计划等上报市政府,市政府又指示送工务局审核,同时指示对借款合同作进一步的磋商。到2月

---

① 《商民顾子文上社会局书》(1930年1月16日),上档Q6—18—316。

底,经过反复磋商与交涉,最终工务局、社会局都同意了慈善团的方案,社会局并派员到现场监督开标工作。最后,以最低价将建筑合同交给了一陶姓竞标者。在慈善团与建筑方签订合同以后,社会局还就此又与慈善团进行了多次函件往来。

即使在建筑过程中,社会局也并没有置身事外。3月,社会局可能是根据举报得知慈善团将此次建筑借款挪作他用,立即将此事报告市政府。3月14日,上海市政府指令社会局:就上海慈善团借款建屋一案有挪用情形应由该局依法检查其财产状况据实呈报。社会局再派员进行调查,并要求慈善团董事会对此作出说明。慈善团的确将借款中的一部分用作了事务经费,并表示将来在出产中补足,另外,借款的大部分是分期交付,因此并没有全部到位。社会局再次审查了慈善团提交的所有文件及报告等,同时将这些文件一起上报市政府,并将情况向市政府作了详细报告。

在这一过程中,社会局、工务局、市政府等不厌其烦,反复与慈善团就建筑事宜进行交涉和指导,而且,他们都一再强调"事关公产,应慎重处理"。慈善团虽然开始也遵照规定将其行为向社会局作了报告,但明显并没有完全遵照社会局的指示办事的意思,很大程度上只是"告知而已"。但在社会局的反复要求以及市政府的干涉下,慈善团逐渐变得比较配合。民间力量在寻求自身发展的同时,政府力量也在向社会渗透。当然,在民国时期的上海,双方在存在冲突的现实面前,都采取了比较合作的态度,市政府和社会局一步步介入民间慈善组织的相关活动,并逐步实现其对民间慈善组织的监督和管理。这一目标的达成并非一蹴而就,而是在现实中步步为营,逐步深入;民间慈善界在应对都市社会问题、发展民间慈善事业的过程中,实际上也需要政府部门的配合和支持,因此二者实际上逐步走向合作而非对抗,这是民国时期上海都市社会逐步发达、逐步走向成熟的表现。

为了出租和管理法租界新建房屋,慈善团专门成立了上海慈善团保管法租界房产收益委员会。[①] 该批房屋最终何时落成目前尚不

---

① 《上海慈善团保管法租界房产收益委员会收支报告》,上档 Q6—18—328(2)。

清楚,但1933年慈善团保管法租界房产收益委员会收入了177 172.98元①,说明至迟到1933年该批房屋已经部分建成并开始出租取利。1933年上海慈善团总收入为526 597元②,因此,法租界房租已经占慈善团收入的33.64%。当然,此次新建房屋并不是慈善团在法租界的所有房产,但建房之前,慈善团曾预算此项新增收益为每年148 490元③,说明该项新建房屋对于慈善团的收益有着巨大影响,也是慈善团比较成功的一次大规模投资。

利涉菜场

慈善团另外一次比较复杂的添置产业的活动是建设陆家浜利涉菜场。上海特别市政府成立后,许多新建的政府部门借用、征用或强占善会善堂的土地或者房屋进行办公,或者派作该部门其他用场。这些土地、房屋的产权属于慈善组织,也属于地方社团公共财产,非国有资产,政府部门从法理上来说并无直接占用之依据。但政府往往凭借行政命令或者通过其他方式占用这些公产。上海慈善团就有一些地产被政府借用,随着城市开发空间的持续扩展,一些原来比较偏僻的地方地价迅速上升,收回土地,加以开发,从而可以更高效利用这些土地,这对慈善团维持以及扩展自身业务具有非常重要的意义。

20世纪20年代后期,县城外陆家浜利涉桥一带迅速发展起来,附近居民越来越多,逐渐形成了一个不小的聚居区。同仁辅元堂在利涉桥东有一处义冢地,因此慈善团打算在这里建立一个菜场,将摊位出租取利;但是此处被新成立的上海特别市工务局占用了,慈善团要兴建菜场,首先要收回土地才行。1927年11月23日,上海慈善团常务董事凌纪春、杨逸致函上海特别市工务局,要求归还该局此前借用之利涉桥东土地。这块土地作为工务局的材料工地在使用,工务

---

① 根据《上海慈善团保管法租界房产收益委员会收支报告》计算得出,上档Q6—18—328(2)。
② 《上海慈善团决算书》,上档Q6—18—328(1)。
③ 《上海慈善团借款建房事宜》,上档Q6—18—316。

局并不打算很快归还,只是答复:该工地"需用正殷",自然无从归还,但工务局也并不打算赖账,随同答复送来了该地的实际四至地图以及具体面积:3.89亩。慈善团自然也没有办法,因此此案被搁置下来。

时隔四年之后,慈善团重提此案,认为此时建设菜场获利必定更大。于是,1931年10月3日,慈善团再次致函工务局,要求迁让该工地,但是工务局似乎并没有理睬。10月7日,慈善团再给上海市工务局去了一封口气比较坚决的函件,称"该地左近市面日见热闹,兹为振兴商业、增加收益起见,拟即收回建屋出租,应请贵局迅赐迁让……"工务局至此也不能再白占不迁了,于是在10月12日要求慈善团"派员来局面洽一切"。通过反复磋商,慈善团作出让步,达成一新意向:工务局同意迁让这一对慈善团比较有开发价值的土地,但同时要求慈善团提供另一块土地作为工务局的材料工地。最后,工务局将工地迁到车站路东慈善团的义冢上,慈善团就利涉桥东土地建立菜场出租。①

菜场估计在1933年初建成招租,因为从1933年开始,慈善团收入中就增加了菜场摊租一项。此后该项租金收入不断增加,1933年为1 654.40元,1934年增加到9 518.80元,1935年为9 931.80元。虽然该租金在整个慈善团的各项租金中是最少的,在慈善团所有收入中更是无足轻重,但对于民间慈善事业来说,有一分钱即可办一分事,慈善团也正是通过各种各样的方式开源节流,才得以不断维持并发展。而且,对于慈善团来说,这一成功还蕴含着更深一层的含义:只要努力争取,政府往往也并不会坚持霸用民间资源,这对于维护地方利益、促进地方社会发展无疑具有重要意义,而地方精英们本身的目的就在于此,他们也没有同政府对抗的意图,二者的合作有利于双方各取所需。正是基于此认识,慈善团并没有把车站路东的土地无

---

① 以上有关利涉菜场交涉的叙述参见上档 Q 215—1—0007179。另,利涉菜场在1937年日军侵入南市时被纵火焚毁(许国兴、祖建平主编:《老城厢:上海城市之根》,同济大学出版社2011年版,第206页)。

偿转让给工务局使用，从 1932 年到 1933 年，慈善团又反复与工务局交涉，最终迫使工务局迁让这块土地，并且不再占用慈善团的任何财产。① 当然这并不是说此后任何政府部门都没有占用慈善团体财产的现象，抗战结束后，慈善团体等组织的财产又被政府机关大量占用。如 1945 年慈善团财产调查显示，仅仅田产就有两处被占用，即松江县后岗仓房被警察局借用，嘉定县方泰仓房也被警察局借用。②

新式理财

购买股票和债券取息也是慈善团财产保值增值的重要方式，而且这也是上海慈善团资金来源与传统善会善堂最大的不同之处。传统善会善堂也会将现金存放到钱庄或者典当行生息取利，上海慈善团充分利用现代都市社会的便利，积极购买股票和债券，以获取更高收益。现有资料显示，慈善团拥有大量的股票和有价债券，每年的股息和债息在慈善团的收入中也占有一定的比重。慈善团股息和债息收入两项相加，1930 年为 17 376.4 元，1931 年为 32 093.6 元，1933 年为 12 803.4 元，1934 年为 20 802.2 元，1935 年为 21 148.0 元。③ 购买股票和债券都有一定的风险，因此在慈善团的收入中这两项变化较大，并不稳定，也看不出什么规律。虽然慈善团决定购买什么股票和债券以及决定在什么时候抛出股票和债券，似乎并没有向社会局或者其他部门提交报告，目前也没有任何相关记载，但是可能因为慈善团董事们大多都来自商界，了解如何操作，且深谙此道，所以慈善团这两项投资基本处于收益状态。

利用存量资金进行殖产兴业，尤其在城市化快速发展的上海，购买和营建房屋、商场、摊位出租，是保障慈善组织有稳定收入来源的重要措施之一。利用现金流进行短期的股债操作，也是获得较高利

---

① 《关于同仁堂义冢与工务局的交涉》（题目为引者自拟），上档 Q215—1—0007179。
② 《上海慈善团所有房产目录》（原件无时间，估计为 1945 年 11 月），上档 Q130—6—61。
③ 《上海慈善团决算书》，上档 Q6—18—328(1)，Q6—18—328(2)。

润的重要方式。上海慈善团成立以后,充分利用上海都市社会提供的条件,盘活固有资产,并通过举债等方式不断进行新的投资,为慈善团持续发展进一步打下良好基础。并且在这一过程中,慈善团通过与政府的反复交涉,不但可以利用政府监督来把事情办好;而且进一步沟通了与政府的关系,使得它的许多活动能够比较顺利地开展,因而不断加强了它在上海慈善界的地位。

(三) 慈善活动

上海慈善团作为一个民间慈善组织,其最主要的活动无疑应该是它所开展的"救生送死"业务。慈善团的各个组织具体经办着各项善举活动,前文已经略有提及,本节对这些活动进行具体分析。

上海慈善团是由同仁辅元堂等组织发展而来,其中有些组织已经有了一百多年的历史,它们一直在从事着传统的救济各种社会弱势群体或者需要特别予以关注的群体(如节妇等)的活动,并入慈善团以后,虽然有些活动进行了调整(如清节堂、保节堂改办妇女教养所等),有些逐渐被取消(如放生、惜字等),但是其他绝大部分的传统慈善活动都还在继续进行。雄心勃勃的地方精英们进行地方自治的主要机构——上海市政厅所制定的《慈善团办法大纲》所列举的六类善举中,前四项基本都是属于中国传统的慈善机构一直在做的事情。这些说明,慈善团并没有忽略传统善举或者说这些活动并不具有传统的性质,而是不管在哪个时代都是需要做的事情,当然可能会有程度上的不同。

慈善团主要通过下属的同仁辅元堂、育婴堂、保安养老所等进行传统的善举活动。至于妇女教养院、游民习勤所(第一所、第二所)、普益习艺所、上海医院以及慈善团第一、第二、第三义务小学等所进行的活动则带有新的特点,这反映这一时期上海慈善界理念以及实践的发展变化。

有关民国时期上海民间慈善活动,小浜正子对其分成九类进行论述。虽然其分类方法似乎并不科学,但基本可以涵盖此时民间慈善事业的主要活动范围。① 在这九类中，除了第八类放生、惜字以外，其余都可以在上海慈善团的活动中找到。本文在小浜正子分析的基础上对上海慈善团在这一时期的活动进行探讨，以便说明慈善团在这一时期上海慈善界的地位。上海慈善界在民国时期开展了全方位的慈善活动，慈善团在其中扮演着非常重要的角色。

许多慈善组织一开始都是专门为死者提供服务的②，同仁堂与辅元堂的合并最初也是为了收埋小刀会起义留下的大量尸体③，因此，处理死者的问题是传统慈善组织最主要的业务之一。慈善组织对于死者的服务主要包括提供棺材、冢地，帮助掩埋以及收埋路毙尸体。许多慈善组织都免费为那些死后无以下葬的贫穷者提供棺材、义冢，甚至义葬，有时还会提供一些石灰之类的东西。为死者提供服务的一些大型慈善团体一般都拥有棺材加工场，向有钱的人出售棺材是慈善组织主要的业务收入（如果说他们能够取得一定的业务收入的话）。1934 年上海慈善团的业务收入为 25 068.16 元，其中同仁辅元堂出售棺材收入为 24 253.50 元，占全部收入的 96.75%。④ 慈善团对死者的服务主要由同仁辅元堂及其分堂提供。根据《慈善团办法大纲》的规划，改组以后的同仁辅元堂及其分堂主要应该负责施棺、掩埋等活动⑤，由于地方自治取消，原来的规划化为泡影，同仁辅元堂不得不继续从事以前的诸多慈善活动，但在慈善团的统一管理下，对死者提供服务仍然在其业务中占有重要地位。同仁辅元堂不仅自身从事施舍棺材、收拾路毙、掩埋无主尸骨的工作，同时还处理其他团

---

① 该分类中有诸多重复之处，如说救济贫民，慈善组织绝大多数本身都是为了救济贫民而设立的，绝大部分慈善活动都可以包括在这一类里面。另外，收养丧失劳动能力者与收容教化贫民、游民、妓女、孤儿等，这样的分类，作者自己也没有完全弄清楚，如作者就把游民习勤所收养之人先当成丧失劳动能力者，接下来又在收容教化类里再次说明，如此等等。参见［日］小浜正子著，葛涛译：《近代上海的公共性与国家》，第 68—81 页。
② 参见［日］小浜正子著，葛涛译：《近代上海的公共性与国家》，第 84 页。
③ 薛立勇：《上海老城厢史话》，立信会计出版社 1997 年版，第 218 页。
④ 《上海慈善团决算书》（民国二十三年度），上档 Q6—18—328(2)。
⑤ 《上海市自治志·公牍》，丙篇，《慈善团办法大纲》。

体送来的尸骨。1934年同仁辅元堂的全部事业开支中,用于对死者服务的施棺、掩埋等花费62 093.70元,占其全部开支94 707.77元的65.56%;1935年,同仁辅元堂的施棺、掩埋花费50 288元,占其全部开支83 087.19元的60.52%。① 同时,慈善团也向上海最主要的办理施棺、掩埋工作的团体普善山庄提供经费补助。1930年,慈善团补助普善山庄1 000元;1931年补助750元。②

救济贫民是慈善团体最主要的救生活动。慈善团所属同仁辅元堂、妇女教养所、保安养老所等大多数机构都开展对贫民的救济活动。救济贫民的方式多种多样,如提供固定生活补助、给予临时补助乃至集中收养等。提供生活补助的工作主要由同仁辅元堂进行,1912年上海慈善团为其制定的生活补助计划为:恤嫠300人、赡老270人、残疾30人、矜孤40人;前三者每人每月发放0.5元,孤儿每人每月0.4元;每年底发给每人白米8升,每两年发棉衣一件。1922年补助名额有所增加:恤嫠320人、赡老和残疾共320人、矜孤50人,另设孤贫100人,但是补助依然是每人每月0.5元。这种生活补助对于受救济者究竟有多大的作用?1912年一石粳米的价格是7.94元,善堂每月提供的补助能买到约6.3升米,而1922年粳米价格上升到每石11.18元,0.5元只能买到约4.5升米。③ 也就是说,这些补助大概能勉强维持一个人十天左右的生活,对于那些急需救济者而言,无异于雪中送炭,作用相当显著。

其他的济贫活动我们可以从经费开支中窥见其大概。妇女教养所1934年的支出为17 740元,保安养老所为14 841.32元,该年同仁辅元堂的此类支出为16 211.70元,三者共计48 793.02元,占整个慈善团当年支出总额404 523.63元的12.06%。1935年,妇女教养所的支出为18 680元,保安养老所的支出为14 750元,该年同仁辅元堂此类支出为19 033.35元,三者共计52 463.35元,占整个慈善团当年

---

① 《上海慈善团决算书》(民国二十三、二十四年度),上档Q6—18—328(2)。
② 《上海慈善团决算书》,上档Q6—18—328(1)。
③ [日]小浜正子著,葛涛译:《近代上海的公共性与国家》,第70页。

支出总额386 812.58元的13.56%。①

施医、施药历来是慈善组织的重要活动。在这方面，上海慈善团所属的上海慈善医院是一所专业医院，它不同于一般的善会善堂临时聘请医师，而有比较固定的医师和护理人员。1931年，慈善团拨给慈善医院的经费为7 360.91元，以后基本维持在每年6 000元左右。②另外，慈善团每年还会对一些向贫民施医施药的医院进行补助，1931年补助上海医院2 400元，保产医院44元，松江若瑟医院1 000元，圣心医院694.45元，虹口时疫医院100元。此后，慈善团对这些医院几乎每年都有多少不一的补助。③前文还提到，新普育堂同样开展施医施药业务，并在上海地区设立了八个分理处，10年来受惠人次达五六十万之多。④

育婴堂是上海最早建立的民间慈善组织⑤，育婴事业一直也是慈善团活动的重要组成部分。慈善团的此项业务主要由上海育婴堂办理。上海育婴堂1926年收养的婴儿人数为325人，占当时上海最主要的育婴机构收养总数2 083人中的15.60%；1927年收养245人，占主要机构收养人数1 943人中的12.61%；1928年收养298人，占主要机构收养人数1 889人中的15.78%。⑥慈善团收养弃婴人数始终占到整个上海育婴事业六分之一强，30年代每年为育婴堂的支出均在万元以上，对整个育婴事业有着重要贡献。⑦

处理城市中的流浪人群和无业、失业等城市贫民，是近代城市发展中必须解决的问题，而在近代上海更加是一个关系到民族尊严的

---

① 《上海慈善团决算书》（民国二十三、二十四年度），上档Q6—18—328(2)。
② 《上海慈善团决算书》，上档Q6—18—328(1)，Q6—18—328(2)。
③ 同上。
④ 《新普育堂十周年纪念会》，《申报》1921年4月14日，第11版。
⑤ 上海在明代有养济院之设，清代一度恢复，嘉庆十七年毁，而且养济院主要是官立机构。康熙年间设立的育婴堂最早是由士绅倡建的，因此可以说是上海最早的民间慈善组织。参见《上海县志》，同治十一年刊本，第191页。
⑥ ［日］小浜正子著，葛涛译：《近代上海的公共性与国家》，第75页。
⑦ 《上海慈善团决算书》（民国二十三、二十四年度），上档Q6—18—328(1)，Q6—18—328(2)。

问题。① 收容游民、贫民,并对其中有劳动能力者进行一定程度的教育,让他们掌握一技之长,以便将来能够自谋生路,是近代慈善事业发展的重要方向②,也是上海慈善团着力最多的活动。当然,这也许是一个发展方向,但在当时主要还处于起步阶段,仍然是收容、收养为主,教其工艺为辅,真正能够学会一技之长的游民、贫民并不多。

慈善团所属机构大多数从事这类活动,游民习勤所、普益习艺所、保安养老所、栖流公所乃至妇女教养所等,其活动基本都可以归入此类。根据上海市社会局的调查显示,民国时期上海主要的慈善组织收容游民、贫民、孤儿以及残疾等各类弱势群体人数为5 598人,而慈善团所属的保安养老所、妇女教养所、淞沪教养院(游民习勤第二所)、游民习勤所、普益习艺所、沪北栖流公所等机构收容的人数为2 182人,占总数的38.98%;另外,收容人数最多的新普育堂也是处于慈善团董事会的领导之下,慈善团每年对其的定额补助高达24 000元,另外还经常根据需要提供多少不等的特别补助,如1930年就为其提供了特别补助5 132.232元;上海残疾院、上海孤儿院、中国救济妇孺总会等也接受上海慈善团的补助。③ 这些机构收容人数为3 144人,占整个收容人数的56.16%。④ 这两部分相加,慈善团所属或者其影响下的慈善团体所收容的人数占到整个收容人数的95.14%。可见在收容救济游民、贫民方面上海慈善团的贡献非常大。

慈善团每年为此的支出相当可观。下面根据20世纪30年代慈善团的决算书对此问题作进一步探讨。慈善团所属保安养老所、妇女教养所、淞沪教养院、游民习勤所、游民习勤第二所、普益习艺所、

---

① 近代上海地方精英们深刻地认识到上海作为中国代表性城市,应该有一个良好的发展环境,不然就会被外国嘲笑。从这种朴素的民族感情出发,收容、救济城市中随处可见的游民、贫民就是一项刻不容缓的事情,近代上海许多的慈善组织就是在这种情形之下设立并得以维持的。参见[日]小浜正子:《近代上海的公共性与国家》,第56页。
② 关于近代民间慈善理念的发展变化,可以参见周秋光、梁元生、王卫平等人的相关成果。
③ 《上海慈善团决算书》,上档Q6—18—328(1)。
④ 本段叙述参照[日]小浜正子著,葛涛译:《近代上海的公共性与国家》,第77页表格。

沪北栖流公所等每年的支出到底有多少,在慈善团整个慈善事业经费开支中所占比重有多大,从表3-2中可窥一二。

表3-2 慈善团收容救济贫民、游民经费开支表(单位:元)

名称	1930.7.1—1931.6.30	1931.7.1—1932.6.30	1933年	1934年	1935年
保安养老所	1 400(开办费3 543.072)	14 852	14 850	14 841.32	14 750
妇女教养所	21 918	22 940	18 264	17 740	18 680
游民习勤所	40 023.539	28 314.330	24 000	24 000	30 000
游民习勤第二所	42 100	14 905.12			
普益习艺所	10 700	6 000	4 800(特别补助3 500)	4 800	6 000
栖流公所	19 071.030	8 290.660			
合计	138 754.641	95 302.11	65 414	61 381.32	69 430
占整个慈善支出的比率	55.18%	37.78%	37.07%	34.12%	39.91%

1. 根据上档Q114—18—328(1)、Q114—18—328(2)上海慈善团决算书制作。
2. 原资料单位用元、角、分、厘,此处统一改为元。
3. 最后一栏所列比率为占整个慈善团事业支出中慈善事业支出的比率,并非占整个慈善团全部支出的比率,因为慈善团的支出中有相当一部分用于置产取息以及其他方面,不适合进行统一比较。

慈善团对游民、贫民的救济收养一度超过其慈善支出的一半,即使后来由于游民习勤所支出减少,这项开支一般也维持在整个慈善事业开支的三分之一以上。另外,前文也已提及,慈善团每年还对上海那些大型的收容机构给予相当可观的资金援助,1930年度慈善团用于救济、收容游民、贫民的主要机构的补助支出达41 832.232元,而且,慈善团对这些救济机构的补助还比较稳定。从以上分析可以看出,在民国时期,慈善团对于上海游民问题的处理,对于上海无家可归者的救助,发挥了极为重要的作用。而且,通过对其他团体的补助,更是大大促进了这一事业的发展。

在慈善团的预算决算书中每年都有一项重要支出——教育事业经费。兴办义学一直是比较大型的中国民间慈善组织的一项重要活动。上海慈善团成立以后,将原有团体义学重新组织,并先后在市内新设立三所义务小学,招收贫苦儿童入学,大部分实行完全免费,另有小部分也仅仅收取少量的书本费。慈善团在事业经费中单列教育事业门,义务小学每年的经费直接由慈善团拨给,20世纪30年代以后教育经费持续不断增加。1934年度慈善团预算的教育经费为6 679元,比1933年度多出661元;1935年增加到7 269元,1936年度教育经费更是增加到7 608元。① 慈善团这方面的活动在其整个慈善活动中不具有十分重要的地位,在其支出方面也相对比较少,但它还通过对其他义务学校的资金援助,加强了自身在这一方面的影响,这同样可以从资金补助情况中得出此结论。

在这些一般意义上的慈善事业中,上海慈善团在民国时期的上海慈善界都发挥了重要作用。近代以来的上海民间慈善事业还在救济各地自然灾害乃至兵灾等方面发挥重要作用。民间慈善事业的新形式"义赈"就是由上海慈善界创造的②,并且在历次重大灾难中发挥了巨大的作用,尤其在非常时期的社会救济方面作用显著。③ 民国时期上海民间慈善界对外救济(此处既指对国外,也指上海以外的国内地区,主要是后者)活动主要在上海慈善团体联合会的组织、领导之下开展,上海慈善团在其中发挥了主要作用。这将在第四章进行详细论述。另外,慈善团的重要活动还包括前文已经多次提及、后文也仍将继续提及的对其他团体的资金补助活动,因此此处不再重复。

---

① 《上海慈善团预算书》,上档 Q6—18—331(1),Q6—18—331(2),Q6—18—332。
② 李文海:《晚清义赈的兴起与发展》,《清史研究》1993年第3期。
③ 阮清华:《非常时期的民间救济——以"庚子之变"后上海绅商义赈为例的探讨》,《华东师范大学学报(哲学社会科学版)》2005年第1期。

四、上海慈善团资产与收益

上海慈善团从成立之初就因统一管理所属慈善组织而拥有了巨大的财产规模,而且在此后的建设中,慈善团充分利用身处上海这个日新月异、机会多多的都市社会的特点,积极与时俱进,开拓进取,在保有传统投资方式的同时,广泛涉猎各种新式投资领域,从而为慈善团添置了更多的产业,也取得了更大的收益,为保证慈善团在上海慈善界的地位,同时也在加强和支持上海其他慈善组织以及对外地的救济等方面,发挥了巨大作用。上海慈善团在民国时期的主要收入为不动产收益,即土地出租和房屋出租所取得的租金收益;另外也有慈善组织传统的捐赠收入;同时还包括一部分投资于股票、债券等方面的新式收益,也有存放钱庄、银行钱款所取得的利息收益以及慈善团所属机构所出产品的收益等项。

(一) 不动产规模及收益

上海慈善团能够成为上海慈善界的领袖,与它本身庞大的财产规模是分不开的。这一点与同仁辅元堂时代一样,甚至可以说,正是同仁辅元堂庞大的财产规模,给上海慈善团的成立以及它自身的发展和整个上海慈善事业的发展提供了可能性。毫无疑问,慈善团的财产经过不断增值、不断添置而更为庞大。同时,由于处于近代中国这样一个社会变动频繁的历史时期,社会的不安定以及法律的不健全也会经常性地使得民间财产遭受种种损失,慈善团的财产亦不例外。本文对于慈善团主要财产的添置在前文已有专门论述,这里根据 1930 年前后以及抗战结束之初上海市政府两次对民间慈善团体的调查资料,介绍上海慈善团的基本财产情况。

1927 年 4 月 18 日南京国民政府建立以后,在形式上完成了对全国的统一,这对近代中国社会产生了非常深远的影响。同年 7 月 7 日,上海特别市政府成立,直辖于南京国民政府行政院。上海特别市政府设有社会局(开始为公益局,后归并农工商局,最后设立社会局),专门管理社会福利、慈善公益等方面事务。社会局为了有效控制民间慈善事业,与慈善界进行了反复交涉与较量,逐步建立了对慈善组织的监督与管理。① 1930年9月,"为整理慈善团体产业,增加其收益",由上海市政府社会、土地、财政、工务和公安等五局,各派代表一名,慈善团体联合会指派代表四名,另由社会局聘请专家委员两名,组成上海市慈善团体财产整理委员会,开始对全市主要慈善组织的财产进行登记整理。② 委员会制定了详细的整理财产程序,包括制定和分发登记表格给各慈善团体自行填报,各委员定期分赴各团体查验契据,实地考察财产状况和用途,协助解决纠纷,提出改正和整理意见等。③

这次调查涵盖了上海主要的民间慈善组织,小浜正子对其中的28家主要慈善团体拥有不动产的状况进行了统计。④ 28家慈善团体在市区和外埠拥有土地9193.607亩,其中市区地产2167.348亩,外埠田地7026.259亩,不动产价值14100391元。其中上海慈善团拥有市区和外埠土地共计8078.396亩,占28家机构总地产的87.87%;不动产价值8783767元,占整个不动产价值的62.29%;另外,受慈善团领导的新普育堂拥有市区地产77.142亩,价值1083462元,占整个不动产价值的7.68%。在实际的"现有收入"一栏中,慈善团为442931元,租米6828石,占整个现有收入618763元的71.58%,租米更是占总额的百分之百;新普育堂现有收入为42327元,占整个现有收入的6.84%。从这个简单的比较中,我们可以很清楚地看出,无论从所拥有的固定资产价值还是从现有收益来看,慈善团都占据着上海慈善界的最大份额,这亦可见上海慈善团在整个上海慈善界所具有的地位。正是因为拥有

---

① 关于南京国民政府成立以后慈善界与市政府社会局之间的交涉,小浜正子有比较全面的论述。参见《近代上海的公共性与国家》,第110—117页。
② 《整理慈善团体财产》,《申报》1930年9月4日,第16版。
③ 《整理善团财产程序》,《申报》1930年9月24日,第15版。
④ [日]小浜正子著,葛涛译:《近代上海的公共性与国家》,第86—87页表格。本段叙述主要依据此一表格,后不详注。

如此庞大的财产,上海慈善团才能在日常工作中对其他慈善团体进行资金补助,也才能够不断提升自身影响,树立在上海慈善界的领袖地位。

此后,慈善团的财产仍在不断增加,就在社会局对慈善团财产进行调查的同时,慈善团就在法租界建筑房屋出租;以后又有利涉菜场的建立以及收回政府部门占用的地产等(具体参见前文慈善团殖产兴业活动)。这些财产每年都为慈善团带来大量收益。到抗战爆发之前,慈善团的财产规模应该是相当大的,可惜目前尚未找到这方面的完整资料。

抗战爆发以后,上海慈善团的财产受到了重大损失,许多房屋被毁,地产田产被大量侵占,设在同仁辅元堂的办事处也"因兵燹堂毁"[①],其他所属团体的财产损失无法统计。抗战结束以后,上海市社会局对民间社团进行重新登记,要求各团体将主要材料上报并申请备案,我们可以从这些材料中看到此时慈善团的财产状况。

表3-3 慈善团房产表(1945年11月)

县市别	区别	数量			
		二层(幢)	三层(幢)	平房(间)	其他
上海市	特别区	150	358.5	76	
	沪南区	289	2.5	112	
	漕泾区	70		78	习勤院工场一座
松江县					后岗仓房一所
嘉定县					方泰仓房一所
合计		509	361	266	

---

① 《上海慈善团章程》(修订稿),上档R15—2—71。

表3-4　上海慈善团地产表(1945年11月)

市县别	区别	地产数(亩)
上海市	沪南区	382.829
上海市	江湾区	53.796
上海市	彭浦区	33.481
上海市	引翔区	15.206
上海市	特别区	80.102
上海市	蒲淞区	2.782
上海市	漕泾区	105.603
上海市	沪西区	38.710
上海市	塘桥区	155.044
上海市	洋泾区	24.451
南汇县	北蔡区	170.726
上海县	六道乡	170.497
奉贤县	竹冈乡	106.240
宝山县	二区阙、都	7.222
合计		1 404.615

表3-5　上海慈善团田产表(1945年11月)

所在地区	原有数量	现有数量(亩)	租米和(或)租金
江苏松江县	3 858.640 芦洲十三则	3 872.161	4 201.212 石
金山县	480.612	496.084	563.355 石
上海县	71.435	72.543	78.200 石
嘉定县	2 237.091	2 229.572	1 530.894 石，857.104 元
昆山县	62.850	59.259	52.093 石

续表

所在地区	原有数量	现有数量(亩)	租米和(或)租金
青浦县	26.930	23.920	71.6元
浙江嘉善县	99.500	95.500	61.435石
合计	6 837.058	6 749.039	6 487.179石，928.70元

表3-3、表3-4、表3-5说明：1. 资料来源：上档Q130—6—61。
2. 表中原田地单位用亩、分、毫、厘，现在统一用亩；原来表中银用元、角、分、厘，今统一用元。
3. "石"表示租米，"元"表示租银。
4. 房屋厢房算半幢。

即使遭受了战争的严重破坏，上海慈善团所拥有的不动产仍然十分可观。抗战结束以后，上海慈善团拥有二层楼房500多幢，三层楼房361幢，并有平房266间；同时拥有1 400多亩地产，6 700多亩田产、两座大型仓库和一所工场。也就是说，到1945年11月，慈善团统计在案的地产和田产总数为8 100多亩，与1931年的统计基本相符，甚至略有增加。① 当时这些房地田产的价值到底有多大？1944年6月，慈善团曾对当时其拥有的土地和房产租金有个不完全估计，用于出租的市房291幢，租金1 455万元中储券(下同)，办公用房33幢，租金165万元，各类土地供给5 773亩，租金326.5万元。房地产租金收益共计1 946.5万元。② 具体统计资料参照表3-6。

显然，1944年6月因为尚处于战争时期，慈善团的统计并不准确，无论是房产还是地产，都比1945年11月少很多，这可能与当时尚处于敌伪控制之下，没有可能进行详细统计有关；另外，慈善团体的

---

① 到1950年，上海慈善团下属同仁辅元堂、同仁辅元分堂及附属验尸所、同仁辅元堂南市报尸处、同仁辅元堂救生局以及上海慈善团养济院等五个机构，依然拥有二层楼房495幢、三层楼房256幢以及平房163间[《救济福利团体调查表》(1950年)，上档B168—1—796]。
② 《慈善团房田地产租金》(1944年6月)，上档R15—2—71。

表3-6 慈善团财产概况(1944年)

财产种类	数量	租金(元)
公用市产	291幢	14 550 000
公用房屋	33幢	1 650 000
出租基地	40亩	120 000
公用基地	23亩	70 000
浦东冢地	350亩	350 000
沪北冢地	190亩	190 000
嘉定租田	2 300亩	1 100 000
松江租田	2 870亩	1 435 000
合计		19 465 000

说明：根据上档R15—2—71制作。

很多产业在抗战时期被敌伪占据，慈善团肯定也不例外，敌伪败退以后，一些原来被霸占的资产又重新回到慈善团手中。因此，1944年这个统计数值相对偏低，但其租金已经达到将近2 000万元。这些租金收入到底意味着什么？也就是说这些钱在当时能买到多少粮食物资？战时上海物价飞涨，很难详细估计，但是1943年以前，上海物价比战前1937年年中上涨44.7倍，1943年6月较1937年年中上涨104倍，但到1944年6月则上涨了560倍。[①] 按照袁远福的统计则为576倍。[②] 两者数据差别不大，而且都认定1944年是上海战时物价上涨最快的时期之一。1944年5月上海49磅装的老车牌面粉1 150元一袋，2 000万元可以购买1.7万多袋；156市斤装的大米4 775元每袋，2 000万元可以购买4 000多袋大米。[③] 这是在米面价格暴涨的

---

① [美]阿瑟·N.杨格著,陈冠庸等译校:《中国的战时财政和通货膨胀(1937—1945)》,广东省社会科学院原世界经济研究室,2008年,第111页。
② 袁远福主编:《中国金融简史》,中国金融出版社2001年版,第164页。
③ 中国科学院上海经济研究所、上海社会科学院经济研究所编:《上海解放前后物价资料汇编(1921—1957年)》,上海人民出版社1958年版,第220页。

情况下的购买量,依然足以给数千人带来救命粮。

慈善团拥有如上述规模的田产和市区地产,并拥有大量市房用于出租,那其租金收入在慈善团历年收入中占有什么样的地位呢?慈善团收入来源具有多样性,下文将分类叙述,这里先看不动产租金收入在慈善团总收入中所占的比例,以便了解慈善团房地产租金收入对慈善团经费的意义。20世纪20至30年代慈善团租金收入主要有四大类,即田租、地租、房租和菜场摊位租。表3-7显示了这类收入在慈善团收入的地位。

在慈善团1930年度收入中,上海慈善团保管法租界房产收益委员会当年收入123 760.436元,没有计算在表3-7租金收入中,但算进了总收入。因为这笔钱是当年从法商高易处借来建筑法租界房屋的款项,不是慈善团真正的租金收入。其实也不应该计算在总收入中,所以如果减去借款,当年租金收入在总收入中所占比重为57.5%。同样,此后的几年中,每年都有一项收入叫做"本届收支不敷数",这也主要是借款,不属于真正的收入。[①] 总的来说,在慈善团1924年到1935年间有数据可查的年度中,慈善团四大类租金收入占整个慈善团收入的比重从40%多增长到70%多,甚至经常维持在70%以上,这是上海慈善团经费开支的根本保障。另外,表3-7中最后四栏列出了各项不动产在租金收入中的具体数额,虽然慈善团在外埠拥有数千亩田产,但其租金单价和总价都不高,而城市中的地产数量远低于外埠田产数量,大约只有五分之一,但租金却比田租高。而在城市地产上建房子出租,其租金收益更高,房租在整个租金收入中占绝大部分。三类租金的具体数额也清楚显示,田租总额变动较小,而地租和房租则有明显增加,且几乎一直处于上升势头,这说明城市土地和房产在和平时期收益要远高于乡村田产,反映出了近代上海慈善事业的都市性格。[②] 但作为具有悠久历史的民间慈善

[①]《上海慈善团决算书》,上档Q6—18—328(1)、Q6—18—328(2)。
[②] [日]小浜正子著,葛涛译:《近代上海的公共性与国家》,第95页。

第三章 上海慈善团与慈善事业的初次整合

表3-7 上海慈善团部分年度各项租金收入及所占比重表(单位：元)

科目	1924年7月1日—1925年6月30日	1925年7月1日—1926年6月30日	1930年7月1日—1931年6月30日	1931年7月1日—1932年6月30日	1933年1月1日—12月31日	1934年1月1日—12月31日	1935年1月1日—12月31日
田租	30 120.5	40 764.1	41 027.60	31 466.01	29 749.01	38 712.11	31 144.78
地租	7 489.9	7 123.8	49 608.23	45 394.31	59 811.91	66 525.95	71 157.37
房租	94 878.01	106 092.8	144 205.20	147 436.25	174 009.66	194 229.44	186 534.08
菜场摊位租					1 654.40	9 518.80	9 931.80
租金收入之和	132 488.41	153 980.7	234 841.03	224 296.57	265 224.98	308 986.30	298 768.03
慈善团总收入	328 793.28	303 101.8	532 485.08	432 151.77	526 597.00	404 523.63	386 812.58
总租金占总收入比重	40.3%	50.85%	44.10%	51.90%	50.37%	76.38%	77.24%

1. 根据《上海慈善团民国十三年度决算表》《上海市政公报》1925年第11期)、《上海慈善团民国十四年度岁入决算表》《上海市政公报》1926年第23期)及上档Q6-18-328(1)、Q6-18-328(2)制作。
2. 原档案单位为元、分厘,此处统一为"元",小数点后四舍五入保留两位数。
3. 表中租金收入一栏为房租、地租、田租以及菜场摊位租等的合计,最后四栏具体表示各种租金数目。

组织,慈善团在外埠的田产并未被出卖用来投资于城市,而是持续持有并发租,这对其在战争时期继续维持慈善活动具有重要意义。城市房地产在战争时期被毁被强占征用的风险都大,而乡村土地收益相对稳定,"不将鸡蛋放在同一个篮子里",是中国人传统的经济智慧,慈善团董事会对物产的管理也深谙此道。

顺便说一句,汪华认为因为1930年底到1931年上海社会局强行整理善团财产,导致上海慈善界在1931年普遍收缩业务。但上海慈善团1931年租金收入少了1万余元,而总收入(如果1930年的总数减去借款)实际上还增加了2万余元,反映出慈善团在财产整理过程中仍然在积极筹募资金开展业务,并未消极怠工。合理的解释可能是部分善团在财产整理过程中因为对原有产业进行新的调整,以便提高利用效率,而在短期内出现了租金损失,根据慈善组织量入为出的基本准则,不得不减少部分业务,因而出现有些慈善组织业务量减少的现象,很难说慈善界会故意收缩。实际上汪华也注意到,整理结束后9个月,上海慈善组织总的收益就由原来的62万元增长到98万元,净增36万元,新增收益一半多,说明整理财产确实有利于增加慈善组织的收益。[①] 从慈善团这两年的总收入来看,并无收缩现象出现,更难说消极反抗社会局的监督与管理了。慈善组织与社会局之间的交涉和博弈,恰好说明近代上海民间社会具有比较成熟的性格,懂得积极争取权益,也知道妥协与合作的重要性。

(二) 捐款收入

募集捐款向来都是民间慈善组织开展活动的重要方式,慈善团自然也不例外,其收到的捐款也是主要收入来源之一。中国民间慈善组织一直以来就拥有比较固定的各业善捐,根据《民国上海县志》记载,固定为慈善团提供善捐的主要行业有南北钱业、典业等十四行

[①] 汪华:《超越合作与制衡——民国时期上海慈善组织与地方政府的互动》,《上海师范大学学报(哲学社会科学版)》2015年第2期。

业。① 慈善团民国十九年度(1930.7.1—1931.6.30)预算书中,更是明确列出各业捐款的数量,如表3-8所示。借助这一表格,我们能够大致了解慈善团在此前后的各业善捐情况。

表3-8 慈善团部分年度常捐银来源表(单位:元)

捐款性质	单位或行业	1924年	1925年	1930—1931年
第一项年捐	典业	617.997	526.894	596
	质业	72	72	48
	木业	40	40	40
	仁谷堂			20
	西巖(岩)	43.105	41.364	28
	莫厘三善堂	15	13.636	10
	腌腊业	4	3.636	2
	招商局	50	50	50
	商船会馆		100	
	各善姓银	147.67	93	20
	毛竹业	6.766	5.735	
	毡帽业	8	8	
	草货业	8	8	
	水果行业	8	该行已闭	
第14目	洋货业	100	100	
第二项月捐	南北钱业	1 997.035	2 677.2	2 397
	银楼业	60.552	55.453	36
	金业	55.158	57.909	48

---

① 《上海县志》,民国二十四年刊本,第311—312页。

续表

捐款性质	单位或行业	1924年	1925年	1930—1931年
	洋货业	24.015	23.046	15
	绸缎业	17.242	16.453	11
	洋广货业	37.848	28.774	36
	酱园槽坊业	43.722	41.957	28
	豆米业	59.212	86.322	26
	皮货业	10.237	9.32	6
	药业	12.937	12.137	8
	南货业	3.325	3.191	2
	法公堂银	720	720	720
	各善姓银	228.198	185.629	100
	木业	144	156	
	花业	80	80	
	糖业	89.545	97.19	
	鲜鱼行业	50	50	
	洋杂货业	44.937	48.594	
	铁行业	26.456	26.687	
	窑货业	20	21.487	
	猪行业	13.535	14.677	
	煤炭业	7.389	7.091	
第23目	泉漳会馆	44.908	48.593	
第三项 按货提捐银	丝捐银	294.979	1 616.73	1 000
	茶捐	538.2	865.73	700
	花捐	8.25	8.136	3

续表

捐款性质	单位或行业	1924年	1925年	1930—1931年
	饼豆业	3.384	1.932	
木船捐银	木船业	124.39	152.571	100元
指定捐款银	法公董局棺捐银	1 398.602	1 379.31	2 083(每年捐银1 500两,以七钱二分合一元)
	施赊棺捐	167.438	170.371	100
	施药捐	175.184	219.092	100
	施米捐	210	260	150
	棉衣捐	150	22.727	16
	赊葬捐银	12.316	2.819	8
	放生捐	3.158	5.908	4
	保赤捐			834
	煤炭业			5
合计		7 995.287	10 196.49	9 353

说明:根据《上海慈善团民国十三年度岁入决算表》,《上海市政公报》1925年第11期;《上海慈善团民国十四年度岁入决算表》,《上海市政公报》1926年第23期;《上海慈善团十九年度预算册(1930.7.1—1931.6.30)》制作,上档Q6—18—329。

1924年,慈善团各类收入总数为328 792.284元,其中常捐收入7 995.287元,占总数的2.4%;其中月捐3 788.848元,来自23类;年捐1 120.538元,来自14类;按货提捐844.813元,来自4类;木商船捐124.39元;指定捐款2 116.698元,来自7大类。1925年,慈善团各类收入总数为303 101.811元,其中常捐收入10 196.49元,占总数的3.3%;其中月捐4 467.8元,来自23类;年捐1 014.465元,来自19类;按货提捐2 492.471元,来自4类;木商船捐152.571元;指定捐款2 069.183元,来自7大类。1930—1931年度常捐收入9 353元,占当年总收入的0.85%,如果扣除法租界建房借款,当年慈善团的预算收入为 688 458 元①,其常年捐款占收入的 1.36%。

从表 3-8 可以看出,慈善团收到的捐款总量虽然不是一成不变,但变动值不大,而且可以看到一个略微上升的趋势,如 1922 年慈善团的各业捐款数为 7 262.52 元②,到 20 年代末和 30 年代前期基本上维持在 1 万元左右。但在具体的捐款行业以及数量上,每年都有比较大的变化。另外还可以发现,在慈善团的收入中,各行业和固定善姓提供的常年捐款并不占特别重要的位置,其在慈善团总收入中所占比重越到后来越有下降趋势。实际上,慈善团对常年捐款似乎并不是特别看重,其预算也比较粗糙,每年实际收到的捐款与预算数相比,经常会有比较大的出入。慈善团预算表中 1924 年常捐收入预算数为 8 023 元,实际收到 7 995.287 元,这是两者最为接近的一年③;1925 年常捐收入预算数为 8 940 元,实际收到 10 196.49 元④;1930 年实际收到的常年捐款为 12 821.59 元⑤,比预算数多 3 468.59 元,超过三分之一强;1933 年预算的常捐收入为 8 902 元⑥,实际收入为 4 286.30 元⑦,比预算少了 4 615.7 元,完成率不到一半。而且这种现象并不是偶然的,此后几年都存在较大的差距。这种预算和实际完成情况之间巨大的差异,说明慈善团并未认真看待这一块收入,当然也说明慈善团资金充足,原本不借此区区捐款办慈善,故而预算比较随意。

表 3-8 中"各善姓捐"一栏指的是慈善团当年接受的个人自愿捐款数,从中可以清楚地看到,个人慈善捐款对于长期慈善组织来说并不可靠。无论是从年捐还是月捐的情况来看,慈善团每年收到的

---

① 《上海慈善团十九年度预算册》,上档 Q6—18—329。
② 《上海慈善团征信录》(民国十一年),参见［日］小浜正子著,葛涛译:《近代上海的公共性与国家》,第 97 页表格。
③ 《上海慈善团民国十三年度决算表》,《上海市政公报》1925 年第 11 期。
④ 《上海慈善团民国十四年度岁入决算表》,《上海市政公报》1926 年第 23 期。
⑤ 《上海慈善团决算书》,上档 Q6—18—328(1)。
⑥ 同上。
⑦ 同上。

"各姓善捐"都呈减少趋势,而且在整个慈善团收入中所占地位微不足道。最后一栏中的"指定捐款银"是指有指定用途的捐款,即"定向捐款",有法租界公董局等公团捐款,也有部分个人捐款,但数量也都不多。从表3-8中的各业捐款可以看出,虽然有一些行业从20年代初到30年代都一直坚持提供捐助,但不仅总数极为有限,而且从数额上来说,也在不断减少。

慈善团体的捐款收入除了常年捐以外,还有特别捐款和临时捐款两类。这两类捐款一般视各团体情形而定,有的是每年都必须有大量募捐才能维持善举,如果募捐不力,当年的善举规模就必须紧缩。慈善团的特别捐款和临时捐款一般都是因事而募,或为弥补临时经费不足而募,也偶有善士临时主动捐赠,但都非稳定收入。慈善团在每年的预算中对此项收益并不预计很高,有时甚至根本不把其预算在内,比如1930年慈善团上报社会局的第一份预算书就没有把特别捐款、临时捐款列入,后来修改后在"岁入临时门"中列入捐款收入2 700元,最后因为考虑到要"弥补收支不敷数"才又修改当年预算,列入特别捐款55 535元,但当年收到的捐款却相当可观,1930年慈善团实际收到的特别捐款84 503.95元,另有临时捐款1 342.95元,远远超出原来的预计,占当年慈善团总收入的12%多。[①] 当然,这不是常态,1930年特别捐款为何特别多,原因尚不清楚,但在此后的几年中,这两项捐款收入基本维持在一万元左右的规模,在慈善团每年的总收入中只占百分之二三。

(三) 其他收入

慈善团还有一些事业收入,如同仁辅元堂的棺木售价,普益习艺所、游民习勤所、妇女教养所等的工艺品变价以及少量教育收入。1924—1925年度慈善团通过低价出售或赊销棺材获得"棺价收入"24 404.4元,三所义务小学收入346元;1925—1926年度慈善团获得

[①] 《上海慈善团预算书》(1930年度),上档Q6—18—329;《上海慈善团决算书》(1930年度),上档Q6—18—328(1)。

"棺价收入"26 553元；三所义务小学收入366元。①

　　慈善团暂时不用的现金也有存放钱庄和银行生息,虽然为数不多,但也是其收益之一。另外,慈善团积极投资于新式企业,购买股票和债券,以获取股息和债息,慈善团地处上海这个新兴都市,金融业逐步发展并成为新的营利门径,慈善团办事诸人也积极利用这一有利条件,因而可以获得更多的收益。在慈善团决算表中有一项"公款收入",实际上就是慈善团的投资收入,1924年度和1925年度,慈善团拥有华商电器公司6.4万元的股本,每年可以收入息银14 080元;另外持有内国公债票4 900元,每年收息336元;另外还有少量沪闵长途汽车公司债券和股份,债券可以按月取息,但股份则依公司营业状况而定,时有时无。② 1931年社会局调查的三十家慈善组织中,有5家拥有股票,14家拥有各类债券,10家有房产,9家有地产,10家有款存放银行,14家有款存放钱庄,其中部分兼而有之。③ 由此可见,以上海慈善团为代表的民间慈善组织,充分利用上海都市社会发展的便利,在投资兴利方面已经从单纯田地投资开始向现代金融和企业转变,获利途径有了明显转变。

　　变卖公产是民间慈善组织筹措资金、维持运转的一种特殊方式。一般而言,民间慈善组织不能依赖捐款来维持运作,应该尽可能置产兴业,以期获利而维持并发展自身事业。但是在许多非常时期,变卖自身资产又成为慈善组织维持自身运转的一种可能的方式,尤其是对于那些有大量资产的组织而言。当然,慈善团体拥有的财产是地方公产,乃地方利益所在,不能轻易处理,这就涉及一个如何处理维持善举与维护地方公产的矛盾问题,在这一问题上实际还反映出了地方精英与政府之间的关系。

　　慈善团成立以后添置了大量产业,同时也对继承下来的以前善

---

① 《上海慈善团民国十三年度决算表》,《上海市政公报》1925年第11期;《上海慈善团民国十四年度岁入决算表》,《上海市政公报》1926年第23期。
② 同上。
③ 《上海慈善团体财产整理委员会报告》,转引自李国林:《民国时期上海慈善组织研究(1927—1937)》,华东师范大学博士学位论文,2003年,第90页。

第三章 上海慈善团与慈善事业的初次整合

会善堂的一些产业进行了处理。早期处理自身产业主要是为了适应市政建设的需要或者出于更好利用这些资产的目的。1930年,因为公共租界、法租界筑路所需,慈善团不得不出让了部分土地,在当年的收入中就有英工部局、法公董局筑路地价 9 316.485 元;1931 年更有公产变价 108 334.33 元;1934 年有变卖收入 1 639 元。① 30 年代正是慈善团较为辉煌的时期,因此更多的是添置产业,变卖自身公产的活动不多,慈善团也并不依靠这一收入来维持运转。

抗战爆发以后,慈善团的活动受到很大影响,许多善举不得不先后停办,三所义务小学全部在抗战中停办。② 战争不仅摧毁了慈善团的许多财产,而且也使得剩余的财产因为没有得到有效维护而收益大减。战后,慈善团为了维持自身运转,不得不大量出卖公产。此类收入成为战后慈善团得以勉强维持的主要资金来源。当然,慈善团到了需要依靠变卖家当来维持的地步,也就注定了其走向衰亡的命运。

简单来说,上海慈善团的收入主要有两大类,一类是自有产业收益,包括各类租金收入和各种投资理财收益;另一类为捐款收入,包括各类行业、公团捐款和划拨款项以及临时募捐收入。募集捐款是慈善组织开展业务活动的重要资金来源之一,上海慈善团整合了上海众多历史悠久的慈善组织,慈善团董事会成员基本上都是在上海地方社会享有盛誉的绅商和精英,这些使得慈善团在上海有比较好的声誉和社会影响力,因而能给慈善团带来比较可观的捐款收入。但不管是常年捐还是临时捐,每年的具体数额却并不稳定,民间慈善事业的长久之计是必须有其他方面稳定的资金来源。幸而慈善团拥有庞大的外埠田产和本市地产以及房产,可以获得相对稳定的租金收益,尤其在近代上海都市社会日益发展的过程中,慈善团的自有产业收益成为其收入来源的最重要组成部分,即使在北洋时期,其房地产租金收益就已经开始占到全部收入的一半左右;尤其在 20 世纪 30

---

① 《上海慈善团决算书》,上档 Q6—18—328(1),Q6—18—328(2)。
② 《上海慈善团章程》,上档 R15—2—71。

年代经过上海市社会局等协助整理和调整后,收益日益增加,经常性占到其总收入的70%以上。这也说明民国时期上海主要民间慈善组织的活动资金不是依靠募捐而来,而主要靠自有产业和投资,这与陶水木的看法完全不同。① 那些从晚清以来持续发展并广置产业的大型慈善组织,到民国时期越来越发挥其产业取利的优势,为自身慈善活动的开展提供稳定可靠的资金来源②;而那些没有产业或者是民国以后才成立,并因经费一开始就拮据,无法殖产兴业的慈善组织,才主要依靠官方拨款和募集资金维持业务③;完全要靠向社会公众募集捐款维持的慈善组织,要么不可能长久存在,要么没有持之以恒的业务,而是从事临时性的救济业务。④

五、上海慈善团的特点

(一) 其他主要慈善组织

上海慈善团无疑是上海慈善界最重要的组织,也在一定程度上发挥了领导上海慈善界的作用。但在上海一些慈善组织不断被并入慈善团或者与慈善团关系不断密切的同时,上海还有许多其他的慈善组织在从事独立的慈善活动,也还在不断建立新的慈善组织。这些组织共同构成了这一时期上海慈善界的整体状况,也体现出了上

---

① 陶水木认为北洋时期上海慈善事业最重要的资金来源是捐款。见陶水木:《北洋政府时期上海慈善资金来源初探》,《档案与史学》2004年第1期。
② 1931年上海社会局调查统计的11家慈善组织,自有资产收益高达97万多元,其中2万元以上的有3家,10万元以上的有1家,上海慈善团以697 285元高居榜首,转引自汪华:《近代上海社会保障研究(1927—1937)》,上海师范大学博士学位论文,2006年,第117页。
③ 像民国时期最主要的解救拐卖妇女儿童的慈善组织中国救济妇孺会,其1937年经费来源中公共租界工部局拨款占44%,向社会募捐占56%,见谢忠强:《慈善与上海社会——以中国救济妇孺会为视角(1912—1937)》,上海师范大学硕士学位论文,2006年,第39页。
④ 如上海华洋义赈会、上海慈善团体赈济东北难民联合会等组织主要依靠募捐维持业务,其捐款则主要来自大型现代企业和商人群体。见李国林:《民国时期上海慈善组织研究(1927—1937)》,华东师范大学博士学位论文,2003年,第91—92页。

第三章 上海慈善团与慈善事业的初次整合

海慈善界的特点。

民国二十四年版《上海县志》列有善会善堂、具有慈善性质的医院等共计 54 个[①]；小浜正子对民国时期的慈善组织有更加详细的统计，到 1930 年前后，上海有慈善机构 119 个。[②] 1935 年上海登记在案的各类慈善组织有 175 家。[③] 李国林统计认为 1937 年前后上海各类慈善组织达 198 个，可以确定大致位置的有 188 个，其中公共租界 69 个，沪南地区 56 个，法租界 24 个，闸北 21 个，其他分散于各乡镇。[④] 1945 年底至 1947 年底，通过上海市社会局核准登记在案的公益慈善团体有 113 个，各团体大多同时举办多种善举，根据其主要业务可以大致分为：医院 8 所，殓埋、施材社团 19 个，救济院 51 所，孤儿院 11 所，贫民教养院 9 所，育婴院 2 所，聋哑学校 4 所，其他 9 所。[⑤]

这些统计并不声称把所有这一时期上海民间的慈善组织全部囊括进去。确实，在民国时期的上海，由于疫病、战争以及自然灾害的缘故，经常会有一些慈善机构因时而建，但其中有一些在灾害过去后解散，另一些则可能变成长久机构。《申报》上经常可以看到这一类组织[⑥]，比较典型的是辛未救济会，"本会承辛未年（1931 年）上海筹募各省水灾急振会、上海战区难民临时救济会继续办理救济事宜，故定名辛未救济会……"即辛未救济会是在两个临时性救济机构结束

---

① 《上海县志》，民国二十四年刊本，第 699—717 页。
② ［日］小浜正子著，葛涛译：《近代上海的公共性与国家》，第 58—67 页。
③ 上海通志馆编：《上海市年鉴》下册，中华书局 1936 年版，第 134 页。
④ 李国林：《民国时期上海慈善组织研究（1927—1937）》，华东师范大学博士学位论文，2003 年，第 68—69 页。
⑤ 《上海市公益慈善团体核准登记数》（三十四年十二月至三十六年十二月），上海市社会局：《上海市社会行政统计》（中华民国三十四年九月至三十六年十二月底），1948 年 5 月，第 83 页。
⑥ 根据笔者不完全统计，1927 年成立的不包括在上述统计中的慈善团体就有：4 月 5 日成立的以王一亭为临时主席的松沪丁卯兵灾善后会（后改为松沪兵灾善后会，《申报》1927 年 4 月 6 日），5 月 16 日成立的以王一亭为委员长的金山兵灾善后会（《申报》1927 年 5 月 24 日），5 月 30 日成立的以粤商欧阳氏为主的粤侨慈善会（《申报》1927 年 5 月 30 日）等。

办理赈济业务后,为处理后续事宜而成立的新慈善组织,并至少持续到 1948 年底。① 新建慈善组织的具体情况,详见表 3-9。

实际上,20 世纪二三十年代,以及抗战前后是上海民间慈善组织的又一个兴建高峰;而且这个时期的慈善组织与此前建立的组织相比,特点更为鲜明。更多跨地域的慈善组织,或者是带有全国性,甚至是世界性的慈善组织开始出现,这些组织大多都选择把总部或者是中国总部建在上海,这不仅增加了上海慈善界的力量,同时也加强了上海慈善界对全国乃至世界慈善救济事务的影响力。1937 年八一三事变后,日军入侵上海,并导致上海沦陷 8 年之久,许多民间慈善组织受到破坏而停止活动,但仍然有许多善会善堂在战时坚持人道救援和慈善救助。据统计,1942 年前后上海依然有 100 余个慈善组织在开展各类慈善活动。②

从表 3-9 可以看出,整个民国时期,上海新建的、我们能够找到相关信息的各类善会善堂至少有 148 个,义务学校有 31 所,各类医院有 159 家,其中具有慈善性质的至少 32 家,各类丙舍寄柩所等 66 个。也就是说,民国时期,上海至少新建了各类慈善组织 277 个,加上 1855 年建立的 20 个善会善堂以及 1855—1911 年建立的慈善组织和医院共计 93 个,民国时期上海慈善组织最多时可能多达近 400 个。虽然有些慈善组织可能已经停办,但由于资料局限,肯定有遗漏,因此,民国时期上海民间慈善组织的存量远远不止一两百个,而可能高达 400 个,甚至更多。为了不冲淡关于上海慈善团的相关内容,关于这一时期慈善组织新建的诸多特点,我们在结语部分作详细分析。

---

① 《山东省政府教育厅训令·上海筹募各省水灾急赈会、上海战区难民临时救济会同时结束、特组辛未救济会接办未完各事等因通饬知照由》,《山东教育行政周报》1932 年第 200 期,第 3—4 页;《辛未救济会简章》,上档 Q114—1—9;《公乡谥王勤达明惠公一亭先生公葬通告》,《申报》1948 年 12 月 21 日,第 1 版。
② 许晚成编:《上海慈善机关概况》,上海龙文书店 1941 年版;陆利时编:《上海特别市救济事业概况》,1942 年。

第三章 上海慈善团与慈善事业的初次整合

表3-9 民国时期(1912—1949)新建慈善组概况表

序号	名称	建立(—结束)时间	主要参与者	地点	主要善举	资产状况	资料来源	备注
1	施粥厂	1912年		城内第三义务小学	施粥		A	
2	普济善堂	1912年8月		虹口华记路	施医施药种痘		B	
3	普益习艺所	1912年	杨逸	南火车站后路	收容教养游民、义学		A	
4	闸北慈善团	1912—1951年	钱贵三、沈联芳		施医药施衣、施粥、施有掩埋、救灾、育婴、义冢、蓝十字会、谦益伤科医院	闸北医院、妇女习艺所	A	惠儿院、妇孺寄养所、育婴堂
5	闸北惠儿院	1912年	王骏生等	闸北新民路(大统路东)	义学、收养		G,B	闸北慈善团开办
6	广益中医院	1912年	丁仲英	城内石皮弄劳勃生路	施医给药、住院、门诊		A	
7	中国救济妇孺会	1912—1949年	朱葆三、徐乾麟、王一亭	江湾车站路、事务所设民国路271号	留养院、习艺工厂、收容妇女儿童	江湾5.3万平方米地及房屋	A	事务所设民国路老北门东首
8	新普育堂	1913年	陆伯鸿、王骏生	城厢陆家浜	收养贫病、施医药、义学、育婴		A	

续表

序号	名称	建立（—结束）时间	主要参与者	地点	主要善举	资产状况	资料来源	备注
9	中国红十字会南市分院	1913年	闻兰亭	城厢十六铺	内外各科，加惠贫病		A	
10	普善山庄	1913—1954年	王骏生、陈少舟、庞竹卿	闸北普善路	施棺、掩埋、施衣米、义学	180余亩地义冢	A	1919年为斜桥分庄，1920年为普善医院
11	施棺局	1914年		浦淞	施材			
12	书画善会	1914年	宋人英等	城内豫园		作品展览出售取利	C	
13	中华民国黄卍字会	1914年		公共租界新闸路63号	施医施药、施衣、平价白饭		G,B	
14	沪西慈善会	1915年	徐菊如、徐邦杰、袁星伯、孙济臣等	法租界肇周桥	施医、施药、种痘、施棺、丙舍、义冢、施衣米、栖蓥、义学	宝山大场田4.3亩	B	
15	普缘善堂	1916年	俞铭巽	法新租界钱家宅（巨籁达南路）	施药		G,B	原戒烟公所

第三章　上海慈善团与慈善事业的初次整合

续表

序号	名称	建立(一结束)时间	主要参与者	地点	主要善举	资产状况	资料来源	备注
16	中国济生会	1916年	徐乾麟、冯仰山	公共租界宁波路顾家弄20号	各善举,义学,救疫,		A	
17	长生筹材所	1916年	薄桂馨	城厢南中华路32—37号	施材		G,B	
18	中华公义会	1916年	徐锦裳	闸北新民路协志里	施医施药、义学、种痘	闸北、虹口多处	G,B	
19	至圣善院	1917年	翁寅初	公共租界虹口兆丰路472弄	施医药、施衣米、义学	堂基1.542亩,建楼10幢两侧厢	G,A,E	
20	广慈苦儿院	1917年	沈葆义、潘志文	闵行镇	教养贫苦儿童		A	
21	上海联益善会	1918年	江穀丹、陆文中等	公共租界胡家木桥香烟桥溧阳路	施棺埋葬,施医施药,施衣米,义学,放赈		B,A	原联益施材会
22	时疫医院	1918年	刘鸿生、朱葆三、窦耀庭	公共租界西藏路爱多亚路口	诊治及预防疾病,加惠贫病		A	

153

续表

序号	名称	建立(—结束)时间	主要参与者	地点	主要善举	资产状况	资料来源	备注
23	慈善救济会	1918年	徐乾麟、莫子经等	法租界维多利亚路113号	发行慈善救济券，筹资助赈		B	事务所设民国路老北门东首
24	中国义赈会	1918年	卢永祥、朱佩珍、王震	坡厢老北门口	义赈	接收各义会余银等	B	
25	普济善会	1918年	郭竹樵、郭方衡、王震	法租界八仙桥余庆里	冬施衣米、夏施医药、种痘、义校	堂基0.649亩	F,G,E	
26	浦滨公益会	1918年	陈维翰、朱紫珊	殷行镇北丁巷	施衣米、施医药、施材、掩埋		E,B	
27	沪东公社	1918年	葛学溥	公共租界杨树浦	工人夜校、运动、游艺、阅报等		B	
28	沪南神州医院	1919年前	黄涵之	法租界肇嘉路	施医、施药		E	
29	杨树浦圣心医院	1919年前	陆伯鸿	公共租界杨树浦桥北	施医	可容四百人	A	
30	南市时疫医院	1919年		坡厢大南门外新普育堂南	施医	创设费7万	A	霍乱

第三章 上海慈善团与慈善事业的初次整合

续表

序号	名称	建立（—结束）时间	主要参与者	地点	主要善举	资产状况	资料来源	备注
31	高桥乡慈善会	1919年	周瑞庭	浦东高行乡	施医药、施棺、施米、恤嫠、掩埋、义学、种痘、平粜		A	
32	上海残疾院	1919年	陈文奎	城厢南车站后路	收容残老幼贫民、施以工作		A、E	
33	诚化普善堂	1919—1951年		公共租界浙江北路129弄	施诊给药、施衣、施米、恤嫠、借宿、保产、育婴、施材、赈灾		F	
34	上海博济善会	1919年	王锦澜	公共租界长阳路、保定路	施医、掩埋、义葬、义学、救济	堂基0.5亩	E	
35	栈业公义会	1919年	王瑞龙	公共租界汉璧礼东路（汉阳路）	施棺、掩埋、义学、施药		A、B、E	设施材让材处
36	中华慈善团全国联合会	1919年	熊希龄、王一亭、朱葆三	城厢民国路妇孺救济会内	商议善举	义冢、丙舍、学校	G	
37	中国崇文会	1919年	王一亭等	城内蓬莱路	义学、恤嫠、施药方		B	

续表

序号	名称	建立(—结束)时间	主要参与者	地点	主要善举	资产状况	资料来源	备注
38	沪南慈善会	1920年2月	王一亭、顾馨一、金子久	城厢薛家浜海运局旧址	种痘、施医施药、义学、施棺、赈济、收容、收容妇孺	堂基3.18亩，市房11幢，洋楼二三层	A、E	
39	沪西慈善会	1920年		法租界肇周路天佑路	施衣米、施医		F	
40	城北慈善会	1920年	陈文甫	小北门内大境路	施衣米、施医药、施棺		G、B	
41	保婴会	1920年	陈善丁	塘湾乡	保婴80名		A	
42	金化怡乐善会	1920年	黄如兰	法租界贝勒路（黄陂路）	施医药、施衣米、施棺		A	
43	召稼楼同善堂	1920年9月	杜静涵等	浦东召稼楼镇	丙舍、惜字	本金5 000元，原碾米厂基地7亩作为堂基	B	
44	上海三教道德善议会	1920年	庄平	公共租界同孚路（石门一路）	施医、施衣、施米粥		A	
45	伯特利妇孺医院	1920年	石美玉	城厢制造局路	加惠病民、妇产科为主		A	

第三章　上海慈善团与慈善事业的初次整合

续表

序号	名称	建立（—结束）时间	主要参与者	地点	主要善举	资产状况	资料来源	备注
46	诚济慈善会	1920年	朱葭琯、沈有林、陈瑞	公共租界新闸路	义学、施医施药		B	
47	盛德善会（社）	1920年	叶增铭	城厢民国路永安街口	施衣米、施医药、施济、赈灾、济贫、义校	全靠捐款	E	
48	集仁助材会	1920年	窦耀庭、部如馨	公共租界宁波路40号（珊家园）	施材		G	
49	上海乐善会	1920年	徐乾麟	法租界南成都路	施药、义学		G	
50	同善施材会	1921年	张上珍	浦东唐桥乡	施材		A	
51	中国华洋义赈救济总会	1921年	叶增铭	公共租界河南路	赈灾		B	
52	上海善政公所	1921年	周宁章	公共租界东杭路			B	
53	义济善材会	1921年	陈润生、黄金荣等	邑庙豫园商业联合会内	施材、义葬		G、B	

续表

序号	名称	建立（—结束）时间	主要参与者	地点	主要善举	资产状况	资料来源	备注
54	残废收养院	1921年	简照南	西门外斜桥	收养老幼残废		G、B	
55	上海贫儿教养院	1921年	陆归亮	公共租界胶州路11号	贫儿教养、教授工艺		G、B	兼收资本家顽劣子弟10人
56	虹口博济善会	1921年	姚锡榆	华德路保定路口	施棺代葬、施医施药		G、《现代国医》1931年第2卷第1期	有同名施材会，1919年立
57	义济善会	1921年	范开泰	邑庙	施材、施粥		B	邑庙豫园商业联合会附设
58	惠生慈善社	1922年前	周渭石、蒋丽轩	爱文义路（大场乡）	赈灾、施衣米、恤嫠、施医药		B、E	
59	中华基督教抚育工儿院	1922年	陈维新等	杨树浦路留春里	抚育工人婴孩、托幼		G、B	妇女节制会合办

第三章　上海慈善团与慈善事业的初次整合

续表

序号	名称	建立（—结束）时间	主要参与者	地点	主要善举	资产状况	资料来源	备注
60	上海平民产科医院	1922年		公共租界跑马厅路（武胜路）	加惠产妇		A	后称中德医院施诊所及平民产科部
61	世界红卍字会上海分会	1922年	李恩浩	法租界长乐路中和村15号	施医、济贫		F	
62	存善堂储材善会	1922年	沈桐叔、徐辅臣、许范远	城厢东南外南仓街155号	施材、义学		G、E、C	
63	中国普济会	1923年		城厢南门中华路	各项善举		B	
64	中国济公慈业会	1923年	蒋伯器、张啸林等	法租界辣斐德路冠华里	筹赈、救济难民		B	
65	佛教祇园法会	1923年	徐乾麟	法租界永乐路78弄	施医、济贫		F	
66	莲社法会	1923年前	池连邦、王瑞康	公共租界新闻路北成都路	施药、普利道场、祈福消灾		B	

续表

序号	名称	建立(—结束)时间	主要参与者	地点	主要善举	资产状况	资料来源	备注
67	灵道研究会	1923年		公共租界威海南路	施医药、施衣米		A	1932年改中国协济会
68	公善堂	1923年	任植云	公共租界江西北路121弄	赈济、施衣、救灾		F	
69	浦东浦善堂	1923年	徐誓道	浦东浦路45—49号	扶乩占卜、施诊给药		F	
70	一善社	1923年	孙经培	城内净土街32号	施医药、施衣米、放生、种痘、惜字		B	
71	闸北公善社	1923年	张民笼、张四维、韩晓先	闸北共和路镇安里	平民日校、阅报室、通俗夜校、卫生运动、工业医院	基地0.95亩、建仓圣宫	G,B	
72	普济寿材长生公会	1923年		公共租界宁波路永平安里43号	施材		G,B	
73	尊圣善会	1924年		公共租界柏路(丹徒路)22号	施诊给药、施棺、施衣、施茶、施米		B	

第三章　上海慈善团与慈善事业的初次整合

续表

序号	名称	建立（一结束）时间	主要参与者	地点	主要善举	资产状况	资料来源	备注
74	红十字会吴淞分会	1924年		杨行、江湾	救助伤兵		B	
75	吴淞佛教居士林	1924年	韩则佩、蔡桂生	龙华浜徐家宅	劝修净业、施医药、义校		E,B	
76	上海庆生普善会	1924年	戚维升	公共租界虹口新记滨路328号	施医施药		G,B	
77	上海儿童教养院	1924年	徐朗西	公共租界海格路（贝勒路口）	儿童教养		G,B	
78	中国济生会吴淞分会	1924年		吴淞和丰路	施茶米、医药、恤孤、赈灾、义学		B	
79	普济慈善会	1924年1月	王延松、王子炎、杨少峰等	公共租界芝罘路	防疫、施医药、施棺、放生	会员缴费	B	
80	简济善堂	1924年	简玉阶		助赈		B	
81	一心教养院	1924年	朱孔甲等	蓬莱区国货路	教养贫寒子弟		Q168-1-796	南翔分会

续表

序号	名称	建立(—结束)时间	主要参与者	地点	主要善举	资产状况	资料来源	备注
82	安善堂	1925年10月	吴湘安、杨春山、杨金生	浦东十八间	施医、施药、施衣、施棺、救火、路灯、义学		B	
83	中国道德总会	1925年	徐乾麟	闸北七浦路632号	设药店、药房、医室、诊疗室等,并创办上海中和义务小学		《近代爱国慈善家徐乾麟》	
84	汉口路义务诊病所	1925年	商联会	公共租界汉口路	夏天施医给药		F	
85	江平育婴堂	1925年	王震、赵刘如冰	闸北新马路	育婴	3.5亩堂基	E、B	
86	中国广济普会	1925年		公共租界天津路富康西里412号	施医、施药、赈济		G、B	1887年就有济善轩
87	三教普善堂	1925年	黄金荣、王晓籁、徐海平	法租界福履路(建国西路)265号	各类善举		B	
88	中国吴淞仁德会	1926年前	陈仲权	吴淞—兴路天后宫内	施衣米、施茶、施医药、种痘、借学		E、B	

第三章 上海慈善团与慈善事业的初次整合

续表

序号	名称	建立（一结束）时间	主要参与者	地点	主要善举	资产状况	资料来源	备注
89	上海邑庙董事会	1926年	秦锡田	城隍庙内	管理邑庙香资以充公益经费		A	
90	洋务同仁善会	1925年	潘大洲、李秀甫、唐世善	闸北虬江路	义学、施医药等		B	
91	恒裕堂	1926年		塘湾镇北	客民寄柩处		A	
92	中华麻风救济会	1926年	李元培	公共租界博物院路（虎丘路）	为消除麻风、收容儿女、施医药		A	
93	中国崇德会	1926年	徐乾麟等	公共租界白克路（凤阳路）侯在里	赈灾、施粥、施医药、施衣、劝善		《近代爱国慈善家徐乾麟》	
94	上海济心会	1926年前	陈桂山	城内天官坊街101号	施衣米、施医药、施材、种痘		E, G	
95	理教普德善堂	1926年前	徐畏三	闸北	劝戒烟等		B	
96	上海秋心社	1926年	胡笃周	城内普育里洪兴里6号	义校、出《秋心报》		E, B	

163

续表

序号	名称	建立（一结束）时间	主要参与者	地点	主要善举	资产状况	资料来源	备注
97	世界红卍字会上海分会	1926年	上海道院	法租界巨籁达路（巨鹿路）	伤兵救助，妇孺收养		G,B	
98	觉园佛教净业社慈善部	1926年	黄庆澜	公共租界赫德路（常德路）19号	施医药，施衣米，种痘，助贫		E	
99	淞沪教养院	1927年	张子廉、虞洽卿、沈联芳	闸北公园柳营路	游民、乞丐教养，最多时1500余人		A	
100	上海游民习勤所	1927年	王一亭等	漕河泾	收容教养游民	94亩多基地	A	
101	永义善堂施材会	1927年	黄遵生	公共租界曹家渡	施棺，施医药		A	
102	黄十字会	1927年	宋志成	公共租界大沽路	施医，半费给药		A	1933年改黄十字医院
103	上海慈善团体联合会	1927年	王一亭	公共租界云南路仁济善堂	联合各慈善团体，讨论改良		A	

续表

序号	名称	建立(一结束)时间	主要参与者	地点	主要善举	资产状况	资料来源	备注
104	上海集义善会	1927年	窦耀庭	公共租界虹口新记浜路328号	施诊、施药、施棺、种痘		E	
105	普善堂公所	1927年或前	理教联合会	南市斜桥、后闸北天同路			G,B	
106	中华慈幼协济会	1928年	孔祥熙	公共租界博物院路	收容孤苦儿童,施医药		A	
107	尚贤堂妇孺医院	1928年	尚贤堂董事会	法租界杜美路(东湖路)	妇产科、小儿科、贫病优待			
108	江湾崇善堂慈善会	1928年	陆澄宇	江湾寺沟路	施衣米、施医药、施茶、烟蠡、施棺		F,E	
109	徽宁思善堂闵行分堂	1928—1954年		闵行镇	施药、助赈、劝善	房59间,土地60亩	B	
110	觉德轩	1929年前		法租界蒲康路284号			B,《侨声报》1946年7月18日	
111	上海劳工医院	1929年	潘公展	小沙渡路(西康路)	施医药			公立

续表

序号	名称	建立（—结束）时间	主要参与者	地点	主要善举	资产状况	资料来源	备注
112	养老院	1929年	王一亭	城内普益习艺所余地	养老，每人每月6元		《白龙山人王一亭传》第153页	
113	上海疗养卫生院分院	1930年		虹口武进路	专事收治普通工人市民		A	
114	上海慈幼教养院	1930年	陈铁生、刘瑾芳	塘山路、虬江路，复兴中路1227—1233号	教养无告儿童	经费由中华慈幼协会供给	A,B	
115	元济善堂	1930年	李白熙	租界北四川路812号	施医、施药		F	
116	沪东理教普元堂	1930—1954年	虞梁	租界虹口昆明路181号	施棺、施医、施粥、义学		F	
117	广慈医院免费部	1930年		法租界卢湾			F	
118	上海儿童保育院	1930年		法租界丽园路519号			B	上海妇女会负责教育

第三章　上海慈善团与慈善事业的初次整合

续表

序号	名称	建立（结束）时间	主要参与者	地点	主要善举	资产状况	资料来源	备注
119	中救道义会	1931年	钱修静	租界同孚路	施医药、施衣米粥、施材、恤嫠、救童		A	
120	世界红卍字会中华东南各会总办事处	1931年	李恩浩	法租界巨鹿路同福里4号	济贫		F	
121	清寒教育基金	1931年	吴蕴初		奖学		F	
122	仁泽善会	1932年	虞洽卿等	租界沪东韬朋路（通北路）平凉路	施医、施药	楼屋两幢	《上海商报》1932年9月30日	
123	闵行游民习艺所	1932—1937年		闵行镇	收养游民习艺		F	毁于战火
124	峻化聚善堂	1933—1951年	王一亭、黄涵之、朱燮臣、陈炳谦、倪卿、闻兰亭	租界塘沽路734号	施粥、施衣米、施药、小本贷金		C、B	

167

续表

序号	名称	建立（—结束）时间	主要参与者	地点	主要善举	资产状况	资料来源	备注
125	上海聋哑学校	1933年	吴泽霖、王一亭、张寿镛	西门曹家街63号	清贫聋哑者免费入学		D	
126	上海理教普缘社	1935年	金九龄、谢葆生、陶兰亭	租界长乐路366弄11号	施贫、施医、施棺		F	
127	仁义慈善会	1934年	贝润生、乐振葆、许廷佐等	公共租界东新桥	施医、施药		B	原西颜料公会改组
128	普慈疗养院	1935年	陆伯鸿	闵行北桥	收治疯人		C	
129	同愿善会	1937年3月	王一亭、朱燮臣、黄涵之等	南市吾园街13号			C	
130	沪南公济善堂	1937年3月	李佑之、朱燮臣、顾翕周	陆家浜路950号			C	原放生局
131	龙华善会	1937年	屠履之	静安寺路马霍路口兴和里7号	施医、施药、送书		B	

第三章 上海慈善团与慈善事业的初次整合

续表

序号	名称	建立（—结束）时间	主要参与者	地点	主要善举	资产状况	资料来源	备注
132	上海灾童教养所	1938年	李秋君等	租界极司菲尔路盛公祠、湖南路285号	收容灾童250余人		F	
133	上海难童教养所	1938年	袁履登	法租界霞飞路771弄9号	收养难童		B	
134	上海普法会	1940—1951年10月	徐乾麟等	闸北七浦路	赈济、施粥、施医、施药		《近代爱国慈善家徐乾麟》	
135	上海书画善会	1941年	朱人夹	豫园			C	
136	真心慈善会	1941年		租界山西路天津路252号	凭函施诊给药，每天10人		F	
137	德本善堂	1942年	钱宝山、黄正柏	租界牛庄路164号，后迁北成都路	施材施茶、义学、施医药助产、义诊		F、《名》第674页	分堂
138	善善社	1942年		南市	施医施药		C	
139	纯仁慈善会	1944年		法租界建国东路8号	济贫		F	

169

续表

序号	名称	建立(一结束)时间	主要参与者	地点	主要善举	资产状况	资料来源	备注
140	德风善堂	1946年		法租界淮海东路2号	施诊给药、施棺木、施衣		F	
141	上海佛教青年会福利部	1948年		法租界淮海中路271弄16号	济贫		F	
142	迷路幼孩所			租界唐山路25号			G	
143	中国道德纯一济慈会			租界爱文义路(北京西路)晋福里621号			G	
144	沪东慈善会			兰路太平寺			G	
145	济安施材会		韩则佩	法租界蓝霓路(肇周路)天佑坊	施材		G,E	
146	善济善会		范开泰	新桥路南瞿真人路	施材、敛衣、掩埋、义校		E	
147	七宝义善堂	1945年	俞才兴	周家嘴路753号			F	

第三章　上海慈善团与慈善事业的初次整合

续表

序号	名称	建立(—结束)时间	主要参与者	地点	主要善举	资产状况	资料来源	备注
148	永乐善堂		徐金干	昆明路85号	施材		F,C	
149—180	义务学校	1930年存在	31所				G	
181—211	慈善类医院	1930年存在	159家,其中至少32家具有公益慈善性				G	20世纪30年代上海慈善医疗组织有76家(邓铁涛主编:《中国防疫史》)
212—277	各类丙舍	1930年存在	66个,极少数是商业性,其他都是公益性				G	部分只对同乡或同业,部分普遍公益性

A: 张礼恒摘编:《民国时期上海的慈善团体统计(1930年前后)》,《民国档案》1996年第3期。
B:《申报》。
C:《新闻报》。
D: 哈正利,张福强编:《吴泽霖年谱》,第四册,上海古籍出版社2019年版。
E:《民国上海市通志稿》第四册,上海古籍出版社2019年版。
F:《各区区志》(上海市地方志办公室网站)。
G: "稀见上海史志资料丛书"。

（二）上海慈善团的活动特点

上海慈善团虽在典型的中国民间慈善组织同仁辅元堂以及果育堂、育婴堂等的基础上发展而来，但是与近代上海城市社会发展相适应，其活动具有诸多自身的特色。上海慈善团的成立本身就是为了重组上海的慈善事业，使之能够更好发挥作用，更好适应近代社会发展的需要。因此，慈善团成立以后，地方精英们基于自身对时代发展的认识，对于一些他们认为不适合新时代发展的观念予以抛弃，重新对民间慈善事业进行整合，从而使得上海民间慈善事业呈现出较多的新特色。

中国民间慈善组织最主要的功能可以概括为"救生送死"，即对贫穷者实行救济以维持其生命，对死者实行施棺送葬使其入土为安。慈善团的活动中此类善举仍然占有重要地位，但是在具体的形式上已经有了重大改变，尤其是对于生者的救济更是出现了以前从未有过的新举措。传统的善举活动对于贫穷者的救济主要是通过施舍一定的钱物，使其勉强维持生命，这种救济一般而言不可能改变受济者贫穷的境遇，因此一旦对其提供的救济中断，受济者就可能重新回到死亡的边缘。设立工艺作坊，教授贫穷者一技之长，使其在离开救济机构以后可以自谋生路，成为上海慈善团经营新理念的主要表现之一。

上海慈善团所属的普益习艺所、游民习勤所、妇女教养院等都设有工场，并聘有专门的技师教授被收容者一些基本的工艺，以便让他们掌握一技之长，将来能够自谋生路，同时也可减少社会上的不良分子，有利于社会的安定。如普益习艺所就明确宣称："本所……以人民生活技能教授贫寒子弟，俾减少社会上分利者为宗旨。"[1]即使是收养"年六十以上之男女无力生活并乏人赡养者为目的"的保安养老所，也在所内设有工场，根据被收容者的身体状况安排一定的工作，

---

[1]《普益习艺所章程》，上档 Q114—1—9。

第三章　上海慈善团与慈善事业的初次整合

以将工艺品变卖补贴开支。①

上海慈善团参与的、上海慈善团体联合会所组织的临时庇寒所也认为收容给养系消极办法，因而"拟将收容之人酌量教以相当工艺，俾出所之后藉以谋生"②。可见慈善团这时候的活动不仅仅是适应了这一时期慈善事业发展的需要，实际上直接影响到了人们对慈善事业的看法。慈善团的善举活动已经不再是简单的收容救济，而是考虑到了被救济者以后的生活安排，这更反映出了这一时期慈善界理念的改变：变传统的消极救济为积极救济，救人救彻。

这时期上海慈善界对于游民、贫民习艺所或习艺工场，咸抱乐观之态度，不仅认为其"是生利的，而非分利的"，甚且有人还将其提高到"事关国计民生、社会安宁"的高度来予以认识。③ 非慈善界人士也对贫民工场之类的举措表示极大的兴趣，时人认为对贫民施衣、施米等不过是使他们"苟延残喘罢了，于他们既没有多大益处，于社会或且有害"，慈善家应该"改变那种消极的治标的不彻底的慈善活动，代之以积极的治本的彻底的慈善"。该作者提出的方法首先就是"设立贫民工场，收养贫民，授以技术使做工自给"④。各种尝试、创新也层出不穷，下一章具体介绍的游民工厂模范工厂既是慈善理念变迁的体现，也是上海慈善界积极创新的表现。可见，慈善团的这种改变不仅适应了慈善事业本身发展变化的需要，也无意中顺应了人们对慈善事业的要求。

慈善团在对生者的救济方面还抛弃了一些带有较多过去时代意识形态特点的观念。上海市政厅在开始设计慈善团活动的时候，就没有把那些传统善举中被认为是具有较多儒生意识的诸如惜字、放生等活动列入慈善团的六科当中。对于传统善举极为重视的救济节

---

① 《保安养老所章程》，上档 Q114—1—9。
② 《上海慈善团体联合会会议记录》，上档 Q114—1—1。
③ 《南北慈善团体联席会大会纪》，《申报》1922 年 11 月 17 日。
④ 徐直：《对于慈善家进一言》，《申报》1923 年 1 月 26 日。

妇等活动①，慈善团也并不重视，宣称"恤嫠不限年例，故保节可并入赡老"②，实际上是否定了特意救济节妇的必要性。但是妇女作为社会弱势群体仍然是慈善团的重要救济对象。清节堂、保节堂等专门针对寡妇的救济机构被改造成了面向所有贫穷女性的妇女教养所；另外，保安养老所等也收养女性，上海慈善团实际上扩大了对女性的救济范围。这也反映了上海慈善界这一时期对于女性救济的看法。同时期的中国救济妇孺总会、济良所等专门救济妇女的机构，也都不把救济节妇作为自身的主要任务，而是对那些需要帮助的特殊女性如被拐卖妇女、妓女等进行救济。在这里，慈善事业的道德说教色彩大为减弱，而人道关怀的成分显著增强，中国救济妇孺总会表示："本会因欲维持人道、消遏拐略(掠)起见，乃集同志组织斯会……"③公益、人道等观念已经逐步渗入近代民间慈善事业，此乃民国时期上海慈善界的一大特点。

如果说中国民间慈善组织在晚清以来逐步向小社区发展的结论是成立的④，那么也可能只是适合个别地方的结论，或者只是那一个特定时期的现象。晚清以来，上海慈善事业经历了小刀会起义的短暂衰落以后就一直在不断扩充善举，并出现新建善会善堂的高潮（参见前文），尤其是同仁堂与辅元堂合并以后，规模在不断扩大，善举也在不断增加。上海慈善团建立以后，更是把上海老城区的主要慈善组织纳入麾下，组织规模越来越大，不但没有向小社区发展的趋势，反而不断越出上海地区，直接面对更多的需要救济者。也许可以说民间慈善组织的发展除了"小社区化"趋势以外，还有一个更为明显的趋势，即联合起来组成更大规模的社团，这一特点在本书第五章将有更详细的介绍。

---

① 关于惜字、保节活动的意识形态特色，参见梁其姿：《施善与教化——明清江南的慈善组织》，第五章。
② 《上海市政厅章程——慈善团办法大纲》，《上海市自治志——各项规约、规则、章程》，丙篇。
③ 《中国救济妇孺总会章程》，上档 Q114—1—9。
④ 梁其姿：《施善与教化——明清江南的慈善组织》，第 297 页。

第三章 上海慈善团与慈善事业的初次整合

六、小结

　　上海市政厅成立以后，开始进行地方自治建设，慈善活动被列入自治范围。为了减少清政府垮台给依赖官款维持的地方慈善机构带来的消极影响，上海慈善界组建了上海慈善团，将原来上海旧城区的主要慈善组织同仁辅元堂、果育堂、育婴堂、普育堂等合并为一大团体，统一办理善举。慈善团在同仁辅元堂设立事务所，由董事会领导，各附属机构由董事会聘请主任进行管理，并统筹规划和调整各自业务，开始对上海民间慈善事业进行初步整理；慈善团各机构的产业由慈善团统一管理，其经费由团统一开支。

　　在慈善团的统一领导之下，上海慈善事业形成了新的合作关系。以慈善团为中心，出现了一个由慈善团体组成的同心圆式网络结构。在市政厅的规划下，慈善团着手对民间慈善事业进行重组。由于自治被取消，市政厅被工巡捐局取代，慈善团又成为完全的民间慈善机构，但是慈善团的活动并没有受到太大影响。慈善团成立以后，在原有机构的基础上接收、新建了一些机构。为了维持善举，慈善团在市区自有土地上借款兴建房屋、菜场，用于出租，这为其善举的不断扩大打下了良好经济基础。慈善团本身的业务活动相当庞杂，从施棺掩埋、施米、施衣、施医药到兴办义学、游民工场、贫民习艺所等无不俱备。

　　慈善团庞大的财产规模为其广泛的善举活动提供了可靠保障，并使得慈善团成为上海慈善界的领袖。慈善团拥有大量的不动产，在正常情况下，这是其资金的可靠来源，尤其是在近代上海都市社会快速发展的情况下，慈善团在市区的土地和房产都大为增值，租金收益大大增加。另外，慈善团还可以获得大量各业捐款以及临时捐款和特别捐款。在困难时期，慈善团也通过出售本身产业来筹措维持善举的资金。

　　慈善团的许多活动与传统的善举有所不同，对救济贫民、游民的大力投入，对贫穷孩子的义务教育，其目的都在于希望教会他们一技之长或者让他们掌握一定的知识,使其可以到社会上自谋生路,以摆脱那种终生贫困的境地。慈善团对于传统的放生、惜字以及救济贞节寡妇的活动比较消极,对于救济妇女等采取了比较新的形式。另外,慈善团通过对其他慈善组织的大量资金援助,不仅扩大善举范围,也提高了自身的影响,使得以它为中心的慈善网络不断扩大,影响远播周边乃至上海以外的地区。

上海慈善团的发展表明:小社区化现象在上海慈善界并不显著,近代以来民间慈善事业不仅没有萎缩,反而大大发展,进一步扩展了其业务以及活动空间。通过本章对上海慈善团的完整分析,我们认为民国时期上海慈善界在慈善团的带动下,出现了诸多新的现象,这反映民间慈善理念发生了变化,积极救济、救人救彻观念开始成为慈善界的共识。同时,以上海慈善团为中心开始形成慈善界的活动网络,正是在这一基础上,上海慈善界诞生了更大的也是更具有影响力的联合组织——上海慈善团体联合会。

另外,关于同仁辅元堂和上海慈善团等慈善组织在上海地方自治中的作用及其与自治之关系,是学界关注的一个重要问题。① 民国《上海县续志》中说:"同仁辅元堂举行诸善外,如清道、路灯……无不赖以提倡,实为地方自治之起点。"② 后来研究者皆采纳此说,认为同仁辅元堂实际上开始了上海的地方自治,并进而推论近代上海的善会善堂,尤其是同仁辅元堂以及上海慈善团在上海的地方自治中起着举足轻重的作用。③ 还有的学者认为近代上海地方精英跻身善堂,攫取堂董身份,以取得政治资本,一跃而成为地方自治的领袖。④ 这

---

① 关于上海地方自治研究比较重要的成果有:马小泉:《地方自治:晚清新式绅商的公民意识与政治参与》,《天津社会科学》1997 年第 4 期;朱英:《戊戌至辛亥地方自治的发展——湖南保卫局与上海总工程局之比较》,《近代史研究》1999 年第 4 期;张爱平:《1913—1927 年上海华界市政及其地方自治遗留档案》,《档案与史学》2000 年第 2 期;余子明:《清末地方自治与城市近代化》,《人文杂志》1998 年第 3 期。
② 《上海县续志》,民国七年刊本,第 205 页。
③ [日]夫马进:《中国善会善堂史研究》;[日]小浜正子著,葛涛译:《近代上海的公共性与国家》等。
④ 梁元生:《慈惠与市政:清末上海的"堂"》,《史林》2000 年第 2 期。

第三章　上海慈善团与慈善事业的初次整合

一说法值得商榷。

地方自治是"以地方之力,办地方之事",单从这个角度来说兴办慈善事业无疑也是地方自治之一种。然而,地方自治更重要的意义还在于与中央分权,由地方与中央共享统治权力。就目前的资料来看,同仁辅元堂没有任何攫取权力的规划或企图,它与后来的地方自治机构之间在政策或计划方面几乎没有延续性。同仁辅元堂从事义渡、清道、路灯等市政工程建设,只是因为上海县没有专门的市政机构从事这项迫切需要进行的工作,方便地方、造福地方,本来就是传统善举的内容,实在无须提高到地方自治的高度。梁元生认为,"不少善堂董事……在清末参与上海总工程局的事务,并由此再摇身一变而成为上海地方自治的领袖,原因就是在他们担任善堂董事时期已经有许多处理市政及地方公众事务的经验"①。然而他所举的曾铸、李钟玉、王一亭等在参与上海总工程局时在慈善界都并没有太大的影响。曾铸参与的慈善事业主要是各地义赈,在沪大力参与慈善活动则是在1907年创办上海贫儿院前后,为贫儿院捐款三万两,但此前并未因此而得名,或者说其名望主要还是来自其因商致富,并办义赈,及其在海上画坛享有的名望。②李钟玉早在广东任上就因反对法国侵略而一举闻名,在参与总工程局之前似乎也还不是哪家善堂的董事身份。③王一亭是上海慈善界最负盛名的人物,但是在总工程局成立前后,王一亭也没有大规模参与慈善事业的可能。王出身贫寒,年轻时由于家贫不得不中途辍学,此后到上海当学徒,凭着其聪明和勤奋,很快上升到钱庄经理的职位,但也仍然是个工薪阶层,并没有自己的产业,这种状况一直续到1902年王出任大阪商船买办。王一亭在成为大阪商船买办以后才开始投资工商业,并因此成

---

① 梁元生:《慈惠与市政:清末上海的"堂"》,《史林》2000年第2期。
② 《上海贫儿院第一次报告》,1912年,上海市图书馆藏书,索书号246928;《上海县续志》卷二,民国七年铅印本,第217页。
③ 李平书:《且顽老人七十岁自叙》,"稀见上海史志资料丛书"第三册,上海书店2012年版。

为上海滩巨富。① 所以在总工程局成立前后王并没有大规模从事慈善事业的可能。直到袁世凯称帝以后,王一亭被通缉,被迫"避居公共租界……致力于慈善事业"②。因此说这些人依靠善堂董事身份而成为地方自治领袖,实在无根可据。实际情况甚至相反,李钟玉、王一亭等都是在政治上失意以后才开始从事慈善事业的,而且在民国时期许多大慈善家都有这个背景,比如熊希龄、朱庆澜、黄涵之等。

上海慈善团是由地方自治机构上海市政厅规划成立的,隶属于市政厅,而且在市政厅的财政开支中也有慈善事业支出费。然而从实际的运作来看,慈善团基本仍然处于独立状态,市政厅给慈善团拨款最多的年份是 1912 年度,为 52 418.245 元;1913 年度为 52 458.459 元,但在其收入中有 39 786.483 元为善举捐,即由市政厅统一收取的原属于各个慈善组织的常年捐;另外还有一笔慈善团筹垫 2 820.976 元③,此两者相加为 42 607.459 元,市政厅实际拨款只有 9 851 元,且由此可以推断 1912 年善举捐也应该由市政厅统一征收,然后拨给慈善团。1914 年 3 月自治停办之前拨慈善款 1 343.038 元,亦主要来源于慈善捐。可见,慈善团并未从市政厅获得比此前更宽裕的经费支持,而且 1912—1914 年的拨款主要用来建设贫民习艺所和新普育堂,因此,单从经费而言,上海慈善团每年大量的开支主要还是依靠自身的财产取值以及募捐。而且,市政厅很快就被工巡捐局取代,慈善团完全独立,继续从事原来的慈善事业。民国时期的慈善事业本身发展迅速,上海慈善团成立以后,上海出现了更多大型慈善组织;然而这一时期各种各样新式社团不断产生,在上海社会生活中逐渐发挥出它们的能量,它们在社会生活中的影响远远大于慈善团,更不用说在政治上的影响。可以说,民间慈善组织在民国时期逐步丧失了在传统社会中的突出地位,成为普通社团中一员。如果说同仁辅元堂在老城厢社会生活中曾经有过一枝独秀的历史,比其

---

① 贺鑫昌:《海上闻人王一亭》,《档案与史学》1996 年第 6 期。
② 上海市地方志办公室编:《上海辞典》,上海社会科学院出版社 1989 年版,第 38 页。
③ 《自治会会计表》,《上海市自治志》,分别见第 119、121、125 页。

规模更大、资金更雄厚的上海慈善团,虽然仍能引领上海慈善界,但论影响则有点生不逢时了,因为其时其他各类社团组织纷纷崛起,如总商会、教育总会以及其他各种联合会的影响力纷纷上升。

因此,尽管同仁辅元堂、上海慈善团在近代上海慈善界居于举足轻重的地位,但是它们仅仅是民间慈善组织。慈善组织与上海地方自治之间并没有必然联系,更谈不上慈善组织从事地方自治。许多大型善会善堂的董事等慈善界领袖都是上海各界精英人物,他们在从事慈善事业时无疑可以获得某种尊重,提高他们自身的社会地位,但他们本身已经具有的社会、经济地位是他们成为善堂董事的前提。慈善事业是各界精英在其他地方失意以后继续发挥作用、赢得尊重的重要场所,但这对他们获得政治资本并没有决定性的作用。中国民间慈善组织在社会生活中发挥了重要作用,这是一个不应该被长期忽视的问题;然而,也不能因为与某些事情有些联系,就一味拔高其地位,反而丧失了慈善组织本身的意义。

第四章

20世纪20年代的游民工厂与上海慈善界的合作

从第三章我们已经了解，上海慈善团的慈善活动中，收容和教养无业游民，并授以一技之长，俾其出所后能自谋生路，既是上海民间慈善理念更新发展的结果，也是慈善团的主要活动，其经费开支一般占到三分之一以上。实际上，进入民国以后，随着上海经济社会的发展以及人口和财富大量向上海集聚，上海地方社会爆发出强大的活力和积极进取精神，民间慈善事业也进入发展的高峰时期。一方面传统慈善组织继续发展，组织规模扩大，团体数量增加，部分传统慈善组织还积极更新慈善理念，改善机构设施，扩大救济范围，改良救济手段；另一方面，许多新式慈善组织也大规模建立起来，如普益习艺所、游民习勤所、淞沪乞丐教养院以及新普育堂等大规模慈善机构，基本都开始采取"教养兼施"的手段来救济收容人员，但是这些组织大多还是在传统慈善组织的基础上加以更新，如普益习艺所是在原勤生院方案基础上改造的，新普育堂则是因普育堂场地狭小而新建，因此二者也是有渊源的；游民习勤所由上海慈善团兴建和管理，乞丐教养院最后也归慈善团管理，其教养方式既有教授技艺的一面，也有消极收容的一面。

20世纪20年代建立的新型慈善组织——上海模范工厂游民工厂，与前述各慈善组织都有所不同。它是上海慈善界积极更新慈善理念，试图通过市场来实现慈善救济手段创新和慈善资金筹措渠道开辟的积极尝试。这既是上海现代经济发展,市场价值和能力被充分肯定的表现,也是上海慈善界积极利用都市社会环境提供的有利条件,发展民间慈善事业的举措。通过对上海模范工厂游民工厂的研究①,我们可以进一步了解中国慈善思想和慈善文化在现代社会的调适,同时也可以进一步了解上海民间慈善界适应社会变化的能力和进行创新、创造的勇气。

一、游民工厂创设背景

游民在不同时代有不同的含义,在传统社会中,游民主要指"一切脱离了当时社会秩序(主要是宗法秩序)的人们"②。随着宗法秩序的失效,越来越多的人游离出原来的社会秩序,因此近代以来的游民主要指"没有固定职业、没有正当谋生手段、到处游荡之人"③。他们的共同特点就是"游荡",正是因为其居无定所、游荡不定,从而给居民社会带来了威胁和不安,使得居民对游民充满敌意。④《礼记》有云:"生之者众,食之者寡";朱熹说"国无游民,则生者众矣"⑤。不管国君还是有产有业者,恒以为游民之产生,即是其不事生产之故;解决游民问题,即是减少社会不参加生产者,即减少有产者供养的人数。因此如何处理游民问题就成为历朝历代政府和地方士绅都需要认真考虑的问题。

近代上海社会经济可以用突飞猛进来形容,一个国际化大都市也在短短的几十年内迅速崛起,随之而来的则是人口的大量增加以及无业游民的大量出现。上海开埠初期人口约为50万人,但到1866

---

① 笔者对游民工厂作过专门研究(阮清华:《夭折的模范——1920年代上海模范工厂游民工厂论述》,《历史教学问题》2010年第6期),这里根据新发现的史料,从上海慈善事业发展史的角度,作进一步梳理和论述。
② 王学泰:《游民文化与中国社会》(上册),同心出版社2007年版,第16页。
③ 阮清华:《上海游民改造研究(1949—1958)》,上海辞书出版社2009年版,第26页。
④ 龚鹏程:《游的精神文化史论》,河北教育出版社2001年版,第29页。
⑤ 转引自老闿:《游民》,《申报》1921年1月4日,第16版。

年就增加到 70 万人。1910 年上海总人口 128 万,1915 年突破 200 万,1930 年达到 314 万,也就是说整个 20 年代上海人口在 200 万到 300 万之间。① 如此众多的人口,既是上海社会经济迅速发展的人力资源保障,同时也给社会带来各种各样的问题,无业游民的大量增加即是问题之一。

20 世纪 20 年代上海游民数量难以有一个准确的统计数字,不过我们可以从一些记载中大概了解这一时期游民的总体规模。民国时期上海有一种人被称为"乱人",实际就是流氓地痞和无业游民之类,在 20 年代据时人估计即有万人之多。② 20 年代初期,在上海明确被称为"游民"者"多至数千人"③。1923 年年初,美国社会学家卜罗脱来沪调查游民问题,当时他刚调查出天津的游民数为八万七八千人(另一说法为五万七八千④),为天津人口总数 80 余万的 10% 左右。⑤ 时人即预测"沪地人烟稠密过于天津,将来所得之总数,必巨甚于津埠"⑥。可惜最后的调查数据未见公开发表,但上海游民肯定比天津有过之而无不及,因此至少在 10 万以上;如果按照天津的比例估算的话,则上海游民可能超过 20 万人。1934 年 5 月,上海市社会局统计界内无业游民达 29 万之多,这只是指华界而言,尚不包括公共租界和法租界。⑦ 当然,这里的所谓游民涵盖了所有无职业者,包括数量众多的失业者,他们可能可以暂时依靠积蓄、借贷、亲朋接济或者社会救济维持生活,并不依靠不正当手段谋生,也不一定到处游荡,因而不能全部算作游民,但毫无疑问该统计中也包含了大量游民成分。

根据郑春苗的研究,民国时期全国农村地区尤其是沿海各省和经济条件较好的地区,游民比例平均在 2%—3%;而城镇游民在全国

---

① 邹依仁:《旧上海人口变迁的研究》,上海人民出版社 1980 年版,第 4、90 页。
② 《游民黑幕·上海滩黑幕(三)》,国际文化出版公司 1992 年版,第 88 页。
③ 《护军使筹办游民工厂》,《申报》1922 年 11 月 1 日,第 14 版。
④ 《西人来沪调查游民总数》,《申报》1923 年 1 月 7 日,第 17 版。
⑤ 《外人口中之天津失业问题》,《申报》1923 年 2 月 2 日,第 7 版。
⑥ 《西人调查我国游民之感言》,《申报》1923 年 1 月 13 日,第 11 版。
⑦ 陈冷僧:《上海的游民问题》,《社会半月刊》(第一卷第四号)1934 年 10 月 25 日。

城市人口中的比例,以最保守的估计,当不低于 10%,一般在 15% 左右亦是可信的。① 虽然该估计基本是根据中国共产党对游民的定义来推算的,把相当多为国民党政权服务的人员如差人、地保乃至军、警、宪等算作游民,并且把当时主体社会并未作为游民看待的大量群体如娼妓、僧道徒等包括在游民行列,略有夸大之嫌。② 但也与卜罗脱对天津游民的调查比例很接近,因此,总的来说,无业游民在城镇人口中所占比例大于其在农村人口中所占的比重,是没有疑问的,而且城镇游民数量与城市总人口又具有非常密切的关系,上海作为民国时期中国最大的都市,不事生产的游民在总人口中所占之比例估计在 5% 以上,即 20 世纪 20 年代上海游民群体至少在 10 万人以上,甚至可能超过 20 万之多。

二、模范工厂游民工厂之筹建

如此庞大的游民群体给社会治安带来了诸多威胁。而民国时期全国政局动荡不安,上海亦是"城头变幻大王旗",因此地方当局对于社会问题少有作为,尤其 1927 年南京国民政府成立之前,上海地方政府对于社会问题较少过问,民间慈善事业基本处于自发状态。对于游民问题的处理,也主要由民间慈善组织在进行。③ 此时期中国传统的慈善理念也发生了较多变化,无业游民不再因为其有"道德上"的缺陷而被排斥出慈善救济之列,开始进入慈善救助视野。④ 正是在此背景下,上海出现了一个全新的、以游民救济为主业的慈善组

---

① 郑春苗:《论土地革命战争时期的游民问题与党的策略》,《近代史研究》1985 年第 3 期。
② 郑春苗关于游民的定义主要来自中共南阳会议决议(《南阳会议决议》1930 年 6 月),参见[日]三谷孝著,李恩民监译:《秘密结社与中国革命》,中国社会科学出版社 2002 年版,第 21—22 页。
③ 如本书前面所述当时设立的乞丐教养院、淞沪乞丐游民教养院、普益习艺所以及新普育堂、上海慈善团等都专门或顺带处理收容游民,但这些慈善组织基本都是民间所办,上海地方政府很少直接参与。
④ 阮清华:《上海游民改造研究(1949—1958)》,第 38 页。

织——上海模范工厂游民工厂。① 之所以说是全新的慈善组织,是由于上海模范工厂游民工厂与其他慈善组织有很大不同之处,即游民工厂是属于模范工厂的附属机构,而创办者希望通过创办模范工厂,一方面为游民工厂的收容人员(即游民)提供见习、实习之地,并教授其工作技能,同时也通过销售模范工厂游民工厂的产品来获取慈善资金,以便进一步扩大和维持慈善事业。这一工厂的理念与传统慈善组织设立之时就已经有很大不同。事实上,设计者试图通过利用上海这个比较成熟的市场模式,来为慈善救济事业开辟新的资金募集途径,同时也为众多受救济者探索新的生活途径,因而是具有重要意义的创新之举。

模范工厂游民工厂的创意产生于1918年。是年,上海地方绅商徐乾麟②等鉴于"沪上失业游民甚多,此中良莠不齐,于地方治安,有种种关系",因而筹设游民工厂,"俾无业游民皆有习艺之所"③。也就是说希望通过筹设游民工厂,将上海游民投入该厂学习工艺,继而出厂后能够依靠一技之长自谋生路。这一设想的初衷跟贫民习艺所等类似,但后来实际上区别很大。1919年前后,国内很多地方都在提议设立游民工厂,以便处理当地"游民甚多"的问题。④ 徐乾麟等人的倡

---

① 该工厂实际是两个工厂,但实行捆绑式经营,故名称也比较特殊,两个工厂名字连用,游民工厂作为附属工厂,在名称上与模范工厂处同一地位。
② 徐乾麟(1862—1952),本名懋,浙江余姚人,长期在沪经商,曾任上海瑞华洋行、谋得利洋行买办,瑞华纸烟公司经理,开设大声唱机行,合办兴华贸易公司、闸北水电厂等,为在沪浙商领袖之一,多次出任上海总商会会董、总商会商品陈列所所长、交际委员会委员等;积极参与慈善事业,创办并主持中国救济妇孺会、万国赈济会、闸北救火会、中华慈善团等,创办模范工厂游民工厂,先后出任中国济生会副会长、会长,中国道德总会会长,中国崇德会会长等众多慈善组织的主要职务。
③ 《江湾模范工厂游民工厂之宴》,《申报》1922年5月22日,第13版。小浜正子认为游民工厂之议产生于1922年底,是错误的。([日]小浜正子著,葛涛译:《近代上海的公共性与国家》,第78页)1922年底沪上三十余家慈善团体集会是为了讨论分摊游民工厂债券之事,而不是设立游民工厂本身,因为该工厂正式筹备于1918年,1922年10月9日正式开幕,不可能到是年底才有开设之议。详见下文。
④ 如镇江扬中、杭州等地都在1919年提出了设立游民工厂的计划(《镇江》,《申报》1919年4月4日,第7版;《杭州》,《申报》1919年4月7日,第7版)。

议先后得到浙江督军卢永祥以及淞沪护军使何丰林、淞沪警察厅厅长严春阳等人的支持,加上沪上其他绅商的协助,徐乾麟等利用慈善奖券余利于1920年开始在江湾地区购地建厂,并在公共租界江西路天津路口534号设立游民工厂总办事处,正式开始兴建沪上第一个专门处理游民问题的慈善组织。

徐乾麟、王一亭、朱葆三等上海地方精英在筹建游民工厂之际就一直在思考如何才能确保工厂长久维持的问题。因为游民工厂从事实上来说不太可能有任何盈利,如果将来能够自负盈亏就算是最成功的状态了。在开办之初肯定需要大量资金投入,徐乾麟等考虑到"游民工厂之设,耗费甚大,恐日久难以支持,因之先立模范工厂,发行制造品,即以其余利,补充游民工艺厂之耗费,以剂其平"①。

设立模范工厂的想法可能来源于日本。众所周知,日本在明治维新以后集中国力进行现代化建设,政府为了引导民间投资,大量投入资金举办官营企业,并希望这些官营企业能够起到"模范""示范"作用,因此这些官营工厂被称为"模范工厂"。模范工厂一般规模大,技术水平高,生产的产品质量过硬,确实刺激和带动了日本的民间投资,起到了一定的示范作用。② 因此上海绅商设想通过建设模范工厂,在技术、人才等方面给游民工厂提供借鉴,同时通过出售模范工厂的产品获得盈利来保证游民工厂的资金需要。因为游民工厂主要用来改造游民,并教授无业游民技术,以便让他们出厂后可以自谋生路;而无业游民本身大多并不愿意入厂学习,在强制状态下进行改造学习,组织纪律难以保证,管理也非常困难,再加上其技术水平低下,因此需要不断有新的资金投入才能确保游民工厂持续运行。而民间慈善组织收入本就有限,不可能无限投入,故此间倡议人等希望先设立模范工厂,用模范工厂的收入来维持游民工厂的开支,这在当时无疑是一个非常有创意、也非常大胆的设想。

上海游民工厂的独特之处至少有两点,一是通过创办现代工厂

---

① 《江湾模范工厂游民工厂之宴》,《申报》1922年5月22日,第13版。
② 高德步、王珏编著:《世界经济史》,中国人民大学出版社2001年版,第284页。

的形式，对无业游民进行收容教养。"无恒产者无恒心"，无业游民被认为是最自由散漫、无组织、无纪律的一群人；但现代机器生产却又特别强调组织性和纪律性，并且具有文化和技术方面的要求，强制游民参与现代机器生产，自然是这个设计中最大的创举和特色。如果设想成功，将游民改造成现代企业工人，不仅使游民可以自谋生路，而且其组织性、纪律性都得以大大加强，则将为解决全国各地乃至世界各地无业游民问题提供上海方案、中国方案。但这一设想风险同样巨大，不服管教的游民如果将机器作为发泄对象，将工厂视作监狱，并起而捣毁或破坏机器，或者生产出不合格产品，则不仅投进的资金可能血本无归，更可能面临主动给游民提供集聚场所，进而为非作歹的机会，则游民之害将更甚于流落街头。

二是通过创办模范工厂，来解决游民工厂慈善经费来源问题。徐乾麟等人设想中的游民工厂规模巨大，而且他们的确是考虑到了改造游民成现代工人的困难程度和复杂性，因此预先设计出模范工厂附带游民工厂的企业模式，可以说为游民工厂的创办殚精竭虑，并做好了长期准备。这是上海慈善界积极利用都市社会提供的便利去应对都市社会问题的大胆尝试和创新，也是传统慈善理念在近代上海的一次重大转变。

徐乾麟等人的设想不仅得到上海各级官员的支持，并获得社会各界的认可，很快募集到大量资金，在江湾购地160余亩，采用边建边投产的策略来建设模范工厂。到1922年春已经初具规模，先后建成印刷厂、牙刷厂、车镜厂、洋铁厂、绳索厂、玩具厂、橡皮厂、打铁厂、造机厂、翻砂厂、地毯厂以及电灯厂，共计12个新工厂，同时建成的还有游民工厂和工学部宿舍等建筑。即使尚未正式竣工开业，浙江督军卢永祥到上海都特意去参观模范工厂，淞沪护军使何丰林、通商银行行长傅筱庵等人陪同参观，可见模范工厂在当时的影响极大。[①]

1922年5月21日，模范工厂邀请上海公共租界工部局各董事、各总办总巡、中西各商人和记者参加聚餐会，向各界介绍模范工厂游

---

① 《卢浙督在沪一日之经过》，《申报》1922年4月11日，第16版。

第四章 20世纪20年代的游民工厂与上海慈善界的合作

民工厂创办经过及相关规章措施等,并宣布同年10月10日双十节正式开幕。至此,游民工厂筹建已达四年之久,各项建设耗资140万元左右。模范工厂游民工厂"与旧式工厂迥然不同",不仅各建筑用途规划明确,排列合理,而且其机器设备亦相当先进,如造机厂,专造各种机器,内有自用之150匹马力蒸汽锅炉全副,又有70匹马力之变筒发动机两架,还有刨床、车床、螺丝床、冲床等件,甚至还有能载重15吨的吊车等设备。其他各厂设备也都为一时之选。① 可见办事诸人在游民工厂的建设中倾注了大量心血,并有努力使之办成"模范工厂"的雄心。

模范工厂游民工厂虽属一体,但工人分开招收,模范工厂通过正规途径招收青年子弟,于6月2日前即"已考取足额";游民工厂"专收失业游民"②。9月5号,模范工厂游民工厂总办事处搬迁到公共租界南京东路望平街口,并添设总发行所及出品陈列所。③ 模范工厂各厂第一期招收工人2 000余名,制造各种机器、地毯、人力车胎及儿童玩具等。④ 不管是作为一个工厂,拥有2 000余工人,还是12个单独的工厂,每厂100多工人,模范工厂的规模在20世纪20年代都是相当大的,因此其正式开幕之日才会引起轰动效应。

1922年10月9日,上海模范工厂游民工厂正式开幕。该日各方嘉宾云集,出席第一日开幕典礼的有淞沪护军使何丰林,沪海道尹王赓廷,淞沪警察厅厅长徐仙洲,上海、宝山两县知事以及沪上绅商等千余人,并由护军使署和淞沪警察厅各派警兵到厂照料,可谓盛况空前。⑤ 第二天,厂方又柬邀各界人士参观,当日适逢"双十"国庆纪念日,各界休息,因此参观者极为踊跃,人数居然达"数千人之众"。闸北头、二、三、四段救火会驾驶全队救火车前往道贺,淞沪护军使署、警察厅仍然派兵护卫,火车站甚至不得不增加开往江湾的火车,"以

---

① 《江湾模范工厂游民工厂之宴》,《申报》1922年5月22日,第13版。
② 《游民工艺厂复函》,《申报》1922年6月2日,第13版。
③ 《上海模范工厂游民工厂总办事处迁移广告》,《申报》1922年9月5日,第1版。
④ 《模范工厂陈列所行将开幕》,《申报》1922年9月16日,第13版。
⑤ 《上海模范工厂游民工厂开幕》,《申报》1922年10月10日,第14版。

免拥挤"①。

正式开幕的模范工厂游民工厂规模宏大,其中模范工厂除设有铁工厂等 12 个分厂外,管工处、传达处、总务处、第一仓库、第二仓库、陈列室、会客室、议事厅等一应俱全。模范工厂设施齐全,许多机器设备相当先进,有些出产品之精细,"几驾舶来品而上之"②。因此模范工厂是一座具有相当规模的现代化先进企业。该厂创办之初,徐乾麟等人一方面考虑教授游民工艺,俾能自谋生技;另一方面亦有振兴工业,与洋人争利之意,如模范工厂筹办之初,徐乾麟等认为橡胶产品将大有前途,而上海尚无生产橡胶之工厂,于是加设橡胶工厂,生产"双十"牌人力车胎、小皮球、橡胶玩具、皮鞋底、橡胶零件等,产品销路一度相当不错③,甚至成为我国橡皮事业日渐发达之证明。④ 但该厂后因无力与洋货抗衡,经营数年终于停业。⑤ 虽然橡胶工厂最终停业,但这是中国人第一次生产橡胶产品,亦可见当时模范工厂与事者眼光之先进及筹划之认真。⑥

模范工厂游民工厂规定对于游民,"视其年龄材质之相近,分别教授各种工艺",包括制造铜铁机件之类、手工玩具美术之类、毛刷牙刷之类、各色毛绒地毯之类以及其他关于藤竹泥塑之类等五大门类。⑦ 可见附设的游民工厂安排给游民的工作,大多是一些设备相对简单、技术粗糙易学的手工、半手工的工作。这与时人认为游民游荡

---

① 《模范游民两工厂开幕续纪;参观模范工厂游民工厂纪》,《申报》1922 年 10 月 11 日,第 14 版。
② 《江湾模范工厂游民工厂之宴》,《申报》1922 年 5 月 22 日,第 13 版。上海模范工厂除了需要以余利补助游民工厂以外,实际亦有给无业游民示范的作用,希望通过现代工厂产业工人的示范,启发无业游民劳动的热情,并引导其走上自食其力的道路。
③ 《模范工厂之新出品》,《申报》1922 年 11 月 11 日,第 17 版。
④ 饶舌:《中国橡皮事业与汽车轮胎》,《申报》1923 年 7 月 21 日,第 2 版。
⑤ 上海橡胶工业志编纂委员会编:《上海橡胶工业志·大事记》,上海社会科学院出版社 2000 年版,第 44 页。
⑥ 王明辉、姚宗强主编,虹口区志编纂委员会编:《虹口区志》,上海社会科学院出版社 1999 年版,第 45 页。
⑦ 《参观模范工厂游民工厂纪》,《申报》1922 年 10 月 11 日,第 14 版;《模范工厂昨宴报界纪》,《申报》1922 年 11 月 11 日,第 11 版。

成性,缺乏纪律,也缺少知识技能的特点相适应,其设想相当妥善。因而上海游民工厂后来成为其他各省兴办同类工厂之典范,如浙江省就曾筹划在全省普设游民工厂,为此专函上海游民工厂索取规章等件。①

游民工厂筹办之初制定的《取缔游民送入工厂习艺单行章程》第二条规定:"凡合于下列各款者,由该管警区发觉,解送本厅(指淞沪警察厅——引者注)讯明,制定期限,片送江湾游民习艺工厂习艺。一、素无恒业、游荡无依,在三个月内犯违警罪三次以上者;一、游兵革警,失业逗留,经资遣潜回或骚扰地方者;一、不良少年,经家长禀请安插习艺,而不违背补充刑律第一条及第十一条之规定者。"②由此可知,此处所称之游民并非失业工人或者普通贫民,而是那些有一定违法行为或者是犯过错误而又无业的游荡者。这些人身无恒业,其谋生手段不为主流社会所接受,被认为威胁了"正常"的社会秩序,因此必须加以强制收容,并教以工艺,从而使其能够自谋生路。可见游民工厂与普益习艺所主要以教授贫困市民工艺为主不同③;也与清末创办工艺厂,"消纳流民"的宗旨不尽相同。④ 因此游民工厂是近代上海第一个专门处理游民问题的慈善组织,"名为游民谋生计,实则为地方保治安"⑤。

---

① 《浙省创办游民工厂之沪闻》,《申报》1924年4月22日,第16版。
② 该章程由游民工厂制定,呈请淞沪护军使署修订、批准,由淞沪警察厅颁布实行。《取缔游民习艺章程之公布》,《申报》1922年6月29日,第15版。
③ 阮清华:《上海游民改造研究(1949—1958)》,第39—40页。
④ 黄中惠:《倡议北京善后工艺局说帖》,转引自池子华:《流民问题与社会控制》,广西人民出版社2001年版,第173页。上海最早的工艺厂是秦锡田1906年于陈桥乡创办的课勤院,这也是一个贫民习艺厂性质的机构,并非专门处理游民问题的机构。戴佩娟将二者等同起来,是有问题的。戴佩娟:《上海游习艺组织研究——以上海游民习勤所为中心(1927—1949)》,上海师范大学硕士学位论文,2006年,第4页。
⑤ 《江湾模范工厂近闻》,《申报》1922年6月5日,第15版。

三、游民工厂之维持

　　游民工厂是一个慈善组织,由民间慈善家予以维持,没有稳定资金来源,因而从创议之初就遇到了资金困难的问题。兴建游民工厂的设想虽然得到沪上各级官厅及浙督的支持,但囿于当时之政治经济条件,公款支绌,经费无从拨付,官厅仅仅是口头支持而已。参与其事的徐乾麟、王一亭、朱葆三等沪上绅商遂决议发行慈善救济券,以其余利作为游民工厂之开办经费。慈善奖券每期发行4万张5元券,每期销售收入20万元,除奖金和开支外归入游民工厂基金,办事诸人原计划为游民工厂专门募集200万元作为基金,将其存入银行钱庄生息,以便将游民工厂长期开办下去。但慈善救济券开始发行以后,上海各慈善团体纷纷请求补助,因此救济券发行者又决定将救济券收益的一半拨充游民工厂基金,另一半分给各慈善团体以及补助其他各地灾赈机关。① 另外,为了有稳定收入维持游民工厂,在游民工厂开办之前,徐乾麟等先创办了模范工厂,试图以其余利作为补助游民工厂之经费。徐乾麟等利用发行奖券筹募到的款项,加上沪上绅商垫款,购地建筑厂房,一边陆续开办模范工厂各分厂,一边筹备开设游民工厂,到1922年10月两厂最终正式开幕。② 游民工厂的创意应该说一开始就非常具有前瞻性,也非常具有创意性,不管是通过先开办模范工厂,以其收益作为慈善基金来维持游民工厂,还是通过发行奖券来筹集创办游民工厂和设立维持基金,都是史无前例的,都是上海慈善界的首创。

　　然而,依靠发行慈善奖券筹办游民工厂,一开始就遭到诸多批评,连向来支持游民工厂建设的护军使何丰林也坦言奖券"贫民病国,莫此为甚";1922年8月,北京政府内务部下令查禁各种奖券,同

---

① 《慈善救济券第六期声明》,《申报》1919年3月11日,第17版。
② 《南北各慈善团体联席大会纪》,《申报》1922年11月17日,第13版。

年 10 月上海游民奖券最终也被迫停止发行。① 也就是说游民工厂开幕之时,也正是游民奖券叫停之日。此时游民工厂势成骑虎:前期投入已达 140 多万,并且模范工厂各厂已经相继投产,停办则将功亏一篑,势必引起各方不满与猜疑;但继续开办却又缺乏资金来源,模范工厂刚刚投产,其余利尚不能满足游民工厂之需,而游民工厂为纯粹分利机构,没有投入则不能收留游民,更谈不上教授其技艺。因此,游民工厂刚刚开幕,资金问题就雪上加霜,与事诸人不得不急谋解决之道。

1922 年 10 月 19 日,朱葆三、徐乾麟以模范工厂游民工厂作担保,向中国通商银行借款 15 万两,暂缓燃眉之急。② 可是,与预计的 200 万基金相比,游民工厂资金缺口依然相当之大。游民工厂经费一时筹措无方,但铺开的摊子却不能不维持,沪上之游民也急需设法收容救济,因此经沪上绅商合议,决定再以现有厂房、设备等作为担保,发行游民公债 100 万元,并委托慈善救济会代为发行。1922 年 11 月 10 日,徐乾麟等为筹集经费事招待新闻界,指出模范工厂"现已能获利,但游民工厂尚全为分利","因游民初入厂时,所作工作未经练熟,多所损失",因此,为"推广厂务计,即将发行公债百万元"③。11 月 15 日,上海南北市三十余家慈善团体同聚闸北慈善团,商讨分摊游民工厂基金债券。一因"救济游民,本是慈善团体应办之事";另外也因为以前筹办游民工厂时发行过慈善救济券,本为"以盈余供该厂基金",只因后来分出半数接济各慈善团体,才使得原定两百万的基金,仅仅筹到九十万,因此各慈善团体亦有共同维持的义务。④

但上海地方绅商准备发行游民债券的消息刚刚发布,很快就引起了江苏省议会议员王彭年等的反对,"提议省长禁止发行",同时王对游民债券之性质、游民工厂设立之程序等问题提出了异议。1922

---

① 《上海模范工厂游民工厂开幕》,《申报》1922 年 10 月 10 日,第 14 版。
② 《游民工厂借款合同》,上档 Q281—1—115。
③ 《模范工厂昨宴报界纪》,《申报》1922 年 11 月 11 日,第 11 版。
④ 《南北各慈善团体联席大会纪》,《申报》1922 年 11 月 17 日,第 13 版。

年12月2日,慈善救济会为此致电江苏省议会,对此一一作出解答,电文中称游民债券有厂产作担保,与奖券有本质区别;另外指出王议员所提之公开招股解决基金问题是对游民工厂的误解,因为游民工厂其性质"属于地方慈善事业……无论办至若何完善,只能以足堪自立为止境,决无赢利可图",因而不可能通过招股解决资金问题;最后陈明何以呈淞沪护军使署转呈内务部之理由是因为游民工厂最初就是在卢永祥、何丰林的倡议支持下筹办的等。① 很明显,江苏省议员的反对,其实可能主要是江浙之间直皖两派矛盾在上海问题上的体现。

为了消除矛盾和误会,也为了进一步募集资金,12月4日,游民工厂印发传单,宣传、解释发行基金债券之缘起等。② 12月8日,各慈善团体再次集会,商讨应对办法,最后决定登报公告实情,请省署维持。③ 虽然此时上海主要是在皖系卢永祥和何丰林的控制之下,但上海绅商并未完全不顾及江苏省议员的意见,而是积极请求省署予以支持,反映出上海地方绅商在处理地方慈善事业问题上愿意与各方协商、共谋解决的态度。然而王彭年等并不满意慈善救济会和游民工厂的解释,再次提出禁止发行游民工厂基金债券之补充理由,不仅反驳了慈善救济会的电文,并进而指出游民工厂"并不按照法定手续办理,竟朦请淞沪护军使署径行咨部备案。始则假慈善美名以病民,继更藉军阀威力以违法,影响所及,贻害无穷","该工厂淆惑视听,意在欺我全会……势非急请严禁不可"④。

正当双方争论不休之际,江苏省另一议员许铭范提出一折中意见。许铭范一方面指出游民工厂"发行变相之彩票,且由军事机关核准保护,实为一种可怪之现状",另一方面,许经过亲身调查后认为游民工厂"成绩之佳,实为意想不到",并且认识到如果禁止债券发行,

---

① 《慈善救济会致省议会代电》,《申报》1922年12月3日,第15版。
② 《游民工厂办基金债券之缘起》,《申报》1922年12月5日,第14版。
③ 《各慈善团体联席大会纪》,《申报》1922年12月8日,第13版。
④ 《禁止游民工厂债券补充意见》,《申报》1922年12月10日,第13版。

第四章 20世纪20年代的游民工厂与上海慈善界的合作

"不窒断该厂之生路",因而主张由省政府统筹划拨30万元,加以维持。① 一方面可能由于利益冲突以及省政府无款可拨②,另外也可能由于游民工厂得到强有力的军人支持,因此,省议员的反对似乎没有起到什么作用,游民工厂债券最终得以发行。③ 甚至在北洋政府和江苏省政府不断颁布禁止发行奖券命令后,游民工厂债券仍然获得例外权而继续发行。④ 游民债券发行之争,实际是直皖军阀利益在上海的一次博弈。上海虽然在行政隶属上归属于江苏省,但控制上海的却是浙江督军皖系军阀卢永祥的部下何丰林,何与控制江苏省的直系军阀齐燮元尖锐对立。游民工厂之设又绕过上海、宝山两县和江苏省政府,因而引起江苏省议员的愤怒,也埋下了此后夭折的隐患。1924年江浙战争之后皖系势力退出上海,游民工厂虽失去皖系军方卢永祥、何丰林的支持,但获得了孙传芳的资助,其发展并未停滞。⑤

---

① 《许铭范对游民工厂债券意见》,《申报》1922年12月13日,第13版。
② 众所周知,上海虽然属于江苏省,但却是皖系军阀的地盘,因1922年时任淞沪护军使的何丰林是浙江督军卢永祥的部下,卢、何均属皖系干将,而何丰林对于上海一切莫不加以干预,地方民政长官的任命等都必须得到何的同意才能就职。(熊月之主编:《上海通史》第7卷,上海人民出版社1999年版,第155页)且游民工厂正是得到卢永祥和何丰林的鼓励才兴办起来的,其向内务部备案居然都是经过护军使署转达,实际绕过了上海、宝山两县以及江苏省政府,因此才会有省议员认为这样做是"欺我全会"。此时的江苏省由直系军阀控制,因此江苏省政府在利源被浙江督军独占之时,不可能愿意从省库支拨款项支持上海的游民工厂。江苏省议员反对发行游民债券之理由冠冕堂皇,其中不无此种利益冲突所引起的摩擦,也反映出北洋时期文职议员与军阀政客之间的争权夺利以及各省军阀割据给民生所带来的灾难。
③ 至少到1924年,游民工厂债券还在公开发行。游民工厂债券并非到期付本付息的工业债券,也不能实际分沾企业发展的红利,当然,正如慈善救济会前文所言,游民工厂属地方慈善事业,不可能通过其获利,能自我维持就不错了,因此此类债券也的确不可能获得红利。游民工厂债券实际上仍然是彩票,王彭年等人的指责并非毫无道理。根据报道,游民工厂债券分两种,甲种一等奖五万元,乙种一等奖三万元。见《游民工厂债券开奖公告》,《申报》1924年1月8日。
④ 《严禁奖券之又一省令·游民工厂债券在外》,《申报》1923年2月28日,第14版。
⑤ 王根宝选注:《海天旭日·上海宝山诗文选》,上海大学出版社2004年版,第676页。

游民工厂债券是还本券,以价值130万元之江湾工厂作抵押,发行价值100万元的工厂债券;不中奖的债券可以换发还本证券,每年发给息金两次,也可以直接用债券购买工厂出品。① 每期开出特等奖、一等奖、二等奖各一名,三等奖两名,四到六等奖多名,可能由于奖额很高,特等奖高达三万元,因而很有吸引力,在各种奖券被禁止的情况下,游民工厂债券依然销售火爆。② 为了提高中奖率以便吸引更多民众购买债券,慈善救济会于1923年4月改进中奖设计,每购买四张奖券,则其中一张必中奖,中奖券直接退还本金,并有赢取三万元大奖的机会,其他三张券依然可以换发还本证券取息。③ 此后游民债券又分为甲乙两种,甲种特等奖高达五万元,乙种特等奖仍为三万元。④

模范工厂游民工厂深谙宣传与营销之道。早在筹办之初就在公共租界繁华地带江西路天津路口设立总事务所,后来更是搬迁到更为繁华的南京路望平街口,同时设立总发行所及出品陈列所,陈列和销售模范工厂出品,较为有效地宣传了模范工厂和游民工厂。游民工厂基金债券的发行和开奖,更是游民工厂的大好宣传机会。每次开奖都在江湾本部进行,开奖之时有官方为之背书,淞沪护军使、上海交涉使、沪海道尹、淞沪警察厅、宝山县知事、上海县知事及上海各慈善公团派员监视。为了提高人们参加开签仪式的积极性,慈善救济会还专门印制参观券,并附有上海站到江湾火车站的来回火车票,持有游民工厂基金债券者都可以免费索取参观券。⑤ 本部亦设有陈列室,开奖完毕,再引导来宾参观工厂和出品,实际上是又一次宣传

---

① 《上海慈善公团为游民工厂基金债券再告各界》,《申报》1922年12月9日,第1版。
② 《慈善救济会筹募游民工厂基金还本债券夏历正月初八开签,特等三万元》,《申报》1923年3月1日,第2版;《慈善救济会筹募游民工厂基金还本债券第五届开签等次号码露布》,《申报》1923年3月6日,第1版。
③ 《慈善债券四张之内稳中一张》,《申报》1923年4月16日,第2版。
④ 《游民工厂债券》,《申报》1924年1月6日,第3版。
⑤ 《慈善救济会筹募游民工厂基金还本债券在江湾本工厂明天开签》,《申报》1923年2月6日,第2版。

和销售的机会。① 可见游民工厂办事诸人能够充分利用近代上海都市社会出现的各种新鲜事物，来为游民工厂的开办和发展寻找机会和便利。

游民工厂自1922年双十节开幕以后得以一直维持经营，其中部分工厂甚至成为上海现代工业之专门门类的首创者。我国机制牙刷厂始创于1920年，即上海坚志牙刷厂，初创时资本2万元，但创办以后就困难重重，1922年模范工厂牙刷厂创办后，就兼并接办了坚志厂，可见模范工厂牙刷厂实际上可算我国最早的机制牙刷厂。② 牙刷厂出品的牙刷"毛骨洁白""出品精良"，1926年甚至获得了江苏第三次省地方物品展览会二等奖。到1926年牙刷厂至少可以生产12个型号的牙刷，其产品"行销京、津、汉、粤及南洋各属"③。中国最早的橡胶企业是1919年由日本华侨容子光和潘氏兄弟投资2万元在虹口地区合伙开办的中华制造橡皮有限公司，不到两年就倒闭了。1921年模范工厂增设橡胶工厂，不仅购买了原中华制造橡皮厂的两台炼胶机等主要设备，而且还聘请容子光参与工厂管理，生产能力大为扩展。④ 所以中国的橡胶工业发展史上也有模范工厂的重要一笔。

模范工厂游民工厂开业后，生产一度较为发达，"双十"牌产品种类繁多：铁工厂可以制造各种大小机器以及银箱、库门和救火车等；铸铁厂可以生产翻砂引擎、车床、刨车、钻床，并可定制各项大小机械；橡皮厂可以生产橡皮车轮胎、鞋底、玩具（大小皮人以及各种兽类）、球胆，并承造各种橡皮器具；地毯厂生产各色纯毛地毯，亦可定制；毛刷厂生产各种软硬牙刷、各种板刷；眼镜厂生产各种科学眼镜片，水晶茶晶均有；印刷厂设石印、铅印两部，承印五彩月份牌、股单、商标、钞票等；洋铁印花厂精印各种美术、食物、茶叶、饼干、罐汀、广

---

① 《游民工厂公债开签记》，《申报》1923年3月6日，第14版。
② 怀成：《我国之机制牙刷业》，《申报》1933年8月24日，第18版。
③ 李晓军：《牙医史话：中国口腔卫生文史概览》，浙江大学出版社2014年版，第136—137页。
④ 《上海橡胶工业志》，http://www.shtong.gov.cn/dfz_web/DFZ/Info?idnode=73307&tableName=userobject1a&id=86747(2020.02.11)。

告牌等;桅灯厂精制各种桅灯,可订造;玩具厂可生产铜制、铁制、木制、泥制、纸制、竹制等各种玩具。①

游民工厂计划招收游民1 000名,每月仅衣食住三者就需八九千元。开张后,各机关团体踊跃"保送游民入厂习艺",两个月内就达100多名;并有游民"自愿投入该厂"。游民入厂后可以获得一套工厂制服,并供给饮食住宿。游民入厂后需呆满三年,其中半年为学徒期,仅供食宿;两年半为工作期,根据其技能和努力程度给予工资,但工资不是全部直接发给游民个人,而是代为存入储蓄银行生息,等到三年期满离厂时一并发给。从制度设计上来说,游民工厂希望游民在厂工作期间,不仅学会一技之长,而且能够存下一些基本金,以便出厂的时候可以自谋生路。按照厂里的规划,每个游民工作两年半,至少可以存下"数百元"。在20年代的上海,一个有技艺的熟练工人,如果手头还有几百元的存款,过上稳定生活当不再是问题。工厂的设计可谓用心良苦。②

模范工厂游民工厂开业后一直得以维持,直到1927年北伐军到上海后,由国民党政府对其进行了接收。③ 在此之前,模范工厂和游民工厂成立了职工协会,并选举出执行委员。④ 可惜的是,其间的经营状况、游民在工厂的表现以及工厂对于改造游民的效果等问题,由于缺乏资料,我们不得而知,但模范工厂游民工厂的经营在后期可能遇到了很大困难,到1927年因"经理不善,亏累至八十余万金"⑤。在前述职工协会成立大会上通过的工厂接收善后问题中,大会提出要写两封请求书,"一致本厂徐总理,为索讨欠薪及储蓄款项;一致接收委员,陈述职工等历年在厂经过苦况情形"。由此至少可以看出,工厂经营状况很不乐观;职工需要特意向接收委员陈述其历年"苦况",

---

① 《上海模范工厂游民工厂制造国货》,《申报》1924年4月5日,第7版。
② 《江湾游民工厂近况》,《申报》1923年1月27日,第14版。
③ 《模范工厂昨已实行接收》,《申报》1927年5月17日,第9版。
④ 《上海模范游民两厂职工协会成立大会》,《申报》1927年5月15日,第11版。
⑤ 粟宝国:《创办国立劳动大学》,载中国人民政治协商会议邵阳市委员会学习文史委员会编:《匡互生先生诞辰一百一十周年纪念集》,2001年,第158页。

亦可见职工对于游民工厂并无好感,可能"感化"效果欠佳。

四、游民工厂之归宿

1927年模范工厂游民工厂尚有游民100余人,工人艺徒500余人,国民党政府接管模范工厂游民工厂后,中国国民党中央政治会议上海政治分会专门议决拨款5 000元,试图继续维持模范工厂游民工厂的经营。① 但由于工厂经营不善,维持乏力,工人均处于失业状态;而此时期国民党一些元老如蔡元培、吴稚晖、匡互生、易培基等人正在发起成立上海劳动大学,由立达学园②园长匡互生任筹委会秘书。匡互生找到新成立的国民党上海市政府,要求将模范工厂游民工厂厂址作为劳动大学的校址。③ 这一要求与市政府摆脱游民工厂这个包袱的想法不谋而合,于是1927年9月国民党上海市政府在模范工厂游民工厂旧址(江湾车站西路,今江湾中学)上设立国立劳动大学,以其房屋为校舍,专收贫寒子弟就读。④ 劳动大学不收学费,而且免费供应膳宿,很多中国共产党地下党员和失学青年报考该大学,该校成为中国共产党在上海的一个重要据点。⑤ 而在此之前,模范工厂的一部分已经被匡互生购买作为立达学园的校舍用地。⑥ 1928年初,由劳动大学组织的模范工厂游民工厂清理委员会办理移交手续,将

---

① 《江苏兼上海财政委员会抄送历次会议记录函》(1927年6月11日),中国第二历史档案馆《中华民国史档案资料汇编》,第五辑第一编,《财政经济:财政会议与财政概况》,江苏人民出版社1990年版,第21页。
② 关于立达学园可以参见北京师范大学校史资料室编:《匡互生与立达学园》,北京师范大学出版社1985年版;谢俊美:《一位韩国独立运动活动家在中国——柳子明与上海立达学园》,《历史教学问题》2009年第3期。
③ 赵海洲、赵文健:《匡互生传》,上海书店出版社2001年版,第116页。
④ 王明辉、姚宗强主编,虹口区志编纂委员会编:《虹口区志》,第1012页;上海市宝山区地方志编纂委员会编,朱保和主编:《宝山县志》,第80页。
⑤ 冯和法:《在国立劳动大学的岁月》,上海市出版工作者协会:《出版史料》(第二辑)2002年第2期,第116页。
⑥ 北京师范大学校史资料室编:《匡互生与立达学园》,第219页。

所有事务移交劳动大学,模范工厂游民工厂彻底宣告结束。① 模范工厂游民工厂尽管曾经雄心勃勃,试图对上海游民问题的处理有所贡献,不过终归昙花一现,无疾而终。

模范工厂虽然曾经在日本明治维新时期起过相当积极的作用,但其通过政府投资并控制的经营模式并不适合资本主义发展的要求,因此在示范作用产生之后很多企业被转让给私人经营。② 20世纪20年代上海绅商们为了解决上海的游民问题,也曾试图将模范工厂的经验搬到上海,既给游民工厂以资金支持,又给游民劳动者以事实的教育和启发。但相当遗憾的是,这两个目的一个也没达到。即使到1927年匡互生在模范工厂原址上设立劳动大学的时候,模范工厂的设备仍然相当先进,可是工厂效益却每况愈下,最终不得不停办,被劳动大学所取代。③ 模范工厂未能起到模范作用,连自身的生产经营都与现代工厂相距甚远,反映出民间公益慈善事业与市场经济之间内在的紧张与冲突;同时也表明依靠教授游民一技之长来解决社会游民问题是一个不切实际的设想。④

模范工厂有良好的意图和先进的设备,但由于由慈善组织举办,由慈善奖券和债券维持,既试图利用先进设备、现代工艺和现代工厂制度,通过市场机制赚取收益以维持游民改造费,又因是慈善机构而缺乏追求利润和效益的机制和动力,也没有建立起可靠的管理制度,因此不能适应市场竞争的需要,没有能够充分发挥其模范作用。其附设的游民工厂收容由各方逮捕和遣送的无业游民,这些人没有工作技艺和基本的组织纪律性,其成效则更差,最终模范工厂和游民工厂都不得不停办。

20世纪20年代正是军阀混战时期,上海也未能幸免,隶属江苏省的上海被浙江督军皖系军阀控制,尤其加剧了矛盾冲突,模范工厂

---

① 《模范游民工厂清理结束启事》,《申报》1928年2月2日,第2版。
② 高德步、王珏编著:《世界经济史》,第284—285页。
③ 赵海洲、赵文健:《匡互生传》,第116页。
④ 阮清华:《上海游民改造研究(1949—1958)》,第256—260页。

第四章　20世纪20年代的游民工厂与上海慈善界的合作

游民工厂从设立开始就是危机重重,即使有地方精英的尽心竭力,依然难以收效。模范工厂游民工厂资金甚至可能成为各方觊觎的财富,其经营并无充分保障。[①] 作为慈善组织之一部分,在特殊时期还得承担更多的救济义务,这更进一步加剧其经营上之困难。[②] 不过模范工厂游民工厂毕竟是近代上海地方精英第一次专门以游民为对象举办的慈善组织,是为了解决都市无业游民的问题而进行的尝试,也为后来解决游民问题提供某种借鉴作用,即在处理城市游民问题上,一定要清楚定位政府、地方精英以及游民之间的关系,并充分调动三方积极性才有可能解决此问题。

五、小结

模范工厂游民工厂创办之初即已投入140万元之巨,不管是作为一个大型工厂,还是作为12个专门厂,其资本额在20世纪20年代的上海都算相当高的。[③] 模范工厂原本应该充分利用先进机器和现代工厂制度,积极参加市场竞争和博弈,赚取高额利润,并积累资金,持续更新机器设备,扩大再生产;或投入科学研究,创新机器和产品,以便在残酷的市场竞争中生存和发展。但模范工厂的资金主要来源于慈善债券余利,通过发行奖券来维持工厂的继续运行,这就使

---

① 1924年即有消息称游民工厂停工,并有浙江省当局从游民工厂提借巨款,虽然游民工厂很快发布紧要声明,确认消息属于误传,但此类消息之出现,可能正显示出游民工厂经营之危机。在经济困难时,军阀当局未尝不会剥夺慈善机构之财富,游民工厂出产甚多,并有奖券收益,正可成为财富来源之一(《上海模范工厂游民工厂紧要声明》,《申报》1924年9月5日,第1版)。

② 如1924年江浙战争期间,红十字会就在游民工厂内设立贫民收容所以资救济;后来也成为军队改编和临时驻扎之所(《慈善家之救济兵民》,《申报》1924年9月10日,第10版;《办理军事善后之昨闻》,《申报》1924年10月24日,第9版)。

③ 根据时人调查,1931年上海有工厂数1 672家,资本总额只有142 329 494元,平均仅为8.5万元;1933年只调查规模较大之工厂,共计1 186家,资本总额为162 685 893元,平均每厂也只有13.7万元(刘大钧:《上海工业化研究》,商务印书馆1940年版,第68—69页)。模范工厂共计花费140余万元,即使平均用力,12个厂每厂花费亦达12万元左右,即使是到30年代初,亦可算大厂,遑论20年代初了。

得企业缺乏追求利润的动力和积极性。同时也因为企业资金来自社会公众,属于地方公产,但又缺乏有效监督,对于办企业者没有严格的奖惩刺激和约束,也没有明确的保值增值目标要求,难以从制度上保证资产的安全有效运营。

模范工厂附带兴办游民工厂的模式,虽然是一种创新,但是二者恰恰又是矛盾而不可能同时存在的事物。模范工厂作为一个现代工厂,需要以追求利润为目标,向社会提供优质商品;需要提高工人劳动效率和热情,积极参与市场竞争。而游民工厂则主要是依靠吮吸模范工厂利润来维持生存。模范工厂即使有利润,也需要用来维持游民工厂,毕竟其目标主要是为了改造和教养无业游民,以便为都市社会减少破坏者。但市场的竞争又是残酷的,更何况在近代中国,一切现代企业都处于草创之际,加上不平等的贸易环境,国货很难在与洋货竞争中取胜,更不用说那些不能积极更新机器设备、不能以竞争为目标的企业,要在这样的环境中胜出,更是难上加难。模范工厂游民工厂这一对苦难兄弟,终究只能落个关门的下场,难逃夭折的命运。①

但模范工厂游民工厂的理念与实践,是上海民间慈善界的重大创举,无论是其举办时的理念,还是实践操作过程中的规模,以及开办之中与各方交涉、博弈以及最终的结束,无不反映出上海民间慈善界的积极进取与主动精神,这是上海民间慈善组织的奋发有为时期。同时也说明中国慈善文化、慈善理念在这一时期实际上在积极自我更新,并试图将传统慈善与最为先进的工厂生产、市场交换等结合起来,走出一条慈善救济的新路。

游民问题是一个历史性的难题,时至今日不仅未能彻底根除,反而有各种新的形态出现。如何解决游民问题?世界各国都没有完全成功的经验,不同文化背景下的政权和人们,会采取不同的措施去解决。当今中国在解决这一问题上,依然任重而道远。因此虽然由于

---

① 阮清华:《夭折的模范——1920年代上海模范工厂游民工厂论述》,《历史教学问题》2010年第6期。

第四章 20世纪20年代的游民工厂与上海慈善界的合作

各种主客观条件的限制,上海慈善界发起创办的模范工厂游民工厂这一尝试最终没有达到预定目标,但这一新的尝试和探索,依然是上海民间慈善事业发展史上非常重要的一幕。从上海慈善事业史的角度而言,这又是一次积极的探索和创新,并为此后上海慈善事业的发展和游民乞丐收容改造事业提供了经验和借鉴。

第五章

上海慈善团体联合会与慈善事业再整合

本书第三章表3—9列出了民国时期上海新组建的主要民间慈善组织的情况,可以清晰地看出,20世纪二三十年代上海民间慈善组织在数量上有明显增加,其活动方式也发生了重大变化,各慈善团体之间的合作与联合程度大为增强。1927年上海各善会善堂成立上海慈善团体联合会(简称慈联会),是上海民间慈善事业发展史上的一个重要事件,也是上海民间慈善事业发展进入新时期的一个重要标志。慈联会成立后,将众多分散、独立的慈善组织团结起来,集思广益,共同办理地方慈善事业;同时作为上海慈善界的重要代表,积极应对各种外部纷争,积极与新成立的国民党上海特别市政府、公共租界工部局和法租界公董局以及各国驻沪领事等进行交涉,为上海慈善事业的发展立下了汗马功劳。本章以慈联会为中心,探讨南京国民政府时期上海民间慈善事业的发展及其特征。

一、上海慈善团体联合会的成立

上海慈善团体联合会是南京国民政府时期上海慈善网络的核心,也是上海慈善组织从同仁辅元堂向上海慈善团发展后的进一步联合。① 小浜正子对慈联会的成立以及一些共同事业作了具体介绍，重点分析了慈联会与上海市社会局之间的关系，作者认为上海慈善界在上海慈善团体联合会的领导下，经过与社会局的反复协商，双方形成了良好的合作关系。"通过上海慈善团体联合会，国家与社会的相互渗透进一步发展，上海的公领域因之更显成熟。"② 承载在讨论建国初上海的赈灾活动中几次提到了上海慈善团体联合会，如它与民政局合组的上海市疏散难民回乡生产救济委员会、上海市节约救灾委员会，以及有大量慈联会领导参加的中国人民救济总会上海市分会等，但没有对慈联会进行专门论述。③ 曾桂林以慈联会为中心探讨民国时期慈善立法中的民间参与，认为慈善界虽然试图积极介入政府立法工作，但实际上发挥作用有限，难以实现自身目标，体现出民国政府强制立法的一面。④ 曹晓宇以1927—1937年间的慈联会为题撰写硕士论文，更为详细地论述了慈联会的组织结构、运作机制等问题。⑤ 另外李国林、汪华等的论文都有所论及。⑥ 本章在此基础上对慈联会作进一步介绍，主要探讨其发展历史以及它在上海慈善事业发展史上的地位及其作用。

从本书第一章和第三章的论述中可以比较清晰地发现，近代以来，上海民间慈善组织在不断走向联合。同仁堂与辅元堂的合并，以及接收其他慈善组织业务，是联合的第一步；以同仁辅元堂、普育堂和果育堂等老城厢慈善组织为主体组建上海慈善团，并不断扩大形

---

① 阮清华：《试论近代上海民间慈善事业的网络化发展》，《华东师范大学学报(哲学社会科学版)》2014年第1期。
② [日]小浜正子：《近代上海的公共性与国家》，第117页。
③ 承载：《建国初上海赈灾研究》，《史林》1999年第3期。
④ 曾桂林：《民国时期慈善立法中的民间参与——以上海慈善团体联合会为中心》，《学习与探索》2011年第6期。
⑤ 曹晓宇：《上海慈善团体联合会研究(1927—1937)》，湖南师范大学硕士学位论文，2016年。
⑥ 李国林：《民国时期上海慈善组织研究(1912—1937)》，华东师范大学博士学位论文，2003年；汪华：《近代上海社会保障研究(1927—1937)》，上海师范大学博士学位论文，2006年。

成慈善群团,是联合的第二步。到20年代后期,以上海慈善团为中心,各善会善堂之间的联系日益密切,整个慈善界的联合趋势不断增强。为了适应上海慈善事业发展的需要,也为了更好地处理共同面对的问题,上海慈善团体联合会应运而生。这也是上海民间慈善事业走向联合的第三步,是民间慈善事业为了进一步适应都市社会发展需要,集合各分散团体力量为集团力量,以便更好地应对都市社会问题,并积极参与都市社会建设、治理和维护的重要举措。

1927年4月5日,上海慈善团体联合会筹备会议在仁济善堂召开,上海南北市二十余个团体出席,由上海慈善团董事长王一亭主持。最后推举王一亭、黄涵之、王晓籁、顾馨一为临时常务委员。① 随后,上海慈善团体召开联席会议,正式决定成立上海慈善团体联合会②,会所设在云南路仁济善堂内。4月7日,慈联会第三次会议决定慈联会办事处设会计、文牍、调查、庶务、交际五股,各会员分任各股办事员。李寿山、陆维镛、席云山、叶鸿英任会计委员;伊峻宝、黄涵之、吴之屏、沈健侯任文牍委员;叶慎斋、孙一善、陈文奎、孙筱亭、

---

① 《各慈善团体组织联合会》,《申报》1927年4月6日。
② 实际上,1923年前后上海似乎已经有过一个"上海慈善团体联合会",1923年2月到8月间,其曾在《申报》上反复出现多达8次,甚至还因办公房屋不够而将会址从闸北公团事务所迁移到宝山路天吉里。可见其应该是真实存在过,但随后就没有这个组织的任何消息。目前也查不到这个组织的其他任何消息,现有以慈联会为主题的研究者也未注意到此组织(《慈善团体联合会迁移会址》,《申报》1923年3月19日,第14版)。但也有研究者认为近代上海曾经存在过四个"慈联会",除了1923年这个慈联会以外,还有1895年成立的"上海慈善团体联合会",但是根据作者提供的资料来源、慈联会的主要领导人以及作者的论述来看,1895年这个慈联会并非1923年的慈联会,实际上就是1927年慈联会。1895年上海慈善界尚无联合起来开展慈善活动的条件,此前一些合作也主要是办理各地义赈时的合作,但基本上活动结束后大家就分散了。而且1895年王一亭等人也不具备领导上海慈善界的实力和地位。王一亭时年20岁,在上海各界都还没有形成后来所享有的声誉和财富,甚至是刚刚开始零星参与一些慈善活动,根本不可能去领导大半个上海慈善界(参见王中秀:《王一亭年谱长编》,上海书画出版社2010年版,第15页)。至于作者提到的第四个"慈联会",即"上海慈善团体联合救灾会救济战区难民委员会"则是上海慈善团体联合救灾会的下属机构,不是独立的社团(殷实:《上海"慈联会"举证》,《江淮文史》2016年第5期)。

第五章　上海慈善团体联合会与慈善事业再整合

周静齐、方幼琴、蒋丽轩、卫芝山、凌伯华任调查委员；张贤清、席微三、丁仲英、徐乾麟任庶务委员；陈良玉、翁寅初、陆伯鸿、余峙运、王祖德、郭砚樵、陆文中、崔福庄、唐灌生任交际委员。① 王一亭在上呈社会局的函件中声称组织该会是由于"上海慈善事业范围广大，团体众多，平时经办各项善举，如……无不次第进行，而历年筹办各省灾赈尤为不遗余力，各团体鉴于慈善前途日益推广，宜有革新之计划，互助之精神……"②也就是说，上海慈善团体联合会的成立是上海慈善事业发展的需要。尤其值得注意的是，他在这里强调筹办各省灾赈"尤为不遗余力"，晚清以来兴起的义赈以及第二章介绍过的战时难民救济等非常时期的慈善救济活动，主要是由上海绅商发起、推动，面对这种大规模的赈灾活动，那些以救济本地贫病为主的善会善堂一般力量有限，即使像上海慈善团这么有实力的慈善组织也因其业务广泛而常感经费紧张，因此难以单独进行大规模的赈灾活动，慈善界联合救灾成为它们发挥作用的有效途径。这是上海慈善团体联合会成立的重要原因之一，也是上海慈善事业在这一时期的一个非常突出的特色。另外，王一亭也强调慈善事业要发展，"宜有革新之计划，互助之精神"，这也成为此后慈联会的主要任务和运作方针。

上海慈善团体联合会实行委员会制，1927年4月初推举了4位常务委员，5月份向上海市社会局注册时，常务委员增加到11人，王一亭为委员长，黄涵之为副委员长。③ 加入联合会的善会善堂主要是来自南北两市的二十余家民间慈善组织，此后陆续有扩充，上海各区域主要慈善组织基本上都加入了该联合会。慈联会是一个联合议事机构，与上海慈善团不同，上海慈善团既管理大量资产，也同时从事慈善救济活动；但慈联会本身没有固定资产，无财产收益，也不独立从事慈善活动，因此其本身并不能算是一个独立的慈善组织。④ 而且

---

① 《慈善团体联合会分股办事》，《申报》1927年4月8日，第15页。
② 《慈善团呈社会局文》(1929年)，上档 Q114—1—1。
③ 《上海慈善团体联合会章程》，上档 Q114—1—1。
④ 张礼恒将其作为一个单独的慈善组织，显然对其有误解，参见张礼恒摘编：《民国时期上海的慈善团体统计(1930年前后)》，《民国档案》1996年第3期。

一起组建慈联会的是来自上海南北两市的主要慈善组织，实际上主要是在南市老城厢和北市公共租界和法租界，也包括闸北，这是整个上海慈善界的一次大联合。

另外值得注意的一点是，慈联会开筹备会的地点是在公共租界最大的慈善组织——仁济善堂；其后慈联会会所也设在仁济善堂内。1880年陈凝峰等在公共租界西新桥北的云南路设立文明局，举办善举；1883年改名仁济善堂，取"兴仁利济"之义；1884年在北新泾设立分堂，1888年创办仁济育婴堂，后又于新闸置义冢，并在租界地区购置土地38亩多，建房出租。① 仁济善堂创立于租界地区，且主要由外地在沪士绅设立；在寸土寸金的公共租界拥有几十亩土地建房出租，

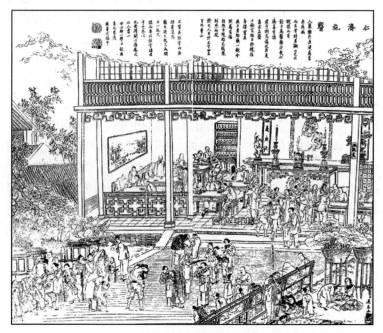

图5-1　仁济善堂施医所

(摘自：吴友如:《仁济施医》,《点石斋画报》丁集十二期)

---

① 霍会峰:《上海仁济善堂研究(1880—1954)》,杭州师范大学硕士学位论文,2008年。

第五章　上海慈善团体联合会与慈善事业再整合

图5-2　仁济善堂

（摘自：璧：《仁济善堂》，《图画日报》第一百三十九号）

可见其规模相当可观。仁济善堂的主要管事之人是施善昌、施则敬父子诸人，也是晚清上海义赈的主要代表人物。本书第二章介绍的济急善局，即是由施则敬与严信厚等人一起成立，仁济善堂也成为济急善局在上海的主要办事处之一。上海慈善团体联合会在仁济善堂成立，并将办事处——会所设立于仁济善堂，说明上海民间慈善组织的活动中心也在这一时期向租界地区转移。同仁辅元堂设立在老城厢,上海慈善团事务所也设在老城厢,租界和闸北等地的慈善组织设立相对较晚,但却逐渐成为慈善活动的中心,这与整个上海城市化由南向北的发展趋势是一致的,但慈善活动中心的转移晚于城市经济中心的转移,说明慈善组织是与地方经济社会发展相伴随而出现的产物。

二、组织网络

上海慈善团体联合会成立后,不仅支持所属各慈善组织继续开展各种各样的慈善救济活动,并在此基础上,进一步联合其他各彼此独立、分散的慈善组织,举办各种大型慈善救济活动。在这一过程中,上海慈善界加强了团结,也更好地相互合作,相互支持,增强了慈善界的整体力量。

上海慈善团体联合会"依据民生主义,以互助精神改良及维护慈善事业为宗旨"①,它是一个比较特殊的慈善组织。成立之初就有二十余个团体,以后陆续增加,到1928年已经加入慈联会的慈善组织为26个②,到1933年即达45个③,此后仍有继续加入者,也有自行退出者,尤其是抗战时期,慈联会的会员数量大减,抗战结束的1945年,慈联会的会员数只有27个。④ 抗战结束以后,慈联会工作逐渐恢复正常,加大了组织建设,广泛征集会员,又使得慈联会的规模有所扩大。⑤ 但无论在哪个时期,慈联会基本上都包括上海最主要的慈善团体(参见表5-1),是上海慈善界最大的联合组织。

---

① 《上海慈善团体联合会章程》(1929年),上档 Q114—1—1。
② 参加筹备会的有20余个团体,到正式成立之时就已经有30余个团体(《各慈善团体组织联合会》,《申报》1927年4月6日,第15版;《慈善团体联合会分股办事》,《申报》1927年4月8日,第15版)。但1928年有据可查的会员是26个,见上档 Q114—1—2。
③ 《本会会员名单及事业统计表》(1933年),上档 Q114—1—21。
④ 《上海慈善团体联合会代表名单》(1945年),上档 Q6—9—44。
⑤ 如后来重新接受新普育堂、黄卍字会以及纯德善社入会等,上档 Q114—1—5。

表5-1 上海慈善团体联合会会员一览表

序号	名称	负责代表	在会时间
1	上海慈善团	秦砚畦、黄涵之	1929年、1933年、1950年
2	同仁辅元堂	秦砚畦、叶振权	1929年、1933年、1950年
3	仁济善堂	王一亭、屈文六、方质君、李赞侯、陆介孙	1929年、1933年、1950年
4	仁济育婴堂	陈楷峰	1929年、1933年
5	中国济生会	冯仰山、李寿山、黄正权	1929年、1933年、1950年
6	普善山庄	陈良玉、施耕尹、王叔英	1929年、1933年、1950年
7	辛未救济会	屈文六、黄涵之	1929年、1933年
8	联义善会	翁寅初、吕文桐	1929年、1933年、1950年
9	联义分会	翁寅初	1929年、1933年
10	广益善堂	王一亭、王仲甫、朱建行、裴鉴德	1929年、1933年、1950年
11	中国救济妇孺总会	徐乾麟、王仲甫	1929年、1933年
12	沪南慈善会	王一亭、朱允长	1929年、1933年
13	中国道德总会	徐乾麟、胡楚卿	1929年、1933年
14	邑庙董事会	秦砚畦	1929年、1933年
15	新普育堂	陆伯鸿	1929年、1933年
16	位中善堂	费钧堂、林文光	1929年、1933年、1950年
17	沪南神州医院		1929年、1933年

续表

序号	名称	负责代表	在会时间
18	妇女教养所	贾粟香	1929年、1933年
19	上海育婴堂	贾粟香	1929年、1933年
20	保安养老所	秦砚畦	1929年、1933年
21	普艺习艺所	秦砚畦	1929年、1933年
22	上海孤儿院	王一亭、张绩夫、王季眉	1929年、1933年、1950年
23	上海残疾院	王一亭、陈文奎	1929年、1933年、1950年
24	上海济心会		1929年、1933年
25	上海一善社	萧添寿	1929年、1933年
26	栈业公义会		1929年
27	普济善会	沈健侯	1929年、1933年
28	至圣善院	崔福庄、章琴山	1929年、1933年、1950年
29	广益中医院	王一亭、丁仲英、郑璞容	1929年、1933年、1950年
30	闸北慈善团	王彬彦、王继庭、赵志康	1929年、1933年、1950年
31	厚仁善堂	周采臣	1929年、1933年
32	佛教净业社慈善部	黄涵之、关絅之、陆德绅	1929年、1933年、1950年
33	公济善堂	李佑之、顾翁周	1929年、1933年
34	同义善会	田同春、张祷铭	1929年、1933年
35	复善堂		1929年、1933年

续表

序号	名称	负责代表	在会时间
36	元济善堂	李日熙	1929年、1933年
37	盛德善社		1929年
38	惠生慈善社	席云生	1929年、1933年
39	惠旅医院	席云生	1929年、1933年
40	上海贫儿院	朱士达、钟志刚	1929年、1933年、1950年
41	祇园法会	包长根	1929年、1950年
42	中华黄卐字会	王迪民	1929年、1950年
43	沪南公济善堂	张竹铭	1929年、1933年、1950年
44	沪西慈善团		1929年
45	徽宁思恭堂		1929年
46	上海理教联合会		1929年
47	明德集义善会	陈经乎、洪文斌	1942年、1950年
48	上海机业公义会	倪荣泰	1933年
49	威德善社		1933年
50	联益善会		1933年
51	上海医院		1933年
52	上海育婴堂兼保赤局		1933年
50	江平育婴堂		1933年
51	纯德慈善会		1951年
52	览德轩		1951年

续表

序号	名称	负责代表	在会时间
53	永义堂	陈熙(1936年)	1936年
54	上海劳工医院	范守渊	1936年
55	闸北平民教养院	王振常	1936年
56	蓝十字会谦益伤科医院	李辉南	1936年
57	中华麻风病救济会	陈树葆	1936年
58	徽宁会馆	朱静安、胡志新	1936年
59	吴淞积德善堂	殷德章	1936年
60	上海市南均安水手联善会	李汶苞	1936年
61	苏州集义公所	包天笑	1936年
62	延绪山庄	朱仰周	1936年
63	仁泽善会	吴渔帆	1936年
64	中华慈幼协会	陈铁生、刘文林	1936年
65	仁义善会	华秀甫、卜济川	1936年
66	上海市佛教慈幼院	童海容	1936年
67	中国保护动物会	童海容	1936年
68	义济善会	王建森	1936年

1. 资料来源：上档 Q114—1—1、Q114—1—2、Q114—1—5、Q114—1—21、Q115—16—11。(1936年为参加会议者,达51个团体)

2. 主要负责人一栏中斜体字表示1933年该团体代表,52号以后为1936年代表,其他为相应年份代表。

3. 所列时间为该团体当年肯定在会,不表示其入会时间；没列时间也不意味着其一定不在会,只是目前资料没有证明其是否在会。

根据上海慈善团体联合会章程的规定,慈联会由会员代表组成会员大会,每一团体可以派一到三名代表,但是在投票表决事项时,

第五章 上海慈善团体联合会与慈善事业再整合

每一团体只能有一名代表参加表决。联合会下设执行委员会,由11名委员组成,由出席代表按每一团体一票的原则以记名方式互选产生,票数相同者抽签决定,执行委员会主席由执行委员互选产生,执行委员每届任期两年,连选得连任。另外,慈联会还设有常务委员五名,由执行委员以记名方式投票互选产生,票数相同者抽签决定。慈联会的定期大会每季举行一次,执行委员会会议每月至少举行一次,遇有特别情况,可以召开各种临时会议。各种会议都要求有过半数会员到会方可开会,会议的表决方式基本采用民主方式,通过投票进行表决,必须由出席会议的过半数会员同意方可通过。①

慈联会章程后来经过几次修改,在1945年以后,领导机构改为理事制,并增设监事三人,常务理事五至七名,经常性会议为理事监事联席会议,在宗旨上也略有修改,以"联络沟通各会员相互间情感及意旨,并代向官署呈请或承转请示暨办理交办事项"为宗旨。②1949年以后章程再次进行小规模修改,在宗旨上取消了"民生主义"一词,着重强调其工作的重点在于"救济失业",并在组织等方面作了一些修改。③

上海慈善团体联合会组织结构完整,运作方式也相当民主,在民国时期的上海慈善界发挥了非常重要的作用。尤其是慈联会成立以后,上海慈善界头面人物、著名实业家、画家王一亭(王震)④一直担任

---

① 《上海慈善团体联合会章程》(1929年),上档 Q114—1—1。
② 《上海慈善团体联合会章程(1945年修订)》,上档 Q6—9—44。
③ 《上海慈善团体联合会章程(1949年修订)》,上档 Q120—3—50。
④ 王一亭(1867—1938),本名震,号白龙山人,法名觉器,祖籍浙江湖州,生于上海周浦。早年经商,出任日清轮船公司买办,后涉足电器、保险等行业,曾任华商电气公司董事、中华银行董事、上海商会主席等,是上海著名的大实业家;早年参加同盟会,任中国同盟会上海分会机关部财务科长,大力资助辛亥革命和"二次革命",后出任上海军政府商务总长。1913年"二次革命"失败后,退出政界,潜心书画和佛教,热心公益事业,是20世纪上海著名书画家、实业家、慈善家。王一亭先后参与创办上海孤儿院、中国救济妇孺总会、上海慈善团、上海游民习勤所、上海复善堂等十多个在上海乃至全国有影响的慈善组织,1922年当选为中国佛教会会长,同时兼任多家别的慈善组织的理事、理事长或董事等职。并担任国民政府赈务委员会常务委员、中央救灾准备金保委会委员长等。

该会委员长(有时称主席),直到1938年逝世为止。另一著名慈善界领袖、曾担任上海特别市公益局局长的黄涵之(黄庆澜)①一直担任该会副委员长(副主席),1938年以后,黄出任该会委员长,1949年慈联会改为理事制以后,黄一直担任该会理事长,李思浩、王叔英副之,直到1951年该会自行解散。②虽经历了多次改选,但每次王一亭和黄涵之二人都再次当选,得以多次连任。另外,长期担任该会常委及其他领导职务的几乎都是上海各界精英人物,如翁寅初、顾馨一、陆伯鸿、秦砚畦、莫锡纶、凌伯华、张贤清等。这些人长期在慈联会任职,虽然都是义务职,不取分文,甚至还要经常自掏腰包③,但是他们在促进上海慈善界的联合,推进上海慈善事业的发展等方面做了大量工作。这使得慈联会成为上海慈善界名副其实的核心与领导力量。

慈联会自身没有资产,依靠各会员的会费维持运转,会员分甲、乙、丙三种,甲种会员每月会费150元,乙种100元,丙种50元。④1945年修改章程以后,由于物价飞涨,慈联会的会费也改为甲种每月1 500元,乙种1 000元,丙种500元;1949年再次更改为甲种15个折实单位,乙种10个折实单位,丙种5个折实单位。⑤ 会员会费由各会员自主认定,没有任何强制规定,而且各会员之间没有什么权利与义务的不同,甲、乙、丙三种会员的权利与义务在章程规定中除了

---

① 黄涵之(1875—1961),名庆澜,法名智海,祖籍江西景德镇,生于上海,曾任湖北德安(今安陆)知县、宜昌知府,后赴日留学,归国后创办南华书局、三育小学、上海法政学校等,民国时期先后出任上海火药局局长、上海高级审判厅厅长、瓯海道道尹、会稽道道尹等,热心公益事业,积极参与社会救济,潜心向佛,发起创办上海佛教净业社、上海佛教维持会等,同时担任众多慈善组织的理事、委员和主要负责人。
② 《上海慈善团体联合会结束报告》,上档Q114—1—1。
③ 如慈联会每年冬季开办庇寒所,王一亭、黄涵之几乎每年都有个人认捐。参见后文《上海慈善团体联合会冬令庇寒所概况表》。
④ 《上海慈善团体联合会章程》,上档Q114—1—1。
⑤ 《上海慈善团体联合会章程》1945年、1949年修订稿,上档Q6—9—44,Q120—3—50。

会费数量的差别之外,没有任何区别,在实际的运作中也看不出有什么不同。这与一般都强调权利与义务对等原则的组织是不一样的,可能与这些组织都是慈善性质,目的都在于拯救社会弱势群体,而且本身都是义务服务相关。各慈善组织依据自身实力自觉认定会费种类。当然,这种认定经常会发生变化,许多团体都在三种类型中不断改变。因此,慈联会的收入并不稳定,在特殊情形下就需要各团体额外赞助会费或者增加各等级会费数额。[①] 慈联会的会费收入基本只用于本会开支,具体组织各项活动时由各团体共同分担费用,再由某个组织具体负责执行。

从表 5-1 可以看出,从 1927 年上海慈善团体联合会成立以后,上海主要的民间慈善组织大多数都先后加入该联合会,而且整个会员总数呈现不断增多的趋势。大部分会员自加入后就一直坚持参加活动,也有少数会员因为团体解散或者其他原因而不再出现在慈联会会员表中,这也是上海慈善界不断自我更新,不断有组织消亡,又不断有组织新建的正常现象。

三、主要活动

上海慈善团体联合会成立的宗旨即是为了"以互助精神改良及维护慈善事业"[②]。因此,慈联会成立以后,就投入相当之精力从事慈善活动的改良与维护,而这一行动刚好与刚刚成立的上海特别市政府社会局力图加强对民间社团的组织与管理不谋而合。[③] 但是,慈联会毕竟代表的是民间慈善界的利益,与政府的管理与控制之间存在一定的矛盾,在这一交涉过程中,慈联会实际上扮演了一个重要角

[①]《上海慈善团体联合会会议记录》,上档 Q114—1—5。
[②]《上海慈善团体联合会章程》,上档 Q114—1—1。
[③]《上海特别市政府社会局监督公益慈善团体暂行规则》,上档 Q113—4—5。

色。① 慈联会是上海慈善界主要慈善团体的联合组织,能够在相当大程度上影响许多慈善组织的态度,社会局难以避开它来实现对慈善团体的监督与管理。慈联会能够通过召开委员大会或者会员大会等协调会员之间的行动,这使得分散的慈善组织之间的力量得以加强,可以共同应对社会局对慈善团体的管理与控制企图,迫使社会局在一定程度上做出让步,如社会局最终被迫同意慈善团体每半年提交一次业务报告而不是每个月提交一次。② 因此,慈联会在这里不仅仅是扮演慈善界与社会局之间"双方媒介"的角色③,它实际上几乎就是整个慈善界的代表,是实实在在的交涉之一方。没有慈联会的统一行动,很难想象上海慈善界能够在救济院的设立等方面取得胜利。当然,在这一时期,双方所从事的活动的目的都在于使得慈善事业能够更加有效、更加完善,其目标是一致的,这就使得二者的冲突较小,双方能够通过协调达成妥协,最终形成一种比较良性的关系,而没有出现民间力量与政府之间强烈对抗的情形。

慈联会成立以后,在上海慈善界扮演着十分重要的角色,发挥着重要作用,这主要通过其活动具体体现出来。慈联会积极协调会员、政府和其他社会团体的关系,组织和参与大型慈善救济活动,在开办冬季庇寒所、救助外地灾荒等方面发挥了积极作用。

开设庇寒所

每届严冬,上海街头流离失所的游民、贫民、乞丐等经常会有饿死、冻死街头的情况发生。闸北普善山庄 1928 年阳历 11 月,在南北两市收埋大棺 60 具,小棺 1 452 具。1929 年 1 月收埋大棺 34 具,小棺 2 318 具。④ 同仁辅元堂常年办理路毙掩埋等事宜,每届冬令则更

---

① 有关慈善界与市政府社会局之间的较量过程以及最终结果,可以参见[日]小浜正子:《近代上海的公共性与国家》,第 110—117 页;以及曾桂林:《民国时期慈善立法中的民间参与——以上海慈善团体联合会为中心》,《学习与探索》2011 年第 6 期。
② 《上海慈善团体联合会常委会会议记录》(1929 年 10 月 28 日),上档 Q114—1—4。
③ [日]小浜正子:《近代上海的公共性与国家》,第 113 页。
④ 《普善山庄十一月份报告》,《申报》1928 年 12 月 4 日,第 15 版;《普善山庄一月份报告》,《申报》1929 年 2 月 5 日,第 16 版。

第五章　上海慈善团体联合会与慈善事业再整合

为繁忙,每日派遣夫役到南北市巡查收尸,日均十多具,如1929年冬季,同仁辅元堂2月收埋大棺458具,小棺527具,收普善山庄送来大棺20具,小棺84具,收浦东浦西大抛棺76具,小抛棺140具,骨箱36具,共计大小1290具。① 普善山庄、同仁辅元堂收埋的尸棺中,很大部分是冻毙街头的乞丐、游民以及其他贫穷人等。1929年慈联会已经在上海设立了庇寒所,尚有许多人路毙街头,可见在此之前,这种状况会更惨。如1924年阳历11月,普善山庄收埋大棺93具,小棺700具;12月收埋大棺79具,小棺1643具。② 1924年上海人口总量显然比1929年要少得多③,但1924年冬普善山庄收埋的大棺数量明显多于1928年11月和1929年初,可见慈联会设立庇寒所,对于救助成年人效果明显。

冬令设立庇寒所在上海已经久有年头了,自前清即已有过④,道台衙门为此专门拨付部分费用,但是限于经费和规模,每年能收容救济者有限,尤其是1911年道台衙门把补助经费一项也取消,因此庇寒所经费更行拮据。⑤ 上海慈善团体联合会成立以后立马着手准备当年冬季设立庇寒所,救济街头贫民、游民等。1928年初,慈善团体联合会召集各善会善堂开会,上海特别市公安局亦派员出席,会议决定开办"上海慈善团体联合会南市闸北临时贫民庇寒所",分组南北市委员会。南市委员为王一亭、顾馨一、黄涵之、张贤清、凌伯华、杨东山、孙一善等七人;闸北委员为王一亭、张贤清、王彬彦、翁寅初、王骏生、席云生和席微之等七人。南市庇寒所设在青龙庵,由凌伯华主持,闸北庇寒所设在闸北游民教养院,由王彬彦主持。⑥ 庇寒所一个

---

① 《辅元堂二月份掩埋尸棺报告》,《申报》1929年3月4日,第15版。
② 《闸北普善山庄十一月份善举报告》,《申报》1924年12月29日,第15版;《普善山庄十二月份善举报告》,《申报》1924年2月9日,第15版。
③ 目前尚未找到1924年和1929年上海人口总数统计数据,但1930年上海总人口比1927年增加了50万多(邹依仁:《旧上海人口变迁的研究》,第90页),据此推测,1929年上海人口总数比1924年至少多50万。
④ 《英界琐闻》,《申报》1899年9月24日,第3版。
⑤ 《沪道裁除善举经费》,《申报》1911年5月24日,第19版。
⑥ 《善联会开办南北市临时庇寒所》,《申报》1928年1月5日,第16版。

设在老城厢,一个设在闸北,都是在华界,但对于前来寄宿和喝粥之人则没有任何限制,无论来自何方,也不管是什么身份,皆可自行前往。南北委员会委员均是慈联会主要领导人以及各会员单位主任董事或实际办事之人。慈联会本身没有资金来开设庇寒所,只能依靠各会员认捐一定的数额,同时向社会募捐。此前的庇寒所在冬季为穷苦无告者提供临时住宿之所,并提供稻草和被褥,有时候提供开水,偶尔有早晚两餐稀粥,但并非每个庇寒所都提供稀饭,只可免一时之冻馁,这对于上海贫民尤其是那些无处可栖身的游民可谓雪中送炭,勉强得以维持其生存。慈联会庇寒所集各慈善组织之力,群策群力,在地址选择、管理措施以及提供的救助等方面,略强于此前,至少每所每天提供早晚两顿粥食,并有咸菜佐粥;白天贫民可外出觅食或工作,晚上回所休息。下面我们通过表 5-2 了解慈联会主办的庇寒所的一般情形以及各会员之间费用分担情况。

表 5-2　上海慈善团体联合会冬令庇寒所概况表(单位:元)

名称＼年份	1927 年	1928 年	1930 年	1932 年	1933 年	1934 年
上海慈善团	1 000	1 000	5 000	6 000	6 000	6 000
中国济生会		棉衣 500 套		1 000	1 000	1 000
中国道德总会				1 000	1 000	1 000
邑庙董事会			1 000	1 000	1 000	1 000
仁济善堂	1 000	1 000	1 000	1 000	1 000	500
联义善会	1 000	1 000	棉衣 300 套	500	500	500
辛未救济会					500	500
广益善堂	300	300	200	500	500	500
普善山庄	200	300	300	300	300	300
位中善堂	200		300	100	200	200

续表

名称＼年份	1927年	1928年	1930年	1932年	1933年	1934年
沪南慈善会	席子稻草	席子稻草	50	100	100	100
上海济心会		100	100	100	50	100
元济善堂				100	50	
同义善会			50	50	50	50
上海一善社					50	50
普济善会		100	50		50	50
栈业公义会					50	50
栖流公所	100	500				
觉园佛教净业社	300	100	200			
同仁保安堂	500	1 000				
公济善堂	100	100				
江苏防灾会	500	300				
惠生慈善社		200				
盛德善社		100	100			
至圣善院		100	100			
惠然轩		100				
惠旅医院		棉衣50条				
面粉交易所		100				500
赈务委员会						1 000
闸北水电公司						500
华商电气公司						500

续表

名称＼年份	1927年	1928年	1930年	1932年	1933年	1934年
证券交易所						300
纱布交易所						300
内地自来水公司						300
金业						500
水灶业						253
豆米业公会						200
杂粮业公会						200
严味莲						500
严记善						500
杂粮交易所						100
上海市政府						3 000
王一亭	100	100	100	100	100	100
黄涵之	100	100	100	100	100	
吴叔英					50	
顾馨一	100					
王骏生	50					
卫芝山	100					
王晓籁		50				
合计	5 650	6 950	8 650	11 950	12 650	20 653

说明：根据上档Q114—1—2、Q114—1—4制作；1934年数据引自曹晓宇：《上海慈善团体联合会研究，1927—1937年》，第30—32页。

第五章　上海慈善团体联合会与慈善事业再整合

慈联会成立以后每年都在南北两市举办庇寒所,收容贫病及无家可归者,由于资料所限,此处只列出了20—30年代五年中各会员团体捐助庇寒所的经费分担状况。从总的方面来看,慈善团体提供的捐助一直在增加,1934年各团体提供的捐款为17 653元,比1927年增加了两倍多。这一方面反映出庇寒所的规模在不断扩大;另一方面也表明参与这一集体事业的组织在增加,对这一事业的投入也更大了。上海慈善团在这个事业中始终发挥着重要作用,它每年提供的捐款都是最多的,尤其是30年代以后,每年固定提供6 000元给庇寒所,占到整个慈善团体联合会会员分担部分的三分之一,甚至一半左右。另外中国济生会、中国道德总会、邑庙董事会以及仁济善堂等,也是比较固定的大施主。其他组织所提供的捐款则并无固定数额,时多时少,有时甚至没有提供捐助,可能都是依据自身当年资金状况来确定,但这些团体从总体上支持了此项事业的开展。另外,还有一些善会善堂和其他社会组织直接捐献棉衣、棉被、棉裤和被褥,也有的直接捐献白米等,如1934年庇寒所即另外收到棉被、棉毯312条,收到衣服1 493件(套),收到白米50包,另加3石等物资。[1]

慈善团体参加慈联会是真正自愿的行为,他们共同分担集体举办事业的经费也完全是出自自愿,没有任何力量来强迫它们,这一方面尊重了各团体的独立性,同时也促进了共同事业的发展以及整个慈善界联系的加强,有利于慈善界合作关系的维护与发展。笔者认为,这种运作方式正是慈联会在不拥有任何强制力的情况下,依然能够将上海多数慈善组织团结在自身周围的重要保障。庇寒所的成功开办与慈联会的主要领袖王一亭的影响力是分不开的。慈联会成立以后王一亭就在慈联会上提出了开办庇寒所的主张。[2] 而且王一亭与黄涵之两位正副委员长每年都提供100元的捐助,当经费不足时

---

[1] 曹晓宇:《上海慈善团体联合会研究(1927—1937年)》,第31—32页。
[2] 有关庇寒所开办情形的详细叙述参见[日]小浜正子:《近代上海的公共性与国家》,第107—108页。

需要各团体提供第二次认捐,如1928年、1930年等的情况就是如此①;有时就要求委员长自行募集补足,如1932年庇寒所经费不敷时,慈联会"决议由委员长另行集募以资维持"②。根据慈联会章程规定,慈联会代表、委员等都是义务职,没有任何报酬③,因此,王一亭、黄涵之在慈联会的工作也没有任何薪金,但是他们对此项事业的投入依然乐此不疲。

庇寒所并不是由慈联会单独出资独家举办的,上海市社会局、公安局对此进行了协助与管理,同时社会各界也提供了部分捐款。1930年冬季庇寒所自12月29日开办,至1931年3月底结束,南北两市共收容2 980多人;收入捐款数为28 110元,其中慈联会各会员捐款8 650元,占到总数的近三分之一。但在1931年4月15日开会时,庇寒所南市还需1 000多元,闸北尚需500多元,庇寒所已经结束,不可能再有社会捐款,因此王一亭主席要求大家再次"量力捐助"④,最终慈联会会员提供的实际捐款数额更大,所占比例应超过了三分之一。1934年慈联会成员捐助款项甚至占全部捐款的59%。⑤ 因此,可以说慈联会在每年冬季承担了引导整个上海民间慈善界开展冬令救济的责任,并身体力行,大力投入人力、财力并参与其中,从而带动了整个上海慈善事业的发展。

1929年,庇寒所开办期间先后收容了2 064人,1931年、1933年均收容了4 600多人,并且每年的收支都超出了20 000元。⑥ 每一个善会善堂基本都有自身比较固定的业务,对于规模如此宏大的临时救济,单个的慈善组织无疑都难以承受,通过慈联会的组织,才使得这一事业顺利进行。而且冬令救济还不仅仅是举办庇寒所一件事,

---

① 《上海慈善团体联合会会议记录》,上档 Q114—1—2、Q115—16—11。
② 《上海慈善团体联合会会议记录》,上档 Q115—16—11。
③ 《上海慈善团体联合会章程》,上档 Q114—1—1。
④ 《上海慈善团体联合会会议记录》,上档 Q115—16—11。
⑤ 曹晓宇:《上海慈善团体联合会研究(1927—1937年)》,第32页。
⑥ 《上海慈善团体联合会常委执委会会议记录》,上档 Q114—1—4;《上海慈善团体联合会会议记录》,上档 Q115—16—11。

实际上各善团在冬令也都有特别救济,或者共同举办粥厂之类。1928年除了合办庇寒所外,各善团在冬令救济中施米2 751.55石,施衣33 543件,施粥厂平均每日到厂吃粥者2 960人。① 庇寒所在寒冷的冬季能够为几千人提供庇寒之所,并提供一日两餐的简单伙食,虽然所能提供的救济实在数量有限,每个冬季平均每人在庇寒所的开支多的时候10元左右,少的时候还不到5元,但是毕竟能够使受助者维持简单的生存,可以暂时免却死亡的威胁。这对于社会治安以及城市市容治理无疑都是具有重大意义的事情。从前述普善山庄与同仁辅元堂冬季收尸数字亦可发现,1928年以后的几年冬季,施棺数量,尤其是大棺数量有所减少,说明庇寒所给更多贫穷成人提供了最基本的保障,使其得以暂度严寒。

安置外地来沪难民

安置及遣送各地来沪的难民是上海慈善团体联合会的另一项重要工作。近代以来,中国天灾人祸层出不穷,人民流离失所,四处流浪逃荒。上海这个"冒险家的乐园"②成为许多人逃荒的首选之地,每年都会有大量难民逃到上海。许多难民在上海没有任何可以依靠的亲朋好友,自身也没有一技之长,很难在短期内找到工作,因此,即使逃到上海,也同样面临着死亡的威胁。而且,这么多难民流落上海街头,不仅严重影响上海的市容市貌,甚至威胁到上海社会的治安,成为一个严重的社会问题。

上海特别市成立以后,加强了都市行政工作,市政府社会局、公安局等部门对外来难民采取了比较积极的措施,但市政府的财力不允许完全由政府来处理此类问题。经历了建制之初的几次较量,社会局与慈善界建立起了良好的关系③,使得社会局得以借助慈善界来

---

① 《社会局筹议冬令救济》,《申报》1929年11月10日,第14版。
② 该词最早当为爱迪密勒于1937年在其英文著作 Shanghai — the Paradise of Adventurers 中使用,同年该书在上海出版中文版,并在《申报》等报纸上大做广告,因而广为人知。1956年上海再版该书,署名爱迪密勒著,包玉珂编译:《上海——冒险家的乐园》,上海文化出版社1956年版。
③ 参见[日]小浜正子:《近代上海的公共性与国家》,第116页。

从事这类活动。上海慈善界本来就有联合进行外地灾荒赈济和战时难民救济的传统和经验,在上海慈善团体联合会成立后,又进一步加强了慈善界的合作,也使得它有能力采取措施,在社会局、公安局的协助下处理这类问题。

每当外地大批难民来沪,遇到严重生活问题的时候,就会去社会局等地方寻求救助;或者公安局发现某地聚集了一定规模的外来难民时,一方面对其进行"弹压",另一方面通知社会局前去救济。社会局一般就给慈联会发函,要求其派人前往调查、施济。慈联会接函后通常召开常委会议或者执委会议,有时甚至召开会员大会进行讨论,要求各团体量力捐助,最后委派同仁辅元堂或者中国济生会负责处理。① 当然,社会局有时也直接通知同仁辅元堂前往某地办理外地难民救济事宜。② 这项慈联会的共同事业,大多数情况下先由同仁辅元堂垫款进行,然后由慈联会募集补足。各团体临事各认捐数额,没有强制规定,不足时再次募捐或由委员长募集补足。一般上海慈善团每次都是最主要的资助者,到 1933 年慈联会干脆作出决议,规定此项经费"上海慈善团担任半数,其余由慈联会随时筹募拨还"③。这与前文论述过的上海慈善团在民国时期上海慈善界的作用和地位亦相吻合。

1930 年,上海慈善团体联合会资遣难民 4 383 人,用费 2 123.38 元。这种资助主要是给予口粮和路费以及一定时日的生活费,其数额非常之少,人均不到 0.5 元。该会 1929 年 10 月到 1931 年 1 月资遣难民支出为 6 174 元,按照前项标准估算,受惠者当在一万人左右。1931 年全年慈联会用于难民资遣收入为 3 824.46 元,当年此项支出 3 337.23 元;1933 年慈联会该项收入至少为 3 050 元。④ 按照当时的资遣标准,每年至少有数千难民能够从此项工作中受益。全国各地

---

① 《上海慈善团体联合会遣送难民经费收支报告》,上档 Q114—1—17。
② 《上海慈善团体联合会常委执委会会议记录》(1929 年 10 月 14 日),上档 Q114—1—4。
③ 《上海慈善团体联合会会议记录》,上档 Q114—1—4。
④ 《上海慈善团体联合会遣送难民经费收支报告》,上档 Q114—1—17。

来沪的难民都有可能得到此项救助,没有什么地域歧视。虽然人均数量很少,但对于那些外地来沪、生死存亡系于一念之间的难民而言,却可能因此得保残生。对于上海地方精英们来说,可能更重要的意义还在于,维持这些难民最低的生存需要,或者干脆将他们遣送离沪,既可以挽救这些不救就无法生存者的性命,又可以减少他们危害地方的可能性。而这既是慈善事业的本质所在,恻隐之心,人皆有之,助人即是助己,这也是人道主义精神的基本体现,同时还是维护上海地方社会利益之所在,因此能够得到大多数慈善组织的支持,共同来维持此项事业。

组织或协助办理各地赈灾活动

本书前面多次提到,近代以来上海绅商首创的义赈曾在近代中国救灾、施赈工作中发挥了重要作用。慈联会成立以后继承了这一传统,对于各地水旱灾害以及战难都给予了相当的救济,这也是慈联会成就的重要方面,表5-3对此进行了简单介绍。

慈联会经常会接到外地来函请求救济;有时候所属会员也会经常接到外地请求协助救济灾害的函件。或者会员参加了其他救灾组织,需要协助时一般也求助于慈联会,如普善山庄和联义善会参加了由上海9个慈善团体联合组织的上海慈善团体救济东北难民联合会,普善山庄组织演剧助赈,就要求慈联会协助推销剧票,联义善会发行兑奖券也要求慈联会协助推销兑奖券,并且都得到了慈联会及各团体的支持与协助。[1] 社会局有时也要求慈联会协助救济外地灾荒,如1930年救济辽宁水灾和河南灾荒都是在社会局"迭次来函"的情况下进行的。[2]

协助救济外地各种天灾人祸是慈联会一直从事的重要活动之一,即使是在抗战时期,各慈善团体经费都处于非常紧张之际,慈联会也没有忽视对外地灾荒的救济,各会员也都量力而行,给予了宝贵的支持。表5-3中所列大都是慈联会会议或者临时会议开会时到

---

[1] 《上海慈善团体联合会临时会议记录》,上档 Q114—1—4。
[2] 《上海慈善团体联合会会议记录》,上档 Q114—1—4。

表5-3 慈联会组织外地救灾情况简表(单位：元)

单位名称	1929年认购国木参观券资助江苏临时义赈会	1930年救助辽宁水灾	1930年救济河南灾荒	1932年赈济东北难民认购普善山庄演剧票	1932年赈济东北难民认购联义善会兑奖券	1933年救济川崇南宝启风灾	1940年救济宁绍米荒	1949年劝募宁波镇海灾赈
上海慈善团	200	1 200	1 000	100×2	40×10	3 000	500	150 折实单位
同仁宝安堂	100							
普善山庄	100	50				500	1 000	150
联义善会	100	300	300	200		500		100
神州医院	20		50		100			
栖流公所	20							
沪南慈善会	20	100		200		500		
普济善会	20	50			200		200	
广益善堂	20	200	200		50	500		
广益中医院	20						100	
复善堂	20							
上海济心会	20				100			
盛德善社	20	50						

第五章　上海慈善团体联合会与慈善事业再整合

续表

单位名称	1929年认购国木券资助江苏临时义赈会参观	1930年救助辽宁水灾	1930年救济河南灾荒	1932年赈济东北难民认购普善山庄演剧票	1932年赈济东北难民认购联善义会兑奖券	1933年救济川崇南宝启风灾	1940年救济宁绍米荒	1949年功募宁波镇海灾赈
元济善堂	20	100	50		50	300		
上海医院	20				50			
仁济善堂		500	300	100	200	1 000	500	100
中国道德总会		200		100		200		
位中善堂		100	50					
绝缘佛教净业社慈善部		50						50
同义善会		50	50		100	300		
至圣善院		50			200		200	
中国济生会				200	100		2 000	
闸北慈善团				100				
惠生慈善社					200			
联益善会					100			
公济善堂					50			50

227

续表

单位名称	1929年认购国木券资助江苏临时义赈会	1930年救助辽宁水灾	1930年救济河南灾荒	1932年赈济东北难民认购普善山庄演剧票	1932年赈济东北难民认购联义善会兑奖券	1933年救济川崇南宝启风灾	1940年救济宁绍米荒	1949年劝募镇海宁波海灾赈
救济妇孺会					50			
栈业公义会					200	200	100	
邑庙董事会					100	500		
辛未救济会						2 000	100	
新普育堂						500		
厚仁堂			2 000				200	
中国残疾院							100	
明德集义善会								100
黄涵之				100				
王一亭				100				
合计	720	3 000	2 000	1 300	2 250	10 000	5 000	903 700元人民币
资料来源	Q114-1-4	Q114-1-4	Q114-1-4	Q114-1-4	Q114-1-4	Q114-1-4	Q115-16-11	Q114-1-5

说明：根据上档 Q114-1-4、Q115-16-11、Q114-1-5 相关材料综合统计制作。

会会员所认捐的款项；一些到会的代表并不能自行决定向某项事业捐助多少，一般需要回去经过本团体会议讨论才能决定捐助数额；另外，因为各种原因，每次都会有一些团体的代表不能出席，但在会后慈联会都会函请协助，许多团体也会给予支持。因此，实际上慈联会组织的这些活动规模要远大于表5-3中所能反映的情况。

上海慈善界对外地的救济由来已久，从"丁戊奇荒"[①]到"庚子义赈"[②]到徐淮海大灾[③]等，上海绅商都作出了巨大贡献。每遇灾荒，上海的筹赈公所等就不断向各受灾地区发放赈济。当然，这些赈济一般都是临时性的，灾害过后，机构、赈济队伍解散，下次遇到灾害时再临时组织。上海慈善团体联合会成立以后，上海慈善界这一事业有了新的进展，长期的组织领导机构的存在，更加有利于赈济活动的开展，也有利于进行长期的准备，减少临时仓促上阵的盲目和不足之处。同时，它也加强了上海慈善界内部的团结与协作，为上海慈善界赢得了美誉。

其他活动

近代上海市政机构几经变迁，各市政机构与民间社团的关系也不尽相同。民间慈善组织一般都特别声明专办慈善，不涉政治，如《中国济生会章程》规定："本会实行慈善义务以增进国民公益为宗旨，政治时事概不与闻。"[④]中国救济妇孺总会也规定："本会纯属慈善性质，不涉党派，不分国界，无论团体与个人，愿热心赞助者均可入会。"[⑤]上海慈善团体联合会也规定只有"纯粹慈善性质之团体"才得

---

① 李文海：《晚清义赈的兴起与发展》，《清史研究》1993年第3期；杨剑里：《晚清社会灾荒救治功能的演变——以"丁戊奇荒"的两种救济方式为例》，《清史研究》2000年第4期；夏明方：《论1876至1879年间西方新教传教士的对华赈济事业》，《清史研究》1997年第2期等。
② 李文海、朱浒：《义和团运动时期江南绅商对战争难民的社会救助》，《清史研究》2004年第5期。
③ 王叶红：《光绪三十二年徐淮海灾赈中的官义合办》，《江西社会科学》2001年第12期。
④ 《中国济生会章程》，上档Q114—1—9。
⑤ 《中国救济妇孺总会章程》，上档Q114—1—9。

以加入慈联会。① 正因为这些组织一般并不涉及政治,因此,虽然城头变幻大王旗,市政府走马观花般不断换届,但慈善界与市政府之间一直保持一种比较松散的关系,并不因政府的变换而带来多大的差别(战争带来的影响除外)。近代上海房地产税收是市政府一项重要税收,慈善团体拥有大量的房地产,而各团体并不把缴税计算在预算之内。虽然相关法律都规定慈善组织用于慈善事业的房地产可以免税,但每届政府几乎都会要求慈善团体缴税。因此,慈善团体与政府之间就缴税问题每次都要进行交涉。上海慈善团体联合会成立以前,各善会善堂基本各自为政,单兵作战,市政府也就是单独批示。许多善会善堂并不能经常享受到免税待遇。慈联会成立以后,每换新政府、要求缴税以后都召开会议,共同商讨对策,联名呈请政府免税;政府也就趁机要求各团体提供详细资料,为逐步实施对慈善团体的管理做准备,政府最后一般都会同意慈联会的免税要求。② 当然具体情况又各有差别,限于篇幅不再赘述。

　　准备米粮平粜以及弥补平粜亏损也是慈联会在联合上海慈善界共同进行的一项事业。每当米价高涨,影响到市民食粮安全,可能引起人心不定的时候,慈善界就会准备购米平粜,以维持市场价格稳定,安定人心。1929 年因各处灾荒,米价昂贵,10 月,王一亭在慈联会上提出是否应该"预备平粜",决议请翁寅初与米行接洽,定购五千包,所有购价及将来损失费由各团体分任。③ 后来市政府社会局出面邀集社会各界组织上海市米粮平价委员会,社会局局长潘公展出任该会委员长,慈联会成为该委员会主要成员之一。米粮平价委员会先后购米 79 347.51 石,亏损 1 240.15 石,潘公展要求慈联会负担亏损 5 000 元。④ 在 1930 年 4 月 23 日的慈联会上,王一亭要求各团体认捐亏损额,最后,上海慈善团认捐 3 000 元,另外十二个团体合认捐

---

① 《上海慈善团体联合会章程(1945 年修订)》,上档 Q6—9—44。
② 上档 Q6—9—44,Q114—1—5 等。
③ 《上海慈善团体联合大会记录》,上档 Q114—1—4。
④ 《上海市米粮平价委员会报告》,上档 Q114—1—14。

2 000元,汇缴慈联会,由其送交米粮平价委员会。① 在其他米价高涨之时,慈联会也单独或协助其他组织进行平粜。

另外,推销政府公债,如1929年认购市政公债30 000元;1933年认购航空救国捐等。② 上海解放以后,慈联会响应政府号召,捐献飞机大炮,推销折实公债以及认捐一般救济准备金等。③ 这些活动都是在慈联会的领导下,由各会员具体协助办理,并且取得了良好效果。

四、小结

本章着重探讨了上海慈善团体联合会成立以后上海慈善界在慈联会的领导下所从事的活动。1927年是上海史上占有重要地位的年份,上海特别市政府的成立为近代都市行政的发展提供了新的契机;1927年在上海慈善事业史上同样具有重要地位,上海慈善团体联合会的成立为慈善界加强合作、维持与改善上海慈善事业提供了领导力量与组织机构。

慈联会的主要活动包括庇寒所的开办、对外地来沪难民的安置和遣送、协助赈济各地灾荒以及其他一些活动。上海慈善团体联合会成立以后,上海慈善界无论在对本市贫穷者的救济还是对外地来沪者的资助以及对外地灾荒的救济都在进一步走向联合,慈善界同仁共同努力处理所面对的问题,明显提高了办事效率。慈善界本身的联系也得以加强,在与市政府社会局等方面的交涉中,慈善界在慈联会的领导下,采取相对一致的行动,维护了慈善界自身的利益。

上海慈善团体联合会与一般的善会善堂不同,它本身几乎不独

---

① 《上海慈善团体联合大会记录》,上档 Q114—1—4。
② 《上海慈善团体联合会会议记录》,上档 Q114—1—4。
③ 《上海慈善团体联合会会议记录》,上档 Q114—1—5;《上海市一般救济团体联席会议记录》,上档 Q114—1—3。

立从事具体的慈善活动；也与上海慈善团不同，它对会员没有约束力，也不能支配会员的业务活动和财产。实际上加入慈联会的上海各慈善团体无论在业务上还是在资金上，都依然保持完全独立，不受慈联会的支配和控制。这与完全加入上海慈善团的组织不同，慈善团对所属各团体的财产统一支配，对各团体业务进行统一领导，并且也对其他慈善组织提供资金补助。慈联会的特点就在于其通过慈联会会员大会或者常委、执委会会议，在慈善界共同面对的一些问题上取得共识，然后再采取联合行动，大大增强了上海慈善界的影响力，慈联会实际承担了慈善公会或慈善行业协会的功能。

慈联会的办事原则明确而有特色，各会员之间平等，没有等级之分，即使是认缴会费较多的团体，也并不享有特别的权利。会员根据自愿原则来决定是否参与慈联会的某项事业，也根据自愿原则来决定自身在某一事业中发挥多大的作用。这样，既尊重了各团体的独立性和自主性，也为各团体在慈善事业中发挥作用提供了机会。通过这一方式，慈联会真正把上海大多数慈善团体团结在自身周围，大大推进了上海的民间慈善事业。

慈联会的领导机构通过民主投票选举产生，正副委员长、正副理事长以及各委员、理事人等都没有薪金报酬，只有义务和责任，但热心于此者依然所在皆有。慈联会的领导大多都是上海社会各界精英，他们来自各个不同的领域。社会生存的基本规则是弱肉强食，这些社会精英们在各自的领域都不得不全力以赴去应付残酷的现实生活，很多人不得不学会工于心计、尔虞我诈，这与他们中许多人自身的道德修养存在严重冲突。但是在慈联会的工作中却没有这些困惑，每一个人都是自愿出力，义务劳动，无须担惊受怕，也不必做任何违心之举。而且，只有在这里，他们心甘情愿奉献自己的财力、精力以及智慧，救济那些濒于危难之中的人们，通过对弱者的救助，他们能够获得更多心理上的平静与道德上的优越感。这可能是上海精英们乐于从事此项工作的原因之一。

通过慈联会的领导，上海慈善界在处理本地慈善救济事务以及共同赈济外地灾荒的过程中，把以前上海慈善团开创的慈善界逐步联合的事业更推进了一步。在这一过程中,上海慈善界无论从资金上、人事上还是组织上都真正形成了网络,慈联会成为这个网络的真正核心,也成为上海慈善界真正的领导者。本书第七章将对这一特点展开更为详细的论述。

第六章

慈善与产权

——"寄柩所风波"

上海民间慈善组织在近代上海都市社会发展和维系上发挥了重要作用,但是都市社会与慈善组织之间有时候也会产生严重的矛盾。关于民间慈善组织与地方政府之关系,已经有很多人做了相关研究,本章换一个角度,来探究慈善事业发展过程中一个更为复杂的关系,即慈善事业、地方社会、市政府与外来灾难民之间的关系。

慈善事业属于地方公共事业,即使在传统时期,也受到地方各级官厅保护。官府通过下达命令或勒石刻碑等方式,向地方社会宣示对慈善组织的保护;而慈善组织也总是需要获得官厅的认可才能得以持久,一旦组织中出现腐败或难以为继的情况,则由地方善士禀报官府,由官府进行整顿治理,然后或调整人事,或调整机构,继续维持地方善举。因此双方总会采取各种方式进行合作,尽可能保护慈善事业,以应地方之需。① 地方慈善组织属于地方性公共财产,每个慈善组织又都具有独立的财产权或法人资格,至少可以说,这些财产属于集体财产或地方公产,其财产所有权不容侵犯;即使是同为慈善机构,甚至是隶属于同一大慈善组织的慈善机关的财产,相互之间也不得占用。② 但慈善财产又具有公益性,在某些特殊时期,很容易成为

---

① 参见[日]夫马进著,伍跃等译:《中国善会善堂史研究》,第589—591页。
② 如1928年保安养老所董事会在同属上海慈善团的普益习艺所众地创办养老院,也需照市价年纳租金三百元(《王一亭热心养老院》,《申报》1928年11月28日,第22版)。

第六章 慈善与产权——"寄柩所风波"

特定人群抢占的对象。而如何既维护慈善机关地方公益组织的特性,维护其财产所有权,又充分利用慈善组织的财产和房屋,来救济和安排弱势群体的生活,有时候就会成为政府面临的相当棘手的难题。

一、难民抢占"鬼屋"

抗战胜利后不久,期待和平的中国老百姓被再次拖入内战的深渊。抗战时期即摩擦不断的新四军驻地——苏北地区首当其冲,战后再次兵戎相见。战争爆发后,大量苏北人流离失所,成为战争难民。根据当时记者的初步估计,1946年6月内战爆发后,当年夏天流亡的苏北难民即达300万之多[1],同时期进入上海的苏北难民有5万多人。[2] 上海是个移民城市,难民曾经给上海带来大量资金、技术和劳动力,为上海的迅速发展贡献了重要力量。[3] 但大量难民涌入上海也给地方政府造成了巨大的困扰和威胁,尤其是在经历了八年抗战以后,曾经强有力的上海民间慈善组织大都经济拮据[4],无力开展大规模的难民救济工作。加上此时期上海经济形势并未完全好转,面对不断涌入的难民,上海市政府也捉襟见肘、束手无策。[5]

---

[1] 《快救苏北难民》,《新民晚报》1946年6月28日,第1版。
[2] 《问问苏北难民,得了多少救济》,《新民晚报》1946年10月10日,第4版。
[3] 近代上海的迅速崛起与战争造成的大量难民涌入上海紧密相关。19世纪50—60年代,由于小刀会起义和太平天国战争导致附近大量江浙难民涌入上海租界,江浙难民带了大量劳动力、资金以及技术,为上海尤其是租界的迅速发展提供了必要条件;1937年抗日战争爆发以后,上海租界人口再次突然增加,这也为租界在战时的畸形繁荣奠定了坚实的劳动力基础,详见邹依仁:《旧上海人口变迁的研究》,第3—5页;费成康:《中国租界史》,上海社会科学院出版社1991年版,第270—271页。
[4] 到1947年前后,上海市登记在册的慈善团体有106个,而其中最大的上海慈善团等组织在战争中都受到了极大冲击,战后慈善事业大为收缩,见[日]小浜正子著,葛涛译:《近代上海的公共性与国家》,第67页;《上海市公益慈善团体登记表》,上档Q1—18—369;《上海慈善团财产概况》,上档R15—2—71。
[5] 参见阮清华:《"保产"还是"安民"?——从"寄柩所风波"看内战时期上海市政府的两难》,《华东师范大学学报(哲学社会科学版)》2011年第4期。

苏北旅沪同乡团体鉴于内战爆发后流亡上海之苏北难民日益增加,乃组织上海苏北流亡难民临时救济委员会,对难民予以救济;随后由南京国民政府社会部与江苏省政府组织召开苏北难民救济会议,并于1946年7月1日在上海设立苏北难民救济会议上海办事处,开展对苏北难民的救济工作,但不知何故,当战争难民还在不断增多之时,这两个组织都在1946年底相继停办①;而且这两个组织在成立后的半年时间内,所救济的人数也相当有限,共救济5万余人次,大量难民并未获得救济②;即使得到救济的难民每人也仅领到面粉22斤,聊胜于无而已,根本无法赖以生存。③ 到1947年时流亡沪上的难民越来越多,但救济机构却并未增加,上海市政府亦力不从心,加上此时期上海严重的"房荒",使得大量难民无处栖身。

流落上海街头巷尾的难民当然不甘于坐以待毙,而是想方设法维持生存。许多难民在空地上搭盖棚屋居住,逐渐形成一些难民据点,如东宝兴路被炸毁的启秀女中废墟上,由13户难民开始搭盖棚屋,不久就形成了一个有300多人居住的"新大陆"。④ 一些有空余房屋的同乡会馆和慈善团体或主动或被动地收留了部分难民。⑤ 更多的难民寻找那些无主房屋,略加修整后即入住,如上海著名的哈尔滨大楼,一度聚集了各类难民、无业游民等六七千人,成为远近闻名的游民窟、难民窟。⑥

1947年底,随着冬令临近,难民开始更主动地出击,寻找任何可以安身之所。由于上海房荒问题一直非常严重,即使是作为江苏省政府与上海市政府合作举办的苏北难民救济会议上海办事处也难以

---

① 《上海苏北难民救济报告》,苏北难民救济会议上海办事处编印,1947年2月,第7页;张玲:《战后苏北旅沪同乡团体的救济难民工作》,《档案与史学》2000年第5期。
② 《上海苏北难民救济报告》,第38页。
③ 《问问苏北难民,得了多少救济》,《新民晚报》1946年10月10日,第4版。
④ 《十三难民开辟草莱,营成一巢无地生根》,《新民晚报》1946年11月25日,第4版。
⑤ 《流亡无处栖身,难民强占著堂》,《新民晚报》1948年7月3日,第4版。
⑥ 阮清华:《"割瘤":1950年代初期上海都市基层社会的清理与改造——以哈尔滨大楼的清理为例》,载华东师范大学中国当代史研究中心编:《中国当代史研究》第一辑,九州出版社2009年版,第143—155页。

第六章 慈善与产权——"寄柩所风波"

觅得房屋开办难民招待所。① 对于一般难民而言,寻觅正式住处更是难上加难。10月18日,约有3000名苏北难民冲进拥有200多间丙舍的平江公所梓安堂,将900多具盛有尸体的棺材抬置空地,将房屋分别占居,从而揭开了苏北难民集体冲击、抢占上海丙舍、寄柩所等死人居住空间的序幕。②

丙舍,又称并舍、殡舍、殡馆、寄柩所或寄棺所等,是专门接待死人的招待所、"鬼客之家",而且"招待"的大多是客死异乡的"孤魂野鬼"。在以移民为人口主体的近现代上海,同乡组织特别发达,各种各样的会馆、公所、同乡会,无论规模还是数量、能量,都显得非常突出。③ 这些同乡组织的重要任务之一就是帮助同乡寄存并运送灵柩回乡,实现落叶归根的最终梦想。因此同乡会馆等大都设有丙舍(殡馆、寄柩所)、义地等。④ 丙舍规模不一,根据各个同乡会本身实力及其家乡离上海远近而定;也有一些丙舍是商业机构,以盈利为目的,因而其大小更是根据市场需求和盈利规模来确定。丙舍小者仅有几间房屋,大者多达数百间,能存放几千具棺材。⑤ 上海的寄柩所等死人寄居之处非常多,据1942年的不完全统计,各类寄柩所、丙舍至少有67家。⑥ 这些地方存放着数以万计的尸棺⑦,也占据着非常多的

---

① 《上海苏北难民救济报告》,第100页。
② 《各公所会馆山庄寄柩所被自称难民占居概况表》(原件无时间),上档Q1—10—190。
③ [美]顾德曼著,宋钻友译,周育民校:《家乡、城市和国家——上海的地缘网络与认同,1853—1937》,上海古籍出版社2004年版,第3页;宋钻友:《同乡组织与上海都市生活的适应》,上海辞书出版社2009年版,第13页。
④ 冯筱才:《乡情、利润与网络:宁波商人与其同乡组织,1911—1949》,《中国经济史研究》2003年第2期;宋钻友:《同乡组织与上海都市生活的适应》,第9页;郭绪印:《老上海的同乡团体》,文汇出版社2003年版,第27页。
⑤ 上海大同、沪东两寄柩所丙舍多达上千间(《苏北流亡义民请求救济》,上档Q109—1—1706—1);1946年上海市卫生局调查认为上海其时各寄柩所等地积存棺柩逾10万具(《上海市卫生局饬令各会馆公所殡仪馆寄柩所等造送存棺柩报告表》,上档Q400—1—3984)。
⑥ 陈伟国编著:《稀珍老上海股票鉴藏录》,上海远东出版社2007年版,第247页。
⑦ 1946年上海市卫生局调查认为上海其时各寄柩所等积存棺柩逾10万具(《上海市卫生局饬令各会馆公所殡仪馆寄柩所等造送存棺柩报告表》,上档Q400—1—3984)。

房屋,成为无处栖身的难民最终瞄准的目标。

自10月18日平江公所被难民占居以后,11月5日吴江会馆26间丙舍被约300人占领。三天后江宁公所丙舍被100多人占住,1000余具尸棺被移置屋后空地。11月15日深夜几百人翻墙撬门进入扬州公所殡馆,抬出所有灵柩,将丙舍占据一空。① 11月21日拥有100多亩土地的潮惠山庄被2000多难民占居;11月29日,拥有房屋千余间的沪东、大同两寄柩所被难民占住②;12月通如崇海启会馆、京江公所、湖州殡仪馆等被占。③ 此后越来越多的难民涌入上海,越来越多的寄柩所、殡馆、丙舍被占居(详见表6-1):1948年4月28日,拥有数千间房屋的绍兴会馆永锡堂被3000多难民占居④;1948年6月底,四明公所被占⑤;延绪山庄则在1948年秋被占⑥;皖北山庄在1948年7月3日被数百人占居,虽在7月5日被安徽同乡赶出山庄,但8月24日第二次被占领,且人数达1200多人,安徽同乡再也无力驱赶。⑦ 从1947年10月到1948年底,共有约2万难民先后占居上海各丙舍、寄柩所等"鬼客之家",在内战的高潮阶段再夹杂着上演了一出人"鬼"之战的大戏。

表6-1 难民占居寄柩所(会馆、公所)一览表

名称	被占日期	人数	概况	代表姓名
金华六县会馆	1947年10月		空地被占,搭建棚屋、二层楼	郑明远等

---

① 《各公所会馆山庄寄柩所被自称难民占居概况表》,上档Q1—10—190。
② 《上海市参议会、上海市政府与大同、沪东寄柩所关于取缔难民占住房屋往来文书》,上档Q109—1—1706—1。
③ 《游民占住寄柩所》,上档Q1—10—190。
④ 《难民蜂拥三四千人抢占南市绍兴会馆》,《新民晚报》1948年4月28日,第4版。
⑤ 《上海市参议会、上海市政府与大同、沪东寄柩所关于取缔难民占住房屋往来文书》,上档Q109—1—1706—1。
⑥ 《上海市会馆公所山庄调查表》(1950年8月),上档B168—1—798。
⑦ 《安徽殡馆(皖北山庄)管理员唐海洲呈上海市参议会文》,上档Q1—10—190。

续表

名称	被占日期	人数	概况	代表姓名
平江公所	1947年10月28日	约3 000人	殡舍被占,寄柩900余具移置空地,器用品被拿,门窗作薪	王步孝等
吴江会馆	1947年11月5日	约300人	26间殡舍被占	
江宁公所	1947年11月8日	约100余人	殡舍全部被占,寄柩1 000余具被移置后园	高竹山、陈庆仿等
扬州公所	1947年11月15日	约300人	殡舍被占,灵柩被移出,滥用自来水,破坏门窗	左达三、丁仲诚
潮惠山庄	1947年11月21日	2 400余人	殡舍被占,门窗被拆,篱笆作薪,寄柩被移,搭盖棚屋	郑明远、陈光舟、张养吾
大同、沪东寄柩所	1947年11月29日	1 000余人	房屋200余间被占,1 000余具寄柩堆置天井,门窗器具作薪	姜俊卿等9人
通如崇海启会馆	1947年12月7日	3 000—4 000人		
湖州殡仪馆	1947年12月13日	300余人		孙利吾、王汉才等
京江公所殡舍	1947年12月7日	300余人(480)	门锁捣毁,寄柩移置露天,门窗作薪	王渭滨、陈宗美
锡金公所丙舍	1948年4月27日	1 000人以上	寄柩移置屋外,撬掉棺号名牌	顾义、沈公萍等
永锡堂	1948年4月28日	3 000人	数千具棺材被抛置空地	
四明公所南厂	1948年6月17日	1 800余人		陈庆甫、王兴华等

续表

名称	被占日期	人数	概况	代表姓名
久安寄柩所	1948年6月8日	1 972人	大量搬用木材,搭盖木屋,移置寄柩	韦剑新、左不同
延绪山庄	1948年6月22日	300余人,后增至2 000余人	所有殡舍被占	
衣庄公所殡舍	1948年3月5—6日	500余人	占据空屋	
皖北山庄	1948年7月3日 1948年8月4日	1 200余人	撬门断锁,移置寄柩	孙步洲等

资料来源:上档 Q1—10—190、Q106—1—193—55、Q109—1—1706—1、Q106—1—206—111、Q106—1—186—12、B168—1—798;《申报》1948年7月14日,第4版;《新民晚报》1948年4月28日,第4版。

二、慈善组织与市政府的交涉

　　国民党上海市政府从1927年成立伊始,即肩负着在中国建立一个现代市政府、"为最终收回租界铺平道路"的重任;也就是说,上海市政府一开始就以建立一个现代政府为己任。① 正如蒋介石在特别市政府成立大会所说的:"若上海特别市不能整理,则中国军事、经济、交通等,即不能有头绪。"② 承载了如此多厚望的国民党上海市政府实际上举步维艰,在处理此次"寄柩所风波"中再次陷入是保护慈善产业还是救济难民的两难选择之中,再次凸显其角色的无

---

① [美]魏斐德著,章红、陈雁、金燕、张晓阳译,周育民校:《上海警察,1927—1937》,上海古籍出版社2004年版,第41页;[法]安克强著,张培德、辛文锋、肖庆璋等译:《1927—1937年的上海——市政权、地方性和现代化》,上海古籍出版社2004年版,第124页。

② 转引自[美]魏斐德:《上海警察,1927—1937》,第41页。

第六章 慈善与产权——"寄柩所风波"

奈与局限。

上海寄柩所形式多样。有些由慈善组织设立,如同仁辅元堂、普善山庄等大型慈善组织设立有寄柩处。有些由同乡会馆设立,这些寄柩所规模不一,根据各地同乡会实力及其家乡离上海远近而定。当然也有一些丙舍是以盈利为目的,根据市场原则确定规模大小,小者仅有几间丙舍,大者多达数百间,能存放上千具棺材。[①] 寄柩所拥有大量丙舍房间,对政府而言,它们是受法律保护的私产,不属于公共财产;对同乡来说,它们是属于全体同乡的公产,是公团私产,不容非同乡染指;慈善组织的寄柩所则既具有地方公产性质,同时又是慈善组织的法人私产,其财产属性既清晰,又模糊。在近代上海的多次战乱中,同乡团体、慈善组织在救助同乡、救济难民中都发挥了重要作用,部分会馆公所也利用空余房屋主动开设难民收容所,收容救济难民等[②],但很少有大量难民冲击寄柩所、直接与死者争地盘情事发生。由于此次受到难民冲击的寄柩所,既有同乡会馆公所举办的,也有慈善组织举办的,还有商人举办的,除了商人举办的少数寄柩所以外,会馆公所和慈善组织所办的寄柩所,都具有慈善救济功能,同乡会本身亦具有慈善组织的功能,因此本章将其放在一起讨论。

寄柩所等被难民占居之后,各寄柩所、慈善组织、公所、会馆以及同乡会等随即要求市政府履行现代政府的基本职能,驱逐非法占据者,保护私人产业不受侵犯。如潮惠山庄在1947年11月21日被难民占领之后,潮州旅沪同乡会理事长郑子良于当日向当地派出所报警;警察随即赶到现场,将6位难民代表带到派出所讯问。难民要求

---

① 上海大同、沪东两寄柩所丙舍多达上千间(《苏北流亡义民请求救济》,上档Q109—1—1706—1);1946年上海市卫生局调查认为上海其时各寄柩所等地积存棺柩逾10万具(《上海市卫生局饬令各会馆公所殡仪馆寄柩所等造送存棺柩报告表》,上档,Q400—1—3984)。

② 王春英:《抗战时期难民收容所的设立及其特点》,《抗日战争研究》2004年第3期;张玲:《战后苏北旅沪同乡团体的救济难民工作》,《档案与史学》2000年第5期;宋钻友:《抗战时期上海会馆、同乡组织难民工作初探》,《上海党史与党建》1995年第1期;罗义俊:《"八一三"时期上海的难民工作》,《社会科学》1982年第8期。

暂借山庄容身，不肯迁出；派出所则因警力有限，无法驱逐，只得向上级嵩山警察分局请示。在此过程中附近难民闻讯而来，加入占居者行列，很快就有210多户1300多人进驻山庄。潮惠山庄求助于当局不仅没有解决问题，反而因消息外泄而吸引了更多难民进驻，这让潮州旅沪同乡会始料未及；而嵩山分局对于该如何处置占住山庄的难民也一筹莫展，只得将案情汇报给上海市警察局和市政府。①

上海市政府此前已经接连收到难民占居寄柩所、殡舍的报告，因而命令上海市警察局"妥慎防范"，警察局在1947年12月9日专门召开会议讨论处置办法。最后要求"社会局会同民政、卫生、警察等局及社会法团与贤达组成统一机构，严格管理，务使井然有序，不使成为社会严重问题"②。但实际上未能形成任何具体决议，警察局又将难题推给了市长吴国桢。③

与此同时，各善会善堂、会馆、公所、寄柩所等迅速动员各种可供利用的关系，向市政当局施加压力。潮惠山庄被占居后，潮州旅沪同乡会致信广东旅沪同乡会理事长、潮州和济医院院长张伉龙求援；张伉龙给同属广东同乡的外交部驻沪办事处主任陈国廉写信，要求陈与市长吴国桢以及警察局长和社会局长等交涉。12月15日陈国廉写信给吴国桢，"勉为恳请勒令迁移"④。同日，吴国桢命令"社会局及冬令救济委员会迅予统筹救济"，同时命令警察局"至该民等非法侵占寄柩所，仍仰会同社会局妥为制止"⑤。12月16日上海市冬令救济委员会拟出方案，要求各寄柩所、殡舍、会馆、山庄等"速将少壮老弱分造名册，投请庇寒所收容，编队参加工赈"。吴国桢马上签发了此方案，并命令警察局、社会局通知寄柩所等照此办理。⑥ 吴市长本

---

① 《俞叔平为潮惠山庄被流氓用强霸占一案呈请核示》，上档 Q1—10—190。
② 《处置强占公所山庄难民会议记录》(1947年12月9日)，上档 Q1—10—190。
③ 《俞叔平为潮惠山庄被流氓用强霸占一案呈请核示》《苏北难民占居大同及沪东寄柩所请示由》，上档 Q1—10—190。
④ 《张伉龙给陈国廉的信》《陈国廉给吴国桢的信》，上档 Q1—10—190。
⑤ 《关于苏北难民寄居寄柩所》(1948年1月3日)，上档 Q1—10—190。
⑥ 《上海市冬令救济委员会函件》(1947年12月)，上档 Q1—10—190。

第六章 慈善与产权——"寄柩所风波"

以为认真执行该方案即可万事大吉,因此在回复各寄柩所、公所、会馆的报告以及各关系人等的信件时都信心十足地宣称,"业经本府颁布布告,并通知各该社团等饬各遵照"①云云。社会局、警察局接到命令以后就将任务交给各警察分局或区社会行政部门等,然后再分配给各派出所、区公所。然而每一个寄柩所、殡舍内难民动辄成百上千,男女老幼混杂,很多并不能参加工赈,更何况难民根本不愿意搬迁,因此警、社两局完全无力执行吴市长的命令。②

寄柩所、殡舍等则继续向市政府施压。12月21日张伉龙再次致信吴国桢,请求面谈;24日,国民党中央委员、行政院侨务委员会委员长、广东人刘维炽为潮惠山庄事致函吴国桢,请求饬属"迅令该郑维明③等众概行迁出、妥护山庄以维原状"④。12月27日,大同、沪东两寄柩所联名上书吴国桢,指出此前市府承诺庇寒所成立后于12月20日迁出难民,但"限期瞬即届到,近阅报载各处之庇寒所次第已告完工",而寄柩所内的难民却"未见有何动静",要求市府"从速执行迁移,以免事态扩大"⑤。时隔不久,平江公所、江宁六县会馆、吴江旅沪同乡会、扬属七县旅沪同乡会附设扬州公所、潮惠山庄、通如崇海启旅沪同乡会、大同寄柩所、沪东寄柩所、旅沪湖州会馆、京江公所、浙金稽善堂等10多个同乡团体和寄柩机构多次联名给市政府写信,要求"勒迁"难民,并要"赴辕请愿"⑥,京江公所甚至推派王渭滨、陈宗美二代表进京请愿。⑦

---

① 《吴国桢给刘维炽、张伉龙的信》(1947年12月27日),《上海市政府给行政院的呈文》(1947年12月27日),上档Q1—10—190。
② 《警察局给市长的呈文》(1948年3月11日)等,上档Q1—10—190。
③ 郑维明是占据潮惠山庄的难民代表。
④ 《张伉龙给吴国桢的信》(1947年12月21日),《刘维炽给吴国桢的信》(1947年12月24日),上档Q1—10—190。
⑤ 《大同、沪东寄柩所联名信》(1947年12月27日),上档Q1—10—190。
⑥ 《为殡舍基地被自称难民侵占窃占恳请饬迁》《为殡舍基地被自称难民侵占窃占续请饬迁》(1948年3月22日)等,上档Q1—10—190。
⑦ 《为京江公所呈以难民占居打浦路寄柩丙舍呈复核》(1948年11月13日),上档Q1—10—190。

到12月底,各个寄柩所、殡馆等给社会局、警察局、警备司令部、上海市参议会的报告,都先后被转送到市政府;各个同乡组织的在沪关系人也纷纷写信给吴国桢等,要求协助处理被占殡馆、丙舍问题。更有甚者,大同、沪东两寄柩所直接向行政院院长张群求援,"请求钧院迅赐饬查勒令他迁,并作有效之处置而维地方安宁"。行政院批示上海市政府尽快解决。① 12月27日,吴国桢给刘维炽、张伉龙、行政院、上海市参议会议长潘公展等回信,仍以冬令救济委员会16日方案答复之,并饬令警察局"严厉执行"②。

如前所述,冬令救济委员会的方案缺乏可操作性,难民拒绝搬迁;各派出所力劝无效,纷纷要求"强制勒迁",但市警察局又认为"如强制执行迁让,深恐引起其他事件",不敢擅作主张,又将皮球踢给了吴市长。③ 面对众多的报告、各种关系人的信件等,吴国桢只能不断批示"严令社会、警察两局遵照冬令救济委员会办法,严限迁入庇寒所"④。但上海市冬令救济委员会主任委员正是上海市市长吴国桢本人(副主任委员由上海市社会局局长吴开先兼任),面对众多要求"勒迁"的信件、请求、命令等,吴国桢市长全部答复由冬令救济委员会"妥筹"解决办法;而冬令救济委员会主任委员吴国桢无法可筹,又向市长吴国桢报告,力陈"本会无法勒迁"⑤。这一具有戏剧性的交涉过程,完美再现了此时期上海市政府的左右为难和无可奈何。实际上,上海市政府、冬令救济委员会、警察局、社会局等部门在此问题上都没有采取任何有效手段,只是在公函中反复申明其解决方案,以此来敷衍应对各方责难。

正因上海市政当局对难民强行占居寄柩所等公团私产的问题无

---

① 《沪东寄柩所给行政院呈文》(1947年12月11日)、《大同寄柩所给行政院的呈文》(1947年12月11日),上档Q1—10—190。
② 《吴国桢给刘维炽、张伉龙的信》(1947年12月27日)、《上海市政府给行政院的呈文》(1947年12月27日),上档Q1—10—190。
③ 《警察局给市长的呈文》(1948年1月10日)等,上档Q1—10—190。
④ 《吴国桢在潮惠山庄报告上的批示》(1948年3月),上档Q1—10—190。
⑤ 《上海市冬令救济委员会给市政府的函》(1948年9月4日),上档Q1—10—190。

计可施,随后来沪的难民更是群起效尤,纷纷"通知"市政府各部门,声称准备"借用"某某公所或寄柩所,有些甚至直接强行占据空余寄柩所。① 到 1948 年仍然接二连三地发生寄柩所、丙舍房屋被难民占居事件,而上海市政府依然束手无策,"长此勒迁,终非良策"②。就在市府为难之际,1948 年 8 月南京国民政府社会部为救助难民,决定在苏北、江西等地设立三个难民垦殖区③,上海市政府随即决定将占居寄柩所的难民"并入移垦江西案内办理"④,但此前警察局就无法将难民从寄柩所驱逐出去,现在更无法将其从大上海驱逐出去,此一方案依然难收实效,到 1949 年解放军进入上海之前,此事都不了了之。⑤

三、"莠民"与"义民"

值此内战正酣、难民大量涌入上海之际,作为以慈善救济为重要事业的各类慈善组织,包括会馆、公所以及同乡会等自然应该在难民救济中发挥出应有的作用。实际上此时期的江淮旅沪同乡会等苏北战区同乡团体确实在积极进行难民救济,1946 年江淮旅沪同乡会就发起成立了"上海苏北流亡难民临时救济委员会";前文提及的苏北难民救济会议上海办事处等机构进行的具体救济活动也主要是江淮旅沪同乡会等同乡组织操办。⑥ 不过对于非战区同乡组织来说,能把空余房屋让出来收容难民就已经算是积德行善了,对苏北难民强行占居其产业,甚至干扰其正常营业的事件则难以接受,但从道义上讲

---

① 如锡金公所、四明公所等分别于 1948 年 6 月、7 月被难民"借住"。上档 Q1—10—190。
② 《碍难照准沭阳县难民请拨四明公所函》(1948 年 8 月 31 日),上档 Q106—1—193—55。
③ 《统筹全国难民救济将成立三垦殖区》,《申报》1948 年 8 月 16 日,第 2 版。
④ 《上海市冬令救济委员会文件》(1948 年 11 月 9 日),上档 Q1—10—190。
⑤ 1950 年上海市人民政府在调查会馆、山庄、寄柩所等场所时发现,仍然有很多难民住在寄柩所内,有些已经居住一年以上(《上海市会馆公所山庄调查表》(1950 年 8 月),上档 B168—1—798。
⑥ 张玲:《战后苏北旅沪同乡团体的救济难民工作》,《档案与史学》2000 年第 5 期。

又不能明目张胆地排斥难民,正如他们自己所声称的那样"事涉难民,不得不隐忍期待合理解决"①。

寄柩所方面所期待的"合理解决",主要是希望政府能够迅速将难民赶出寄柩所等,恢复其自身业务。因此难民占住寄柩所以后,各同乡组织很快发动各种力量向市政当局施压,要求驱赶难民。慈善组织、同乡会一方面坚持私有产业不容侵犯,要求市政府予以保护,同时指责难民为"莠民",名正言顺地将其排除于救济范围之外。潮惠山庄、潮州旅沪同乡会以及广东旅沪同乡会等在向淞沪警备司令部、上海市政府、市警察局、社会局等部门报告山庄被占时,一再声称山庄"被流氓用强霸占""流氓、乞丐及土老百数十人横施强占"②。在此后的各种交涉中也始终强调山庄被"流氓假借难民名义"霸占,"藉故牟利"等,并声称占居山庄者大多是三轮车夫、黄包车夫、工人、佣工甚至小老板,他们中很多出入山庄"有乘三轮车者、驾驶自由车者;膳食鲜美、衣服华丽者亦不乏人"③。也就是说,潮惠山庄方面始终认为占据他们山庄的并非是真正的苏北难民,而是假借难民名义或者说是冒称难民来擅自占据公团私产的地痞、流氓等"莠民",因此对待他们"实不能稍予姑息,苟不执法以绳,则非唯社会安宁破坏无遗,抑且长恶养奸,致导乱萌……"④

安徽殡馆(皖北山庄)亦多次强调其山庄"被当地流氓自称苏北难民"率众占据,"大有霸山为王之势,且此批莠民及不肖军人奇装异服,进出多搭三轮车,饮食清洁,自外送进,早出晚归,悠游自得"⑤。延绪山庄、锡金公所等都采用了"自称难民"的称谓,并声称其"恃众

---

① 《为被自称苏北难民侵占殡舍、窃占地基、会同续恳鉴核执行迁让》,上档 Q1—10—190。
② 《警察局为据潮州旅沪同乡会为斜土路潮惠山庄被流氓用强霸占一案请示》(1947年12月9日),上档 Q1—10—190。
③ 《郑子良给吴国桢市长的报告》(1948 年 1 月),上档 Q1—10—190。
④ 《警察局为据潮州旅沪同乡会为斜土路潮惠山庄被流氓用强霸占一案请示》(1947年12月9日),上档 Q1—10—190。
⑤ 《为地方流氓冒充难民代表强占殡馆乱抛棺柩请予转函社会局及警察机关勒令迁出》(1948 年 7 月),上档 Q1—10—190。

强入侵占"山庄、公所,其行为"不似难民之暂借以蔽风雨,而为强有组织之占人产、分间出顶、转租牟利之搭屋党……是可忍孰不可忍!"①各寄柩所、公所、山庄联合给市政府的呈文中虽然也承认"所谓真正难民,固亦有之",但接着强调"而衣冠清洁、家具整齐者亦复不少,是不啻以难民为职业,甚或拉车负贩,朝出暮归,或顶让原有之棚户而参加占居,或把持现有之占居而私相移替,似又为有职业之难民,职业难民、难民职业,交相为用……"呈文最后更是强调,"值此冬防吃紧,岁暮天寒,设有宵小参杂其间,则社会隐忧何堪设想?"②

总之,寄柩所、善会善堂、山庄、会馆、公所等同乡组织、慈善组织都认为占据他们产业者并不是"真正难民",而是地方流氓或者各种以难民之名行窃占他人产业之实的"莠民"。慈善组织、同乡会声称对于莠民的非法行为"本可诉诸法律,诚恐纠纷扩大,社会不安",才采取了息事宁人的方式,希望市政当局施加压力,迫使占居者迁走。③

面对"莠民"的指责,苏北难民理直气壮地宣称自己是"义民",是投奔国民党政府而来,理应得到国民党上海市政当局的善待。就在潮惠山庄郑子良向上海市政当局控告"莠民"占据山庄、要求当局勒迁之际,潮惠山庄难民代表也给上海市政府写信求援。难民声称他们"仗义来沪……迫不得已,暂借山庄栖身,与鬼为邻,以求喘息之安",但郑子良却指使粤籍警官到山庄逮捕代表,并威胁要派警察"将本所避难义民整个逮捕",因而激起难民公愤,"如照郑子良一意孤行,得寸进尺,势必酿行惨案。咎将谁归?"因此难民呼吁市长"主持正义,该郑子良如有非法异动,请派员警莅临劝阻,以免滋生祸端"④。

---

① 《延绪山庄董事长给市政府的报告》(1948 年 6 月 23 日);《锡金公所董事长给市政府的报告》(1948 年 5 月 14 日),上档 Q1—10—190。
② 《为被自称苏北难民侵占殡舍、窃占地基、会同续恳鉴核执行迁让》,上档 Q1—10—190。
③ 同上。
④ 《潮惠山庄苏北流亡义民第六所代表给吴国桢市长的呼吁信》(1947 年 12 月 26 日),上档 Q1—10—190。

苏北难民认为他们"素怀忠贞",因而才"抛妻弃子,追随国军,西撤南来",是响应国民党政府的号召而出逃的"义民"。① 他们辗转逃到大上海,不仅得不到国民党当局的保护,甚至连他们历尽千辛万苦才找到的寄柩所都不能让其容身,因此他们愤怒地质问:难道"苏北义民不及潮惠的死鬼吗?"② 外地人死了尚且有个寄柩之处,苏北人活着却找不到安身之所,这种巨大的落差更是强化了苏北难民的愤怒,也强化了他们作为一个集体的意识,因而更加团结起来共同对抗市政府与慈善组织、同乡会的勒迁要求。

为了安置难民,上海市政府在1947年底到1948年初先后开办了3个庇寒所和若干个工赈庇寒所。③ 1947年底开始出现难民占居寄柩所事件时,上海市政府即要求各寄柩所、会馆、公所等将难民造册登记,其中青壮年难民送工赈庇寒所参加浚河工程,其他老弱病残送第三庇寒所等接受收容救济。但难民认为他们本是"良善公民,均皆小有资产,安分生活"④,他们只是因为战乱才逃亡来沪,因此他们不是来上海祈求救济或者乞讨的,政府将他们安置到庇寒所是对他们的侮辱和不尊重。难民在呼吁信中说:"庇寒所是白面鬼、梅毒、砂眼传染病菌媒介所,政府应注意义民的健康,不应叫我们去染恶疾","庇寒所是无家无室无兄弟子女关系的场所","庇寒所是收容瘪三、小偷的,政府不应教我们义民与他们杂处"⑤。

其实,难民之所以不肯进入庇寒所,是因为不能接受庇寒所的许多收容规则。庇寒所要求男女老幼分开居住,一家人不能共处一室;所内实行军事管理,行动不自由,并且每天要进行军事操练等。⑥ 另

---

① 《顾义等给市政府的呈文》等,上档 Q1—10—190。
② 《潮惠山庄苏北流亡义民第六所代表给吴国桢市长的呼吁信》,上档 Q1—10—190。
③ 《冬令救济积极展开》,《申报》1947年12月20日;《血和泪交织画面——几处庇寒所巡礼》,《申报》1948年1月22日。
④ 《顾义等给市政府的呈文》(1948年4月23日),上档 Q1—10—190。
⑤ 《潮惠山庄苏北流亡义民第六所代表给吴国桢市长的呼吁信》,上档 Q1—10—190。
⑥ 《淞沪警备司令部给市政府的电文》(1948年4月7日),《上海市警察局呈文》(1948年8月14日),上档 Q1—10—190。

外,庇寒所容人有限,实际上也根本无力全部收容占居寄柩所的难民。① 更何况庇寒所条件非常糟糕,每个庇寒所基本都"吃不饱",那些工赈所更是要求难民在严寒中赤脚下水浚河,因此稍有办法者都不愿意去庇寒所,即使被警察收容遣送到庇寒所,也是想尽办法逃离。② 此时难民以"义民"名义自行占居了诸多寄柩所等场所,得以在战乱之时寻找到暂时安身之所,当然不肯轻易迁让。

苏北难民"仗义"亡命上海以后,他们中的大多数人并未享受到国民党政府的保护和救济,有些也没有得到上海慈善救济机构和同乡团体的援助。但难民并没有坐以待毙,而是积极寻找各种容身之所,甚至在"厉鬼之家"——寄柩所中暂时安顿下来,而且他们为了保住来之不易的栖身场所和暂时的合家团聚,采取各种措施对抗力量远比自身强大的各地同乡会,甚至拒绝接受市政府的安排而坚持与"鬼"为邻。难民坚持其"义民"的身份认识,以此作为要求救济和拒绝搬迁的筹码,同时也赋予了难民群体以某种精神力量,进而使其敢于采取行动来对抗强加于自身的任何外来压迫。一向以受苦受难、势孤力单的弱势群体形象出现在学者眼中的难民,在面临生死存亡的关键时刻,发挥了巨大的集团力量,甚至采取种种策略来寻求政治合法性,在艰难的时刻发出了自己的声音,并为自身乃至群体的存活找到了依靠。

四、难民的自我组织与生活

难民不愿意入住政府和慈善组织开办的庇寒所,难道寄柩所这种死人呆的地方还会更好一些?我们平时很难有机会了解各种慈善

---

① 市政府要求难民迁入第三庇寒所,但第三庇寒所最多只能容纳1 400余人,而其时上海占居各寄柩所、会馆、公所的难民已经超过1万人。(《冬令救济积极展开》,《申报》1947年12月20日)
② 《血和泪交织画面——几处庇寒所巡礼》,《申报》1948年1月22日;《风雪载途访庇寒所》,《申报》1948年1月26日;《第三庇寒所难民至今还是吃不饱,吴市长昨携参议员视察,一齐下跪哀求》,《申报》1948年2月26日。

组织内部收留人员的日常生活情况,通过这次寄柩所风波,却可以从一个侧面了解一些相关情况,似乎亦可窥斑见豹;当然这不能完全算是慈善组织内部日常生活的真实情况,但至少可以从这里看看战时难民的日常生活。从1947年10月难民集体占居上海寄柩所到1949年上海解放,在长达1年半以上的时间内,2万多难民长期与"鬼"为邻,可以说书写了中国难民史上特殊的一页。他们依靠什么维持生存?他们有怎样的组织机构?他们如何表述自身的要求?如何维护自己的切身利益?归根结底一个问题:难民可以表述自己的历史吗?

虽然寄柩所方面在怂恿政府"勒迁"之时,曾极力渲染占居寄柩所的难民"内部组织分科设股,完密异常",似乎是在某个组织严密布置下的专项行动。① 在内战正酣之际,这类言说往往给予统治者极大刺激,也能激发各种想象。但从目前掌握的档案材料来看,我们并没有发现一个统一的严密组织凌驾于占居寄柩所的难民头上,他们一般仅仅因为某地发生战事而出逃,逐渐汇集成群逃亡到上海,形成地域性的松散群体。不过在集体进驻某个寄柩所或山庄等之后,难民们确实便开始组织起来,建立起相对有效的组织形式。

首先,每个寄柩所或山庄的难民一般会推举代表,来处理与寄柩所、同乡会、市政府以及其他慈善救济组织之间的各种交涉和事务。如占居虹镇久安寄柩所的难民不仅成立了"上海市苏北流亡第二十义民所",还推举韦剑新、左不同等12人为代表,向政府申请救济等。② 难民代表必须为难民服务,否则难民们会另行推举更为公道的代表来取代之。③ 代表们经常开会讨论如何争取救济,如何反对寄柩所和政府方面的"勒迁"命令等,在形势紧张的时候,他们甚至"通宵

---

① 《为殡舍基地被自称难民侵占窃占续行环恳鉴核敕属严格执行以资救济而维公益事》(1948年3月22日),上档Q1—10—190。
② 《左不同等给吴市长的呈文》(1948年9月1日),上档Q1—10—190。
③ 《为横行不法、欺骗政府、鲸吞公款、聚党称雄霸占潮惠请求惩处》(1948年8月2日),上档Q1—10—190。

第六章　慈善与产权——"寄柩所风波"

开会"①。这反映出难民在此非常时期保持着高度的警惕性,并具有一定的组织能力,并非任人宰割之辈。

其次,寄柩所或山庄内的难民代表对所占居的场所进行管理,建立起能够维持该场所正常生活的各种机制。如难民占居潮惠山庄以后,设立了"难民所办公处"之类的组织,并对入住难民征收户口捐等作为办公经费;有时还闭馆清点和登记人口;面对同乡会和市政府方面的"勒迁"压力,庄内关闭大门,并将难民组织起来值班,防止外人突然进入庄内强制遣送难民等。②

另外,代表经常运用各种策略回应市政府和同乡会方面的勒迁要求。如在山庄或寄柩所内张贴标语,号召难民抗拒政府搬迁命令;寻求苏北同乡会对难民的帮助,如请求江淮同乡会支持难民占住寄柩所等。③ 或者向报社写信披露他们的苦难生活,寻求社会和政府的救助。④ 甚至推派代表进京请愿,要求政府予以安置和救济。⑤ 难民运用各种策略,有效促进了内部的暂时团结,并缓解了外界对他们行为的冲击,同时也为他们坚持抗争和要求救济提供各种可能的合法性或合理性。

生活方面,占居寄柩所的难民,虽然在拒绝市政府将其安置到庇寒所时,强调其不是来上海寻求救济或乞讨的,但实际上难民占居寄柩所以后就纷纷向市政当局申请救济,甚至要求政府直接在寄柩所内开设施粥厂。⑥ 上海市社会局局长吴开先虽明确表示,占居寄柩所等地方的难民"如不迁入庇寒所,绝对不予救济"⑦,但难民占居潮惠

---

① 《潮惠山庄给市政府的报告》(1948 年 1 月 16 日),上档 Q1—10—190。
② 同上。
③ 同上。
④ 《死人赶活人,寄柩所逐客》,《新民晚报》1947 年 12 月 30 日,第 4 版。
⑤ 《警察局为京江公所呈文复核》(1948 年 11 月 13 日),上档 Q1—10—190。
⑥ 《盐阜难民呈市政府文》(1948 年 6 月 17 日),《淞沪警备司令部为据苏北难民呈暂借久安寄柩所栖止事呈上海市政府》(1948 年 6 月 25 日)等,上档 Q1—10—190;《此间乐?——会馆难民不愿迁出》,《申报》1947 年 12 月 24 日。
⑦ 《此间乐?——会馆难民不愿迁出》,《申报》1947 年 12 月 24 日。

山庄后,"不数日,即有施衣、给米、赐币、赏草及烧饼、馒头等物"①,并且还有"卫生当局派医师及护士至庄内注射防疫针",不久又有卡车载来"大饼十箩又四布袋等救济品"等。② 吴国桢在批示各难民占居寄柩所等的报告中虽然一再要求"警、社两局勒迁",同时也不忘强调"并筹救济""设法救济""随时救济"等。③ 另外,由慈善机构或其他社会团体组织的零星救济偶尔也会光顾这些"鬼屋",如上海交通大学学生就曾给占居潮惠山庄的难民送来棉衣等救济品。④ 可见,难民争取救济品的行动得到了社会各界的支持,也取得了相当不错的效果。

难民不仅积极争取救济品,而且对侵吞救济品的行为十分愤怒,通过各种手段予以坚决抵制。1948年8月,聚居在潮惠山庄的难民曾因代表赵铁军贪污而自行推荐一凌姓难民为代表,凌代表本"颇为公道",但又冒出陈光舟,自称"副代表",聚党称雄,鱼肉难民。于是庄内难民向上海市政府和警察局控告陈光舟等"藉公鲸吞""虚报冒领"以及多拿多占等不法行为。⑤ 上海市警察局调查后认为难民代表陈光舟、赵铁军等确实"虚报户口、诈领配给品证,并藉故敛财",先后将赵铁军等人抓捕究办;并对逃跑的陈光舟继续通缉之。⑥ 无独有偶,第十二工赈庇寒所的难民不堪该所主任贪污、欺凌,将其捆起来送到社会局,要求社会局法办,并最终迫使社会局严惩该主任。⑦ 可

---

① 《为横行不法、欺骗政府、鲸吞公款、聚党称雄霸占潮惠请求惩处》(1948年8月2日),上档Q1—10—190。
② 《潮惠山庄给市政府的报告》(1948年1月16日),上档Q1—10—190。
③ 吴国桢对延绪山庄、无锡同乡会、久安寄柩所等报告上的批语(上档Q1—10—190)。
④ 《潮惠山庄给市政府的报告》(1948年1月16日),上档Q1—10—190。
⑤ 《为横行不法、欺骗政府、鲸吞公款、聚党称雄霸占潮惠请求惩处》,上档Q1—10—190。
⑥ 《上海市警察局呈文》(1948年9月22日),《上海市警察局呈文》(1948年10月19日),上档Q1—10—190。
⑦ 《工赈职员贪污,难民缚去见官》,《新民晚报》1948年5月8日,第4版;《庇寒所主任向难民道歉》,《新民晚报》1948年5月17日,第4版。

第六章 慈善与产权——"寄柩所风波"

见即使是在逃亡之中,难民也并未屈服于恶势力,也不甘坐以待毙,而是积极争取自身利益。

在战争时期,救济品往往是杯水车薪,解决不了难民的实际困难,何况还有些地方根本就领不到任何救济品,因此占居寄柩所的难民不久就开始"自谋生路"。一些妇女和老弱难民到附近池塘捉鱼摸虾,或者到菜市场捡菜叶等,依靠自身力量尽量维持生存。① 有些难民则认为"在沪生活容易,随便推车或乞讨均可度日",因此他们比较乐观,很快采取行动解决自己及家庭的生活问题。② 有些难民开始做小本生意,潮惠山庄等地的难民甚至在庄内空地搭盖棚屋,设立若干摊位,自发形成了内部"市场";还有一些难民更是生财有道,他们先期占居寄柩所以后,再利用空地搭盖棚屋出租,或者将原有寄柩所多余房间稍事休整后分间出租给后来者。③

难民在逃亡过程中积极寻找安身之所,并为获取和保护自身利益进行了积极斗争。即使是在那些以前无人光顾的"厉鬼之家"——寄柩所等地方,难民为了维持自身生存及家庭完聚,不仅勇敢面对各种外力的压迫,也拒绝政府提供的需要将其家人分开安排的庇寒所。他们并非一盘散沙,而是能够将聚居在一起的难民有效组织起来,共同防止各种不测事件的发生,反映出民国时期的国人其实有很强的自我组织能力。他们通过各种方式努力争取救济,但也并不完全消极地等待救济,还采取各种方式谋生。上海大都市环境也给难民提供了就地谋生的可能,有些人甚至在上海还过上了以前在家乡难以实现的"美好生活",因此部分人在战后不愿意回家乡,而企图在上海就地安置,说明难民的生存能力和适应能力都非常强。总之,即使是在那些被人忽视的"鬼屋"之中,苏北难民都有力地表达了自己的诉求,并积极书写自己的历史。

---

① 《处置强占公所山庄难民会议记录》(1947 年 12 月 29 日),上档 Q1—10—190。
② 《难民别有见地,不愿赴赣垦荒》,《新民晚报》1948 年 8 月 17 日,第 4 版。
③ 《潮惠山庄给市政府的报告》(1948 年 1 月 16 日),上档 Q1—10—190。

五、市政当局的"为"与"不为"

处于慈善组织、同乡会与难民夹击中的上海市政当局扮演着十分尴尬的角色,既无法满足慈善组织和同乡会"勒迁"难民的要求,同样无法认同难民的"义民"定位,因而左右为难,处处掣肘。但市政当局对于寄柩所内所发生的事情也并非完全无能为力,而是有选择地进行干涉,力图防止发生其他不测事件。

1948年清明节前,因不满潮惠山庄被侵占,陈德业等广东同乡组织了200多人的后援会,并每天在电台广播号召同乡组织扫墓团和护灵队,准备在清明节"对于护灵行动有所表示"。吴国桢接到郑子良的报告后不敢怠慢,立即批示警察局、社会局"妥为防范"①。上海市警察局卢家湾分局接令后立即派出警察护庄。4月5日清明节那天,陈德业等拉来两大卡车广东同乡,"欲强迁难民",但被护庄警察和驻庄董事劝阻,未发生大的冲突。② 一场酝酿已久的冲突被市政府和警察局明智地消弭于未遂之时。

1948年5月24日,郑子良再给吴国桢写信,申诉占庄难民在庄内"搭盖棚屋,图事久占,有引起火灾、祸延全庄及四邻之虞"。并质问"倘发生火患,危害地方,其责任将归谁负?"③市政府秘书长宗濂和吴国桢随即批示:"令警局严厉制止,并将违章建筑拆除。"④6月8日,嵩山警察分局会同工务局组织拆卸队到潮惠山庄,"当场拆除已建成空棚44间"⑤。但仍有70间棚屋因住有难民而未拆,市政府对此批示:"至未拆棚屋,如业主允予缓拆,似可不必勒令拆除,暂缓执行。"⑥因此市政府对于那些可能威胁到同乡会财产和难民人身安全

---

① 《吴国桢对郑子良信的批复》(1948年4月3日),上档Q1—10—190。
② 《警察局给市政府的报告》(1948年4月12日),上档Q1—10—190。
③ 《郑子良给吴国桢的信》(1948年5月24日),上档Q1—10—190。
④ 《宗濂、吴国桢的批示》(1948年5月26日),上档Q1—10—190。
⑤ 《遵令制止并拆除潮惠山庄违章建筑》(1948年6月19日),上档Q1—10—190。
⑥ 《宗濂对警察局呈文的批示》(1948年6月22日),上档Q1—10—190。

第六章　慈善与产权——"寄柩所风波"

或可能引起大众恐慌的事件进行了及时有效的处理。

对于难民中的某些违法犯罪行为，市政当局同样采取果断手段予以处理。除前述占居潮惠山庄的难民控告假冒代表赵铁军、陈光舟等人因贪污被警察逮捕和通缉外，1948年9月，安徽殡馆管理员唐海洲举报流氓孙步洲等冒称难民占居殡馆馆舍，请求处理。市政府命令警察局、社会局核查上报。警察局调查发现孙步洲等果真是冒称难民，立即"予以逮捕"，交地检处法办。社会局呈文更加意味深长，其文称孙步洲等经警局勒令迁出后，"现居该处者为陈述之等苏北难民三百余人，尚知法纪"①。占居安徽殡馆的难民一度被安徽同乡赶出庄外，但后来更多的难民继续抢占山庄，并且人数一度达1 200余人，使得安徽同乡再也无能为力。② 此次警察局调查以后强行赶走了大部分的假难民，对真正的苏北难民却仍未采取强制行动。

市政府除了对占居寄柩所等地方的不法分子予以追究以外，对于同乡会方面对难民的指责，警察局经过调查以后还会予以澄清，肯定其难民身份，并多有袒护之词。如郑子良一再指责"流氓"占居潮惠山庄，擅自移动棺柩，甚至强夺馆内物品等，但警察局在给市政府的呈文中则称："……至劫夺私人燃料，强夺馆役炊具，驱逐馆丁等情并未发现"，"该批难民留住处所均系潮惠山庄无人居住之空房，对于该会馆办理殡殓寄柩埋葬等福利善举并无妨碍"③。警察局在回复淞沪警备司令部对难民占居大同、沪东寄柩所一案的质询中说："该批难民既无违规不法行为，尚能安分守纪，故未严加执行勒迁。"④警察局在调查了占居衣庄公所的难民以后也说"该批难民秩序尚佳……且居处与寄柩所隔绝，不妨碍该所之业务"⑤。总的来说，市政当局认

---

① 《警察局给市政府的呈文》(1948年9月11日)，《社会局给市政府的呈文》(1948年9月11日)。
② 《吴国桢给上海市参议会的复文》(1948年9月23日)，上档 Q1—10—190。
③ 《警察局给市政府的呈文》(1947年12月9日)，上档 Q1—10—190。
④ 《警察局复警备司令部函》，转引自《淞沪警备司令部电文》(1948年3月23日)，上档 Q1—10—190。
⑤ 《社会局给市政府的呈文》(1948年4月12日)，上档 Q1—10—190。

为占据寄枢所等地的难民中"真正贫苦难民占80%","难民中有20%为小贩与苦力"①。也就是说,对于寄枢所等同乡团体声称占据其产业的难民如何横暴、如何无法无天等说辞,无论是警察局、社会局还是上海市政府,并不十分认同,反而对难民多有袒护。

当然市政府对于难民自称的"义民"身份也从未公开认可,更不答应难民要求的各种特殊照顾,但市政府在行动上还是对难民持同情态度。难民占据寄枢所事件发生以后,市政当局即要求难民迁入庇寒所,并声称"如不迁入庇寒所,绝对不予救济"②,但实际上不得不"并筹救济""设法救济""随时救济"等。③

市政府虽然三令五申要求难民迁出寄枢所等同乡团体产业,对那些尚未正式入住而只是请求暂借寄枢所的"申请"更是批复"不准""碍难照准"④。但随着难民越来越多,市政府更加无力安置,因此对难民提出的暂借某某寄枢所或公所的请求表示某种谅解,只是要求"应先征得业主同意,不得擅自强占"⑤。因为此时市政府已经明白,强制难民他迁并不现实,"迁至何处颇成问题",而另设难民收容所,则"经费又无出处"⑥,更何况即使设立收容所,难民也不愿意前往。值此岁末天寒地冻之际,当局亦不能强行将难民驱逐出寄枢所而使其流落街头,"令死人棺枢占居空屋,活人遭冻馁之苦"⑦,因而只得听任难民自行寻觅暂措之所。

摇摆在安置难民与安抚同乡团体之间的上海市政当局,看似优柔寡断,但在采取措施防止冲突扩大、拆除有隐患的违章建筑以及严

---

① 《处置强占公所山庄难民会议记录》(1947年12月29日),上档Q1—10—190。
② 《此间乐?——会馆难民不愿迁出》,《申报》1947年12月24日。
③ 吴国桢对延绪山庄、无锡同乡会、久安寄枢所等报告上的批语,上档Q1—10—190。
④ 《吴国桢对〈锡金公所报告〉的批示》(1948年5月22日),《吴国桢对〈顾义等给市政府的呈文〉的批示》(1948年4月27日)等,上档Q1—10—190。
⑤ 《吴国桢对〈陈庆甫等给市政府的呈文〉的批示》(1948年7月1日),上档Q1—10—190。
⑥ 《市政府秘书处给市长的报告》(1948年9月8日),上档Q1—10—190。
⑦ 《死人赶活人,寄枢所逐客,驱散难民,警察不忍》,《新民晚报》1947年12月30日,第4版。

厉惩处违法犯罪活动等事情上,却表现积极,这在在说明市政当局并非对难民完全无能为力。国民党上海市政府作为一个"现代政府"不得不承担保护私人产业的责任,同样也必须安置"仗义来投"的难民;市政当局既无法不理睬同乡组织以及其他各种关系人的申诉、请求,更无法不顾难民的实际生活困难,而且衡量之下还得尽可能照顾难民的实际需要,因此市政府不得不周旋于同乡组织与难民之间,尽可能履行地方政府的职责,维持尚未崩溃的地方秩序。

六、小结

同乡组织在上海有着悠久历史,并在近代上海城市发展中发挥过重要作用;国民党统治上海以后,上海市政府更加强了与同乡组织等社会团体的联系[①];在上海遭遇战争的时候,各同乡团体大都部分担负起救济难民的责任[②],而且同乡会的领袖们大都是上海各界精英人物,如潮州旅沪同乡会理事长郑子良不仅是帮会大佬,同时还是上海市鸡鸭业同业公会理事长、南北货同业公会董事长等,抗战时期还追随戴笠积极抗日[③],抗战胜利后成为上海滩"国大代表候选第一人"[④]。其他同乡组织的领袖也大都是上海乃至全国很有影响的精英

---

① 参见[日]小浜正子著,葛涛译:《近代上海的公共性与国家》,第 110—117、209—278 页等处。
② 罗义俊:《"八一三"时期上海的难民工作》,《社会科学》1982 年第 8 期;宋钻友:《抗战时期上海会馆、同乡组织难民工作初探》,《上海党史与党建》1995 年第 1 期;张玲:《战后苏北旅沪同乡团体的救济难民工作》,《档案与史学》2000 年第 5 期;张宏森:《论"八一三"抗战期间上海难民救济》,《湘潮》2008 年第 4 期;[法]安克强著,张培德、辛文锋、肖庆璋译:《1927—1937 年的上海——市政权、地方性和现代化》,第 20—21 页。
③ 《潮州大亨郑子良》,http://zx.luwan.sh.cn/shlwzx/InfoDetail/? InfoID = 09447f6e-5f6a-48b8-a6e1-784670398037&CategoryNum=023。而同业公会是吴国桢主政上海期间"经济上真正的依靠",因此市政府对公会领袖更加不敢得罪。参见吴国桢口述,[美]裴斐、韦慕廷整理,吴修垣、马军译:《从上海市长到台湾省长——吴国桢口述回忆(1946—1953)》,上海人民出版社 1999 年版,第 77 页。
④ 《潮惠山庄苏北流亡义民第六所代表给吴国桢市长的呼吁信》,上档 Q1—10—190。

人物，其能量相当大，一直以来也是市政府治理社会过程中需要依靠的力量，怠慢不得。① 上海民间慈善更是历史悠久，在上海都市社会中一直发挥着重要作用，不管是明清上海县衙门和道台衙门，还是民国时期的上海市政府，都需要借助他们的力量来解决城市社会面临的诸多问题。

市政府同样不得不考虑难民的生存问题，尤其面对千里来投的难民，市政当局也不能将其拒之门外。而此时市政府财政上捉襟见肘，无力多设收容所救济难民；即使是勉强成立的几个庇寒所，不仅容量有限，而且条件相当简陋，无法满足难民基本生活需要。难民们历尽艰辛逃到上海，占居寄柩所等死人托棺之处，与"鬼"为邻，聊且暂避风雨，市政府无论从道义上还是从法理上都无法动用武力进行驱逐。而且，此时期正处于内战之时，国民党统治下的政府如何对待难民，也是国民党能否争取民心的一个重要方面，因此从1947年10月难民开始占居上海寄柩所，一直到1949年5月国民党撤离上海，市政府始终没有采取严厉措施驱逐难民。

学界关于抗战之前的国民党上海市政府已经有了相当多的研究成果②，但对抗战胜利以后尤其是内战时期国民党政府的所作所为仍然缺乏关注。本章从一个侧面对内战时期的上海市国民党政府进行了探讨，虽然此时期国民党在战场上节节败退，其统治下的上海在经济、政治等方面陷入全面衰退与混乱时期，但此时的市政府并没有完全屈服于既得利益集团和有产者阶层。在处理寄柩所风波中，市政当局采取各种或积极或消极的措施，部分维护了难民等弱势群体

---

① ［法］安克强著，张培德、辛文锋、肖庆璋译：《1927—1937年的上海——市政权、地方性和现代性》，第177页。
② 关于1927—1937年之间国民党上海市政府的相关研究已经比较多，主要可以参见：［法］安克强著，张培德、辛文锋、肖庆璋译：《1927—1937年的上海——市政权、地方性和现代性》；［日］小浜正子著，葛涛译：《近代上海的公共性与国家》；［美］魏斐德著，章红、陈雁、金燕、张晓阳译：《上海警察，1927—1937》；［美］易劳逸著，王建朗、王贤知、贾维译：《毁灭的种子：战争与革命中的国民党中国（1937—1949）》一书亦有部分章节涉及此一时期的上海市政府，当然该书对内战时期的国民党上海市政府亦有研究（凤凰出版传媒集团、江苏人民出版社2009年版）。

第六章 慈善与产权——"寄柩所风波"

利益。

在"寄柩所风波"的交涉过程中,慈善组织、同乡会等社会团体一再声称"现代政府"应该维护社会秩序和私人产业安全,然而他们自身也并不完全按照现代人的法则行事,比如难民占居寄柩所后,同乡组织虽然明确宣称他们触犯了刑法第 320 条和第 335 条,"本可诉诸法律";但他们却又弃法律不用,而再三"呈请有关主管机关请求制裁",并不断争取各种有权势之同乡向市政当局施加压力,希望通过私人关系或者同乡网络的力量来解决此问题,即仍然采用了传统的抗争手段,并不诉诸现代法律制度来解决问题。①

难民也一改可怜兮兮的落难者形象,坚持认为自己是"义民",理直气壮地要求上海市政府和地方社会提供救助。市政府既要关心社会秩序,保护私有产业;同时更要关注民生安全,难民的生存、生活成为市政府必须努力应付的难题。在这里,各方都高举"现代"大旗,并要求对方处理问题要符合现代行为准则,但各方采取具体行动时又并不完全采用现代做法,比如诉诸法律或通过法庭裁决等,而是不约而同地采取了更传统的做法,如通过人际关系网络来向对方施加压力等。作为一个并不现代的"现代政府",上海市政府手头并无太多可以动用的资源,因而处在"保护私人产业"还是"安置难民"这样的夹缝之中,左右为难,但它并未屈服于强势集团,而是仍然坚持以民生为重,多方周旋,尽力维持难民来之不易的生存机会。

难民在面对国民党上海市政府以及各地同乡会馆的"勒迁"命令甚至武力威胁时,并非软弱无力地接受命运安排,而是采取积极手段维护自身利益。虽然占居寄柩所的难民都是临时拼凑起来的,有些还是陆陆续续加入进去的,但这些难民进入寄柩所以后,并非一盘散沙,而是很自然地组织起来,一起采取行动向各方申诉,争取自身利益,争取救济品,维持寄柩所内难民的生活秩序。而且寄柩所内的难民生活井然有序,并非如我们经常想象的那样惨淡、凄凉。民国时期

---

① 《为被自称苏北难民侵占殡舍、窃占地基、会同续恳鉴核执行迁让》,上档 Q1—10—190。

中国人整体上可能"一盘散沙",但是在小集体中却经常表现出相当强的组织性,即使是在难民群体中也是如此。

拉纳吉特·古哈认为人民政治的一个普遍一致的特征就是"抵制精英统治的思想",而且"这是这一领域所有社会构成者的共同性质,即庶民性的结果。它使得该领域与精英政治领域有了显著的区别"①。这一认识对于殖民地印度史编撰者而言也许是正确的,但将其扩大到作为"一种可以普遍应用的风格鲜明的方法,用于各地现代历史的撰写"时,则将遇到各种挑战。在1947—1949年的上海"寄柩所风波"中,难民固然勇敢地表达了自己的存在;同时我们也应该注意到,上海市政府虽然明确要求难民迁出寄柩所,但并没有采取强制措施,警察局在接到下属要求强制执行勒迁命令的请求时,仍然予以拒绝:"如强制执行迁让,深恐引起其他事件"②,从而"纵容"了难民的强占行为。同乡会领袖等地方精英虽然将难民斥之为"莠民",要求政府"勒迁",同样也没有采取暴力手段,甚至在同乡自发组织护灵队准备武力驱逐难民之时,同乡会领袖还积极与市政府合作,阻止了暴力事件的发生,同样"成全"了难民的拒迁。在此意义上而言,"寄柩所风波"既是难民自我表现、自我肯定的形式,也是地方政府、地方精英与底层民众的一种"合谋"。唯其如此,才可能出现三方虽有长时间的逼迫、勒迁与反抗,却依然维持基本相安无事的结局。难民的表达,正是借助与精英的"合谋",才得以实现和留存,尽管这种合谋是在三方都没有意识到的情况下发生的,底层的表达正是在这种集体无意识中得以产生并影响事态发展,也唯有在此意义上他们的表达才有可能。

底层社会生活史的研究目前已经成为学界比较注意的领域,但是如何倾听底层民众的声音,而不是代他们立言;如何寻找底层民众的主体性,而不是高高在上地去俯视众生,仍然是我们需要继续努力

---

① [印度]古哈:《论殖民地印度史编纂的若干问题》,张云筝、林德山译,载刘健芝、许兆麟选编:《庶民研究》,中央编译出版社2005年版,第3—11页。
② 《警察局给市长的呈文》(1948年1月10日)等,上档Q1—10—190。

第六章 慈善与产权——"寄柩所风波"

的目标。在难民史研究中还难民以主体性地位,将为我们理解那一段艰难的历史提供更多的真实面向;同时也会让我们进一步明白,底层社会的声音不仅可以听到、应该听到,而且是必须被倾听,必须做出适当回应的。

慈善组织等社会团体作为地方社会公益性组织,其房屋、财产等具有明确的权属关系,是公团私有财产,理应得到法律和政府的保护。但慈善组织开展的活动又大都是无偿救济、无偿援助弱势群体,而且一般对救济对象不分畛域,不分民族,甚至不分国籍,不分肤色,只要是符合救济标准的弱势者,一体都在受救济之列。这样容易导致部分人认为反正慈善组织的资产就是应该发给穷人的,在穷人落难的时候,就可以理直气壮地占据慈善机关的资产。其中实际上涉及一个如何理解财产所有权的问题。不管财产属于谁,都具有私有或者是专享属性,都受到法律保护,慈善组织的财产自然也不例外。慈善组织可以无偿将其财富散发给弱势者或者特定受济对象,但是他们也都有自己的事业范围,有自己的事业规划,尤其需要尽可能维持其长久性,并且也要保证自身组织的独立性和完整性及其神圣不可侵犯性,不能容忍任何人以弱势者之名或者哪怕是真正的弱势者随意侵占自身的资产。当然,慈善组织等如要保护自身利益,也需要借助完善的法律制度和强有力的政权机关的保护,如果遇到侵犯而毫无办法,则此种环境下亦不可能有发达的慈善事业,最终的结果不仅是慈善机关无法立足,更多的无告贫民更是无法获得来自慈善组织的资助与救济,因而会处于其实是更为糟糕的境地。因此,发扬慈善机关的作用,需要有完善的法律制度和严格且强有力的执行机关的保障,否则一切都是镜花水月、空中楼阁。上海民间慈善组织深谙此道,既要尽可能保持自身的独立性,同时也要有限度配合政府的管理,并在需要的时候积极寻求政府协助和支持,从而使得上海慈善事业即使历经各种动荡局势和艰难境地,依然处在持续发展之中。

第七章
上海慈善网络的形成

前文已经多次提及并详细论证过上海民间慈善事业的发达程度,早在开埠以前,上海已有众多慈善组织,开埠以后更是有"善堂林立"之说。① 太平天国运动以后,上海出现兴办慈善组织的热潮,此后一直到民国时期,上海的慈善事业始终处在不断发展之中,建立起相当庞大的慈善组织网络,成为民国时期民间社会发展的重要组成部分。本章集中论述上海慈善事业的网络化发展,进而展现上海慈善事业发展的整体概貌。

一、慈善组织的网络化

近代上海最著名的慈善组织是同仁辅元堂,它也是当时上海慈善界的领袖团体。② 同仁辅元堂的前身是同仁堂和辅元堂,同仁堂是综合性善堂,其所举办之善举包罗万象,几乎涉及了所有的慈善活动,因此,其甫一成立,立即成为上海"诸善堂之冠"③;辅元堂以赊棺、施棺为主,兼办其他善举。咸丰五年(1855年),清军收复小刀会占领的上海后,同仁堂董事经纬(芳洲)等"迭奉宪谕,将两堂合而为一,重

---

① 〔清〕王韬:《瀛壖杂志》,第29页。
② 梁元生:《慈善与市政:清末上海的"堂"》,《史林》2000年第2期。
③ 《上海县志》,同治十一年刊本,第195页。

集捐资,复兴善举"①。也就是说同仁堂与辅元堂在 1855 年正式合并,并改名同仁辅元堂,同时兼管上海育婴堂事宜。

同仁辅元堂合并后发展很快,兴建或接管了诸多慈善组织,成为上海老城区慈善界的领头羊。1860 年同仁辅元堂董事会同绅商在公共租界创立同仁保安堂,一切活动"皆仿同仁辅元堂行之"②。1862 年,因全节堂"嫠多费寡",同仁辅元堂添"保""守"二等,补助寡妇,并兼管全节堂。③ 1872 年,同仁辅元堂恢复设立救生局④;1903 年儒寡会移设同仁辅元堂,归其兼管⑤;设立在法租界的同仁辅元分堂,"一切事皆同仁辅元堂主之"⑥。可见,同仁辅元堂不仅自身积极开展慈善活动,同时对沪上其他诸多的慈善团体负有责任,在无形中"已然成为上海慈善界之首"⑦。实际上,以同仁辅元堂为中心,上海已经开始出现了慈善组织的网络化发展倾向。

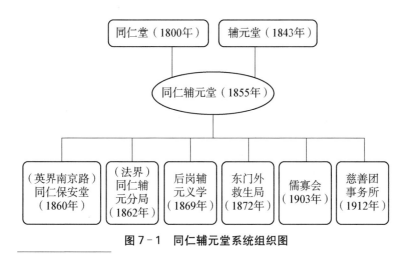

图 7-1　同仁辅元堂系统组织图

---

① 《上海同仁辅元堂征信录》,转引自[日]夫马进:《中国善会善堂史研究》,第 606 页。
② 吴馨、姚文枏等:《上海县续志》,台北成文出版社 1975 年版,第 208 页。
③ 《上海县志》,同治十一年刊本,第 197 页。
④ 《上海县续志》,第 205 页。
⑤ 同上书,第 218 页。
⑥ 同上书,第 209 页。
⑦ 梁元生:《慈善与市政:清末上海的"堂"》,《史林》2000 年第 2 期。

与同仁辅元堂同时存在的还有果育堂、仁济善堂、普育堂等大型慈善组织,它们开展的活动与同仁辅元堂"大同小异",其规模则与同仁辅元堂相似或略有超越,而且他们都在不同的地方设立有自己的分支机构,同时从事多种善举,开始形成不同的慈善网络圈。① 梁其姿认为19世纪中国传统慈善组织的发展出现了两大趋势:"小社区化"和"儒生化"趋势,即慈善组织在规模上小型化、社区化,在职能上更加侧重维护中下层儒生的身份、地位等。② 这一结论在近代宁波慈善史上也似乎是得到了印证③,但此时期上海慈善事业的发展却有着完全不同的路径,出现了很多活动范围广泛并与其他慈善组织相互联合与支援的大型慈善组织,而且它们发挥的作用和影响力远远超过"社区化"的小型慈善组织。

1912年3月1日,上海各慈善团体假座同仁辅元堂,共商慈善大计,最终决定成立上海慈善团。④ 上海慈善团由"市区旧有之同仁辅元堂、果育堂、普育堂、育婴堂、清节堂、保节堂、全节堂、同仁辅元分堂、施粥厂、救生局暨新成立之新普育堂、贫民习艺所"组成,在同仁辅元堂设事务所,负责全团具体事务,事务所由慈善团董事会领导。⑤

上海慈善团成立后,上海栖流公所、妇女教养所、上海孤儿院、同仁辅元堂南市办事处、保婴局、吴庆馥堂、保安司徒庙、同仁保安堂(后改为保安养老所)、顾德润堂、上海游民习勤所、淞沪教养院(即游民习勤所第二所)⑥、赒葬局、普安施粥厂、保赤局⑦、慈善病院⑧等组织先后加入慈善团,成为慈善团的组成部分;同时上海慈善团还兴办

---

① [日]夫马进:《中国善会善堂史研究》,第572—580页。
② 梁其姿:《施善与教化——明清江南的慈善组织》,第239、305页。
③ 孙善根:《民国时期宁波慈善事业研究(1912—1936)》,第392—395页。
④ 《上海县志》,民国二十四年刊本,台北成文出版社1975年版,第699页。
⑤ 《上海市自治志·各项规约、规则、章程》,丙编,《上海市政厅章程——慈善团办法大纲》。
⑥ 上海游民习勤所编印:《上海游民习勤所第一届报告》,上海市图书馆藏。
⑦ 《上海慈善团章程》,上档R15—2—71。
⑧ 上档Q6—18—329。

了第一、二、三义务小学校、养济院①等,并在每年冬季与其他慈善组织一起共建庇寒所。这些慈善组织以上海慈善团为中心形成了一个规模巨大的慈善组织网络,成为近代上海慈善组织中最重要的团体,或者说是一个巨大的慈善组织群团,是一个慈善界的复合组织,或者说是织成了一张以慈善团为核心的慈善机构网。

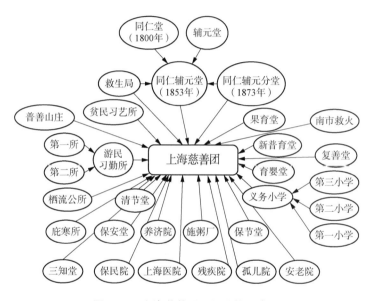

图7-2 上海慈善团组织结构示意图

慈善团主要业务范围在上海老城厢,但也不断吸收其他地区的慈善团体加入,亦大力支持界外其他慈善组织。几乎与上海慈善团成立同时,闸北于1912年新建闸北慈善团,办有妇女习艺所、闸北医院、蓝十字会谦益伤科医院、蓝十字会、闸北粥厂等机构,成为闸北地

---

① 上档Q—130—6—61。

区的主要慈善组织。① 租界的仁济善堂得益于租界经济的迅速发展，先后设立分堂、医院及其他机构等，其组织和规模也进一步扩大。这些慈善团体都以自己为中心形成了几个大型慈善组织网络，各组织网络之间亦有交叉与重叠，而"各团体鉴于慈善前途日益推广，宜有革新之计划，互助之精神……"②因此加强各慈善组织之间的整合与联系，成为上海慈善界的共识，也成为上海慈善事业发展的重要步骤。1919年由上海各慈善团体为主体成立了中华慈善团体全国联合会③，但可能因为时局及各地慈善事业发展水平参差不一，此组织未见发挥多大作用，而加强上海慈善组织之间的交流与联合日益重要，于是在1927年4月，上海南北市各城区主要慈善组织召开联席会议，决定成立上海慈善团体联合会，设事务所于公共租界的仁济善堂。④

上海慈善团体联合会（简称慈联会）涵盖了上海慈善团、仁济善堂、闸北慈善团等上海最主要的慈善团体或者说是慈善组织群团，这些大型慈善组织本身虽然规模不一，但所包含或影响的慈善团体总数非常之多，因此慈联会基本可以说包含了上海地区绝大部分慈善组织，以上海慈善团、仁济善堂和闸北慈善团等大的慈善机构为核心形成了一个覆盖整个上海的慈善组织网络。

上海慈善团的基本情况已经在第三章有详细介绍，此处从略。1880年仁济善堂于公共租界设立，1884年在北新泾设仁济分堂，1886年设协赈公所和接婴处，1888年设立仁济育婴堂。仁济善堂举办各种善举，并设有产业、经济、育婴、医药、教育和施舍六科，是一个大型综合性善堂，也可以说是以仁济善堂为中心的慈善网络。⑤

---

① 《闸北区志》，第二十八编《民政》，http://www.shtong.gov.cn/node2/node4/node2249/zabei/node40121/node40144/node63365/userobject1ai25516.html。
② 《上海慈善团体联合会呈社会局文》（1929年，标题为引者自拟），上档Q114—1—1。
③ 《中华慈善团体全国联合会通告》，《时报》1919年3月31日。
④ 《慈善团体联合会分股办事》，《申报》1927年4月6日。
⑤ 霍会峰：《上海仁济善堂研究（1880—1954）》，杭州师范大学硕士学位论文，2008年，第6—9页。

第七章　上海慈善网络的形成

中国救济妇孺会于1913年由徐乾麟等人联合绍兴、宁波、湖州、洞庭东山等地同乡会和广肇公所、复善善堂、元济善堂等同乡团体及慈善组织共同创办,在上海设总会、江湾留养院,附设男女小学校、工艺所,并先后在大连、奉天、哈尔滨、长春、营口、汕头等全国各地设立分会,在南方则与闽、广当地官厅合作,在香港与保良局合作,组成一个遍布全国的被拐妇女儿童侦探、救济网络。① 1916年,徐乾麟与冯仰山共同组织中国济生会,此后中国济生会业务逐步发达,先后创办正蒙院、义务学校、闸北济生医院,成立白十字救疫济生队等,除了在上海开展慈善活动,也积极救济外地时疫、灾荒等。② 1925年徐乾麟等创立中国道德总会,下设药店、药房、医室、诊疗室等,并创办上海中和义务小学,同样积极参加外地救援和善举。③ 这些慈善组织都不仅在上海设立一个机构,很多都形成了自身的网络结构,甚至形成全国性的分支网络。

从图7-2我们可以看出,以上海慈善团体联合会为核心,以上海其他单个慈善团体或慈善群团为基础,上海慈善界在组织上形成了一张巨大的网络。由于篇幅限制,图7-2中只展示了上海慈善团的整个组织结构,其他如中国济生会、救济妇孺总会、中国道德总会等组织都有相当多分支机构,有些甚至遍及全国各地;另外如闸北慈善团、邑庙董事会、仁济善堂等机构也拥有下属机构或分支,它们也跟上海慈善团一样可以控制和影响其他诸多机构。这些大型慈善组织自发形成了一种社团群,而且这种社团群一旦形成就会产生一些共同的规则和制约,从而形成一种类似"组织场"的力量,有利于共同事业的发展,"它们从事类似的活动,并屈从于类似的声誉及规则压

---

① 谢忠强:《慈善与上海社会——以中国救济妇孺会为视角(1912—1937)》,上海师范大学硕士学位论文,2006年,第28、61、48页;邱淑娥:《中国救济妇孺总会研究》,上海社会科学院硕士学位论文,2007年,第13页。
② 徐晨阳:《近代爱国慈善家徐乾麟》,第82—87页。
③ 同上书,第89页。

力"①。慈联会通过这些会员单位,可以进一步联系和影响其他善会善堂,虽然他们与慈联会的关系比较自由和松散,但在采取行动一致应对慈善界面临的问题时,慈善界的组织网络可以发挥巨大作用,从而使得这种组织场的力量得到最大限度发挥。

1937年,上海慈善团体鉴于战争危险越来越大,积极联络,组建了范围更大的上海慈善团体联合救灾会,联合救灾会与慈联会会员有部分重合,但两者是彼此独立的不同机构。联合救灾会包容性更广,是专为准备抗战救灾而成立,可谓因事而设;但联合会是一个常设机构,是类似行业协会的机构,与联合救灾会也在战时救济中开展合作。1937年"八一三"事变爆发当天,上海慈善团体联合救灾会、红十字会总会、世界红卍字会、上海华洋义赈会、中国济生会、中国佛教会、上海青年会、中华公教会等共同成立上海国际救济会,共同应对战时难民救济。②

民国时期,上海民间慈善组织的网络化,不仅表现在各个慈善组织本身的活动和机构网络化,如上海慈善团、仁济善堂、闸北慈善团等以自身为中心,在上海各区域设立分支机构办理善举,也如中国济生会、中国救济妇孺会等在上海设立总会,在全国各地设立分会,共同从事相似业务,以总会为中心形成善举网络。更表现为以各个慈善组织为基础,与其他慈善组织共同组建新的联络机构或新的慈善组织,前者如上海慈善团体联合会,后者如上海慈善团体联合救灾会、上海国际救灾会等,它们共同组成了近代上海慈善组织网络,实际上也开始向组建全国性慈善组织网络发展。

二、上海慈善活动网络

上海慈善界不仅在组织方面走上了联合与共同发展的道路,在

---

① Dimggio and Powell, "The Iron Revisited: Institutional Isomorphism and Collective Rationality in Organizational Fields", *American Sociological Review*, 48(2).
② 李国林:《民国时期上海慈善组织研究(1912—1937)》,第58页。

实际的慈善活动中更是互相携手,彼此支持,从而使得上海慈善团体网络有了更大的凝聚力。慈善活动的网络化有几种形式,一种是同类型的慈善组织设有很多分支机构,如县城或府城的育婴堂等在各乡镇设有育婴社、留婴局、留婴公所之类机构,它们接到弃婴后会转送县城或府城的育婴堂,由此构成育婴事业网络,这种类型的网络由来已久。① 另外一种则是不同的慈善组织联合起来兴办某些善举,它们共同出钱出力,举办临时或常规性救济,如近代上海慈善界所经常举办的设立冬季庇寒所、救济外地来沪难民、赈济外地灾荒等。

上海慈善组织之间的合作早在清末就已经开始。如同仁辅元堂在光绪四年(1878年)与其他组织合作办理直隶、河南、山西、陕西四省灾赈。② 1912年成立的上海慈善团既是一次上海慈善组织结构上的重大调整,同时也是上海慈善组织合作兴办善举的重要步骤;而且慈善团成立以后,还与其他组织合作兴建新的慈善机构,共同推进上海的慈善救济事业。如1927年为了收容上海街头的无业游民,上海慈善团与保安司徒庙、上海邑庙董事会等合作兴建了上海游民习勤所。③ 这种类型的合作由清末民初的零星偶发到民国中后期逐渐增加,有些甚至成为常规性活动,这对维持和扩展上海慈善事业具有非常重要的意义。

1927年上海慈善团体联合会成立后,上海各主要慈善组织之间有了协调和联络机关,在共同开展慈善活动方面有了更好的组织和领导力量(见图7-3)。下面以前面详细介绍过的庇寒所为例进行说明。每届严冬,上海街头流离失所的游民、贫民、乞丐等经常会有饿死、冻伤街头的情况发生。前文已经多次提及,同仁辅元堂、普善山庄等慈善组织每年冬季都需要每天出动收尸车巡逻,收殓、掩埋冻毙街头的无主尸体。清末以来,可能是经上海道台蔡钧首倡,每届冬季

---

① [日]夫马进:《中国善会善堂史研究》,第250—260页。
② 《上海县续志》,民国七年刊本,第213页。
③ 上海游民习勤所编印:《上海游民习勤所第一届报告》,第34页。

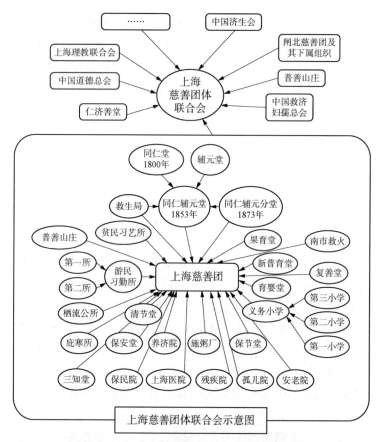

图7-3　上海慈善团体联合会结构示意图

资料来源：根据上档：Q114—1—4、Q114—1—5、Q115—16—11。

官方就指示慈善组织设立庇寒所，"奉宪开办"①。但可能并非每年都能开办，或者规模较小，《申报》上多次报道庇寒所房屋倒塌或者乞丐冻毙之类的消息，可见这一时期庇寒所能够发挥的救济功能十分有

---

① 蔡钧，字和甫，1897年始任上海道台，其间开设冬令庇寒所，此后成为惯例（《权宪口碑》，《申报》1899年4月26日，第1版）；"新闻以北太阳庙左近由前道宪蔡和甫观察创设庇寒所为穷黎栖息之处，大致与栖流所相仿佛……"（《英界琐闻》，《申报》1899年9月24日，第3版；《粒我蒸民》，《申报》1900年12月18日）

第七章 上海慈善网络的形成

限。1927年上海慈善团体联合会成立后决定在南北两市举办冬令庇寒所收容街头无家可归者,获得上海特别市警察局、社会局等的支持和赞助,并从此成为定制。慈联会本身没有资金来开设庇寒所,每次都是要求各会员认捐一定的数额,同时向社会募捐。

第五章详细介绍了五届庇寒所的开设经费来源,慈联会会员提供的实际捐款数额更大,所占比率超过了三分之一。因为慈联会能够动员几乎整个上海慈善界的力量,并且得到上海市社会局、警察局的支持,公共租界工部局和法租界公董局也予以赞助,因此庇寒所的开办,实际上就是一次上海慈善界动员能力的检验,或者说是一次慈善力量的大检阅。在这类活动中,以庇寒所为中心,各慈善组织以及其他社会团体和个人,在共同目标之下,组成了一个同心圆式的组织(见图7-4)。这个组织虽然是临时性的,似乎每年都只是严冬初春

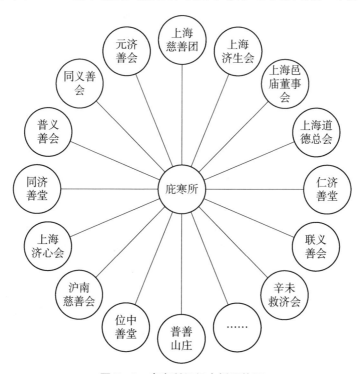

图7-4 庇寒所组织支援网络图

季几个月才编织起这张网,但每年都由慈联会组织编网,核心力量基本一直都在,各种其他力量的加入也越来越频繁,因此又是以庇寒所为圆心的、基本格局固定的长期网络。这是上海慈善活动网络的重要表现形式之一。

上海慈善活动的网络化,当然不是到民国时期才开始,而是自义赈兴起以来逐步发展的结果,我们从前面各章中亦可看到这类合作程度的逐步加深。到上个世纪二三十年代,随着上海社会经济的持续发展,城市人口增加及社会生活方式的逐步改变,慈善组织的合作也随之深化,在各种共同的善举中采取联合行动成为上海慈善界的常态。从第五章的叙述中,我们也能清晰看到,从20世纪20年代末期到30和40年代,上海慈善界在救济外地灾荒等方面进行了紧密合作,其合作方式跟在上海举办冬季庇寒所是一个模式,都由上海慈善团体联合会出面组织,由各会员团体量力而为,共同捐资救助外地灾荒。这种救助反映出近代以来民间慈善组织不断走出地域限制、积极救助外地被难同胞的观念不断得到贯彻,同时亦表明上海慈善界有着良好的自我组织和协调能力,在面对灾难时能够团结起来共同面对,增加慈善界应对灾难的力量,使得以前单个慈善团体不可能进行或不可能完成的事业在慈联会的组织下变得可能并逐步成为现实。

三、上海慈善资金的网络化

近代上海慈善事业网络化的另一个重要方面是慈善资金的网络化。一般而言,慈善组织的资金来源往往多样化,每一个慈善组织都会有各自的募捐渠道和收入来源,从这个意义上说慈善资金的来源本来就是一个网络,每一个慈善组织基本都有自己的资金网络。但这些资金进入慈善组织以后,其运用则一般是独用而非共用。

本文所说的慈善资金网络化恰恰就是指慈善团体所拥有的资金在各慈善团体之间形成的资金网络,也就是说慈善团体将其自身资金的一部分拿出来与其他慈善组织共享,资助其他慈善组织举办活动。这种功能的发挥可能类似于国外的慈善基金会,它们不仅自己从事慈善救济活动,同时也资助其他社会组织的慈善活动。资金使用的网络化也是上海近代民间慈善事业网络化发展的重要特征。近代上海慈善资金的网络化也有两个层次:一是以慈善活动的网络化为基础的各团体共同出资举办某项慈善事业,该项事业的资金主要来自各慈善团体的捐助,这是慈善资金网络化的一种重要形式,前面我们已经论述过的举办庇寒所和共同救济外地灾荒即可归入此类。另外一种即是大型慈善团体对其他慈善组织的资助与扶植,大组织通过对小组织的资金注入和事务监督等,逐渐形成各种同盟关系,进而增强了大组织在上海慈善界的地位和影响力。近代上海通过分享资金而形成的网络,主要以上海慈善团为代表。

表7-1列出了20世纪30年代前期上海慈善团每年资助其他慈善组织的资金状况。上海慈善团是由上海旧城区的主要慈善团体联合而成,本身有庞大的组织机构,其中新普育堂本是慈善团成立以后在原普育堂的基础上新建的社团,后来脱离慈善团而独立,但慈善团依然给予该堂每年最少24 000元、最高达近30 000元的高额补助。其他还有10来个团体几乎每年都能得到慈善团多少不一的补贴,当然更多的情况是临时补助,其对象也不固定。

表7-1 上海慈善团对外补助经费分配表(单位:元)

单位	1930.7.1—1931.6.30	1931.7.1—1932.6.30	1933.1.1—12.31	1934.1.1—12.31	1935.1.1—12.31	1936年度
新普育堂	24 000(特别补助5 132)	17 000(特别补助5 111)	18 000(特别补助3 000)	24 000(特别补助3 000)	24 000元(特别补助3 000)	24 000
复善堂	600	600	300元	300元	300	300
安老院	200	200	200		400(1934、1935年)	200

续表

单位	1930.7.1—1931.6.30	1931.7.1—1932.6.30	1933.1.1—12.31	1934.1.1—12.31	1935.1.1—12.31	1936年度
上海医院	2 400	1 300	1 200	1 100	100	
残疾院	1 000(院基补助4 500)	1 250(特别补助1 000)	1 000(特别补助500)	1 000(预支500,特补500)	500(特补500,预支500)	1 500
保产医院	44	40	44	36	32	48
松江若瑟医院	1 000	1 000	200	500	500	
孤儿院	1 000	2 000	500	500	500	500
庇寒所	6 000		6 000	6 000	7 000(预支2 000)	6 000
南区救火会	30	30	30	50	50	50
圣心医院	695	694	200	500	500	
中国妇孺救济会		200			200	
慈善团体联合会救济难民	1 100		1 809	1 264	3 001	
高桥三知堂	30		120	120	240	240
普善山庄	1 000	750				
慈善团体联合会普利祈祷大会	300		50	600		
慈善团体联合会江浙掩埋费	1 000					
临时掩埋	200					

续表

单位	1930.7.1—1931.6.30	1931.7.1—1932.6.30	1933.1.1—12.31	1934.1.1—12.31	1935.1.1—12.31	1936年度
辽宁水灾赈款	1 200					
赈务委员会河南赈捐	1 000					
虹口时疫医院	100					
台州公学	500					
海宁防疫费	100					
周浦辅善医院		300				
海宁县所花镇施材会		200				
各省水灾急救会		12 600				
川宝崇南启赈灾会			3 000			
川沙海潮赈灾			300			
中华职业教育社			100		2 000	
航空救国捐			100			
江阴昭德学校			200			
市公安局警士公墓			100			
儿童幸福保障部				500		

续表

单位	1930.7.1—1931.6.30	1931.7.1—1932.6.30	1933.1.1—12.31	1934.1.1—12.31	1935.1.1—12.31	1936年度
闽乱赈灾				500		
麻风疗养院				100		
盲童学校				500		
游民习勤所儿童部开办费				273.37		
金光明息灾会				50		
北桥古钟楼建筑费				100		
松江后岗镇修街费				300		
嫠妇汪赵氏				50		
仁济医院					50	
普慈疗养院建筑费					4 000	
保卫团第六队冬防费					200	
全浙赈灾会					300	
闸北慈善团施粥费					200	
北区救火会					50	
西区救火会					200	
合计	53 131	44 275	36 953	42 343.37	48 323	32 838

说明：1. 资料来源：《上海慈善团收支决算书》，上档 Q6—18—328(1)，Q6—18—328(2)；《上海慈善团收支预算书》，上档 Q6—18—332。

2. 原资料单位自元、角、分、厘，此处统一改为元，并四舍五入。

3. 本表最后一栏 1936 年度的数字为预算数，其他为决算数。

第七章　上海慈善网络的形成

实际上,从前文上海慈善团结构示意图可以看出,慈善团与其他组织之间大致处于三个不同层次的关系中。处于第一层次的是完全隶属于慈善团的同仁辅元堂及所属机构、上海育婴堂、上海游民习勤所、普益习艺所、妇女教养所以及上海慈善团第一、第二、第三义务小学。① 这些组织由慈善团接收、兴建并管理,虽然它们也有组织机构,但业务上完全由慈善团董事会领导,其经费由慈善团负责,在慈善团财政预算的"业务开支"项下领用"慈善事业经费"和"教育事业经费"。②

处于第二层次的是业务上接受慈善团董事会领导,但又有相对独立的办事机构的组织。这些组织加入了上海慈善团并由其兼管业务,但自身也有董事会之类的领导机关,并有相对完整的会计核算,有自身的收入来源和募捐渠道,不过它们的经费来源中有相当一部分依靠慈善团拨款,如栖流公所、保安养老所、新普育堂等组织都"各设主任,各自收支,经费不敷,堂中按月补助"③,另外,上海慈善团养济院等也属此列。④ 这些组织在具体业务活动上也接受慈善团董事会的指导,有时候与慈善团各团体之间有某种分工与协作的关系,它们在慈善团核心圈外形成了第二个圆圈。

处于外圈第三层次的是接受慈善团资助的组织。这些组织没有直接加入慈善团,业务也不受慈善团董事会的监管或领导,甚至地域也不限于上海地区,但是这些组织在经济上有时候会接受慈善团的资金资助,表 7-1 中大部分组织都属于该层次。因此民国时期上海慈善界以慈善团为核心,形成了一个多层次的圆圈,构成一个复杂的慈善事业网络。这种格局看起来似乎很容易让人联想到费孝通所谓的"差序格局",可见民国时期上海慈善界的这种自我组织能力和协

---

① 上档 Q6—18—329;《上海县志》,民国二十四年刊本,第 699 页。
②《上海慈善团收支决算书》,上档 Q6—18—328(1),Q6—18—328(2);《上海慈善团收支预算书》,上档 Q6—18—332。
③ 上档 Q6—18—329;上档 Q6—18—331(1);《上海县志》,民国二十四年刊本,第 699 页。
④ 上档 Q114—2—1。

调能力是扎根于中国社会固有的文化传统,而非外来或偶发因素;同时也说明上海民间社会具有相当强的自我组织和自我管理的能力,并不是"一盘散沙"可以轻易概括的。

当然,上海慈善团与其他慈善组织之间的关系并非固定不变,而是处于不断变化之中。有些组织可能会在三个层次中变动,如新普育堂就是如此;也有一些可能会从受助对象中取消,如普善山庄、上海医院等都在 1934 年以后从慈善团预算表的补贴对象栏中消失;但也不断有新的组织接受慈善团的资金补贴。① 这些说明上海慈善团以资金补贴为链条,在许多慈善机构之间形成了新的网络关系,构建起一个新的慈善平台。慈善团拥有庞大的房产、地产和其他收入来源,每年有巨额收入可供支配。② 慈善团一方面充分利用这些资源来开办和兴建慈善机构,另一方面也通过补贴其他慈善组织,通过群策群力使得上海的慈善事业得以顺利开展。慈善团作为一个社团法人,没有将自身的资金作为自己的私产,而是大方地补贴给其他慈善团体,从而维持和扩大了上海慈善事业的整体规模和水平,为民国时期上海慈善事业的发展作出了巨大贡献。而且,慈善团也并没有依仗自身雄厚的财力而轻视或者敌视其他慈善组织,即使是慈善团补贴的组织会不断变化,但也没有因此出现交恶之事。除上海慈善团外,上海其他大型慈善机构也构建起类似的资金网络,将自身余裕资金补贴给其他慈善机构,从而共同推进了上海的慈善事业。这些接受其他团体资金补贴的组织,有时候会同时接受几个大组织的补贴,在此基础上又会形成不同的组织网络关系,进一步加强了上海慈善

---

① 上档 Q6—18—331(2)、Q6—18—332。
② 1928 年上海市主要的 28 家慈善机构拥有不动资产 1 400 多万元,其中上海慈善团拥有 870 多万元,占整个慈善团体拥有不动产总量的 60%多;28 个团体当年现实收入 61 万多元,慈善团即占 70%以上,达 44 万多元([日]小浜正子:《近代上海的公共性与国家》,第 86—87 页)。而 1928 年整个上海市政府的财政收入只有 381.75 万元,上海慈善团的收入即达到市政府财政收入的 11.5%,可见其财力十分雄厚(《上海通志》第二十四卷,http://www.shtong.gov.cn/node2/node2247/node4577/node79481/node79489/userobject1ai103871.html)。

第七章 上海慈善网络的形成

事业的网络化倾向。

上海慈善团把上海慈善界相当多的慈善组织团结起来，有利于民间慈善事业的发展，而且这种发展是一种从自发到自觉的发展。在这一发展过程中，上海民间慈善事业逐步抛弃那些与近代城市社会发展不相适应的观念，转而吸收西方社会福利思想，逐渐引入社会公益理念①，从而进一步促进城市社会自身的发展。而从表7-1中我们看到，慈善团所补助的慈善组织不仅有传统的善会善堂、学校，也有近代以来兴起的慈善医院，更有大量主要救助上海以外地区的临时灾难救济组织。这些接受补助的机构中有许多是上海周边甚至是上海以外地区的慈善组织，如周浦辅善医院、海宁县所花镇施材会；还有对各地水灾、风灾等的救济补助。这说明上海慈善团的活动已经不仅仅在上海老城区，甚至也不仅仅在上海新发展起来的租界、华界地区，而是惠及周边城乡甚至外地。慈善团的这些活动说明了这样一个事实：上海民间慈善事业在民国时期大大突破了地域观念的束缚，救济范围大为扩大。

近代上海慈善组织之间的合作与联合基本都是自愿的，大家为着共同的公益目标走到一起，结成同盟或合作关系。虽然夫马进认为上海很多慈善团体的兴建是为了与既存慈善组织竞争与抗衡，如辅元堂的成立是为了抗衡同仁堂，而仁济善堂、果育堂的成立是为了抗衡同仁辅元堂等。②但这种竞争关系在近代上海并没有演变成敌对和破坏关系，辛亥革命以后果育堂与同仁辅元堂一起加入了上海慈善团，而仁济善堂则发展成为公共租界最大的善堂，并在1927年以后与上海慈善团一起加入了上海慈善团体联合会，成为慈联会最重要的组织之一，而且是慈联会机关所在地，共同促进了上海慈善事业网络的形成与扩大。

---

① 中国济生会在其章程声称"本会实行慈善义务，以增进国民公益为宗旨……"，上档 Q114—1—9。
② ［日］夫马进：《中国善会善堂史研究》，第544、573、576页。

四、与其他城市慈善事业的比较

现有研究一般认为中国传统慈善事业在清代中期或是末期发生了重大变化。① 然而这些变化是如何发生的？它们在各地的变化情况是否一致？这些变化产生了什么样的影响？这些问题实际上现在都还没有得到解决。② 单纯存而不论当然不能解决问题，上海慈善事业在近代以来的确是发生了很大变化，上海地区的慈善事业从多方面构成了一个庞大的慈善网络。但是这种变化只是在上海发生的呢，还是一种普遍现象？下面根据几个城市慈善事业的发展状况来对此问题进行分析说明。

宁波在历史上是中国东南沿海最重要的城市之一，尤其在对外贸易方面具有非常重要的地位，在清代以前是主要的对外贸易港口城市，清朝时期仍然是重要的东亚贸易城市。可以说其经济发展水平和在全国的地位在开埠之前都比上海更高。鸦片战争之后宁波与上海一样成为最早对外开埠通商的五口之一。但上海凭借其优越的地理位置和广阔腹地，在开埠之后迅速后来居上，不仅很快超越宁波，而且发展成为全国性的对外贸易和经济中心。③ 当然宁波在开埠之后也获得了迅速发展，港口贸易兴盛、商业繁荣、近代工商业发达，俨然"东南之一大都会""浙东物产之集散中心"④。形成于明末清初

---

① 梁其姿：《施善与教化——明清的慈善组织》，第 1—2 页；[日]夫马进：《中国善会善堂史研究》，第 644 页。
② 实际上，即使是梁其姿和夫马进在这个问题上也没有取得共识。梁其姿认为 19 世纪五六十年代以后中国慈善组织就发生了太多的非传统因素，但是夫马进认为中国传统善会善堂在鸦片战争甚至太平天国运动以后都没有发生什么本质变化，没有从"既成的'善举的体系'中迈出一步"，而是到民国时期才发生变化（梁其姿：《施善与教化：明清的慈善组织》，第 1—2 页；[日]夫马进：《中国善会善堂史研究》，第 572、643—644 页）。
③ 孙善根：《民国时期宁波慈善事业研究(1912—1936)》，第 2 页。
④ 张其昀：《敬告宁波商界》，1927 年 6 月 1 日，转引自孙善根：《民国时期宁波慈善事业研究(1912—1936)》，第 5 页。

的宁波商帮在近代更是发展成国内第一大商帮,称雄于近代商界半个世纪。① 本地经济社会的发展以及旅外富商的增多,为宁波本地慈善事业的发展打下了良好基础,清末以来宁波在原有慈善组织发展的基础上又兴建了一大批会善堂以及新式公益慈善机构,如慈善医院、青年会等;民国以后商人更加大力投入慈善事业,传统慈善组织也开始发生变化,推动了宁波慈善公益事业的发展。② 1927年南京国民政府建立以后加大了对社会的控制力度,一度接管和改造了许多宁波原有的慈善组织,并新建官办救济院等机构。③ 国家接管以后,民间力量兴办慈善事业的积极性受到极大压抑④,许多慈善公益机构纷纷退出慈善舞台。

尽管近代以来宁波的慈善事业也得到了长足发展,但是同为最早对外通商港口城市之一的宁波的慈善事业发展却远不能跟上海相比,尤其在慈善组织自身的组织程度方面。宁波的慈善事业基本处于各自为政的自发性阶段,因此南京国民政府成立以后国民党宁波市政府相对比较容易地介入到民间慈善事业的发展中来,并接管和改造了许多原有慈善组织,于1929年拼凑成立了宁波市救济院。但是由于市政府财力匮乏,无力维持改组后的救济院的正常运行,不得不逐渐缩小救济院规模,从而损害了慈善救济事业的发展。⑤ 与之形成鲜明对比的则是上海慈善界联合起来反对由财力匮乏的市政府接管慈善事业并成立救济院的计划,因此在1929年各地相继成立救济院的时候上海市救济院并未能如期成立,使得上海民间慈善事业得以保持发展势头,反映出上海民间慈善组织联合力量的强大。⑥ 正如

---

① 孙善根:《民国时期宁波慈善事业研究(1912—1936)》,第6页。
② 同上书,第379—380页。
③ 同上书,第305—311页。
④ 1932年鄞县县长陈宝麟抱怨宁波市救济院经营困难时说:"旧有董事往往以既经官办而相率敛手,不肯协助。"《鄞县县政统计特刊》,第二集,转引自孙善根:《民国时期宁波慈善救济事业研究(1912—1936)》,第371页。
⑤ 孙善根:《民国时期宁波慈善事业研究(1912—1936)》,第308、371页。
⑥ [日]小浜正子著,葛涛译:《近代上海的公共性与国家》,第111—112页。

孙善根所说,民国时期宁波慈善事业虽然有发展,但是与上海等地相比,"组织程度较低",除了偶尔一些临时性的联合以外,整个慈善事业缺乏组织性、系统性,缺乏必要的联络。①

杭州是浙江省城,浙江巡抚衙门所在地,也是杭州府治所和钱塘、仁和二县县治所在地,是东南政治、经济、文化中心之一,因此在传统时期杭州的慈善组织相当发达,可能还是全国最早建立育婴堂的地方。② 在清代末期,杭州慈善事业的发展出现了一个重要特征,即杭州善举联合体的诞生。根据夫马进的研究,杭州善举联合体拥有12个机构或说由25个部门和善会善堂组成,这些组织之间既有分工又有合作,类似于近代都市行政机构,其慈善事业几乎覆盖了杭州市民都市生活的方方面面。③ 杭州善举联合体的成立与几个大善堂的出现紧密相关,首先是1812年成立的普济堂。清代全国普遍设立的普济堂与国家之间的关系非常紧密,杭州普济堂更是"具有综合福利中心的性质"④,它成立后统合了原有的一些善会善堂,俨然成了杭州善会善堂的领袖机构。1864年9月在闽浙总督兼浙江巡抚左宗棠的支持下地方官与地方绅士协作成立了同善堂,同善堂下辖11个局、会、义塾,实际上对原有善会善堂进行了新一轮整合,并最终在同善堂和普济堂的基础上成立杭州善举联合体。⑤ 从这个过程我们似乎可以看到上海从同仁堂、辅元堂到同仁辅元堂,再到上海慈善团,到最后成立上海慈善团体联合会这一慈善组织不断走向联合与网络化的过程。

杭州善举联合体的基础是普济堂和同善堂,而这两者都与中央政府官员或地方官府关系非常密切,因而与同仁辅元堂和上海慈善团具有不一样的性质,并最终导致两者的结局迥异。杭州善举联合体的发展一度非常迅速,但资金大多来自政府拨款资助或者是各行

---

① 孙善根:《民国时期宁波慈善事业研究(1912—1936)》,第395页。
② [日]夫马进:《中国善会善堂史研究》,第148—149、466页。
③ 同上书,第468、476页。
④ 同上书,第468页。
⑤ 同上书,第468—471、482页。

业的行捐。1867年其总收入为9 394千文,其中靠捐和行捐为7 637千文,占到总收入的81.3%。此后善举联合体的收入迅速增加,1877年为30 874千文,1887年为66 624千文,1897年为74 385千文,每年靠捐的数量相对稳定,在16 000千文到18 000千文不等,占总收入的27%—53%不等,行捐占总收入的20%—45%,因此靠捐和行业捐助成为杭州善举联合体的主要收入来源。① 但即使有如此之多的带有公款性质的收入,善举联合体仍然每年入不敷出,1867年支出19 768千文,1877年则为42 204千文,1887年为83 460千文,1897年为100 746千文,每年处于负债经营状态,而经费不足之数需要由管事的善举总董募集甚至是自掏腰包垫付。② 正因为浓厚的官方背景和经费的严重不足,使得杭州善举联合体的董事尤其是善举总董的职位逐渐具有徭役性质。地方士绅大多不愿担任善举总董,即使有时候不得不以"捐助"大笔金钱为代价,也不愿接手善举联合体的经营。③ 所以杭州慈善界尽管在清代中后期就出现了规模庞大的联合组织,但是其发展并不顺利,并且还存在经费严重不足的致命威胁。辛亥革命以后清政府垮台,依靠地方官府强制性联合经营的杭州善举联合体很快就销声匿迹。其主要机构同善堂在1928年改为市立,隶属于杭州市政府,其执行委员和监察委员均由市政府委任。改组后的同善堂主要办理育婴堂、贫儿院、残废院、老人堂、施医局、济良所、救生公所和材埋局,并且接管了另一个主要组织普济堂的接婴事务,可见普济堂此时的发展亦不顺利。④ 善举联合体下的崇文义塾在清末改为学校,辛亥以后原管理绅士均被辞退,学校改为私立,从

---

① [日]夫马进:《中国善会善堂史研究》,第483—484页(靠捐是当时征收厘金时加征10%的税金,专用于慈善事业;行捐则是指各行会的捐助)。
② 同上书,第514—515页。
③ 长期担任杭州善举联合体善举总董的富商丁丙在15年任内为善举联合体垫付累计达3万千文,而在退任后成为八名总董之一的15年内另外垫付高达10万千文。有的士绅甚至出洋银两千元,只为了免却担任善堂董事的责任。([日]夫马进:《中国善会善堂史研究》,第514、517页)
④ 《杭州市立同善堂章程》,《市政月刊》(杭州)1928年第5—6期。

1914年开始获得省议会的部分补助费,但经费问题始终是影响该校发展的关键,一度还出现与曾同属联合体的正蒙义塾争补助费之事,可见两个义塾此时经费都很紧张。① 而且在崇文校长千方百计寻求解决学校经费问题的过程中,始终看不到其他慈善组织或联合体的协助,可见此时杭州善举联合体早已不复存在,各慈善团体只能自谋生路,自求多福了。

北京是明清两代首善之区,其慈善事业也相当发达,清末民初慈善组织的数量更是显著增加。② 然北京因为是帝国首都,官府衙门众多,"官"的力量十分强大,很多慈善组织虽然是以民间的名义成立的,但是官绅这一社会群体往往在其中发挥主导作用。而且这些慈善组织的经费很大一部分依靠官府拨款,不同的慈善组织背后有不同的衙门支持,如首善工艺厂得到民政部、北洋大臣及大清银行的资助;顺天教养局经费包括顺天府恩赏、崇文门津贴、备荒经费储蓄以及官地租息等。③ 这些慈善机构实际既是官绅从事善举的重要地方,也与他们的官威、政绩紧密相关,因此,各组织之间各自为政、不相为谋的情况十分严重,其竞争关系远远超过合作关系。

清政府垮台以后,尤其是1927年国民党政府定都南京以后,1928年北平特别市政府成立,北京改名为北平,而北平市政府财力有限,原本依靠官款或官绅及其部门资助的慈善组织大多无以为继,或举步维艰。于是认识到北平慈善救济界"惜无联络精神"的慈善界人士开始呼吁加强慈善组织之间的联合与合作,在此基础上民国时期的北平地区出现了一些具有较大规模的联合性慈善组织。如1919年成立的北平地方服务团,设有贫民生计所、妇女习工厂、平民学校、儿童游戏场、贫民借本处、贫民医院等机构。该机构因为卓有成效而被各地纷纷模仿,后来组织成立北京地方服务团联合会。成立于

---

① 徐清华:《从崇文义塾到崇文中学》,钟毓龙:《崇文中学办校经过》,均载石仲耀编:《百年崇文》,上海科学普及出版社2006年版。
② 王娟:《近代北京慈善事业研究》,人民出版社2010年版,第147—149页。
③ 同上书,第157—158页。

第七章 上海慈善网络的形成

1922年的京畿粥厂专门负责北平及四郊26个粥厂的组织领导工作。1922年成立的京师公益联合会,以"专办北京慈善事业"为宗旨,更是包括中国红十字总会、北平基督教男女青年会、北平地方服务团、同善社、贫民救济会等57家团体。这些大型团体的兴起有利于协调全市慈善救助行动,但是北平慈善界的联络并未因此有根本改变,因此1935年底,北平市社会局鉴于所辖各慈善团体"各自为政,不相联络",因而导致本地"救济事业不进步",乃主持成立北平市各慈善团体联合会。① 当时有20多个慈善组织加入了联合会,京师公益联合会此时改名为北平公益联合会,成为慈联会的会员团体之一;京畿粥厂和北平地方服务团则不见了踪影。②

表面上看起来,北京慈善界与上海慈善界一样走上了联合发展的道路,但实际上二者却有相当大的区别。上海慈善团体联合会的成立是在1927年4月(在国民党上海市政府成立之前),由上海主要慈善团体自行组织成立,上海慈善团、仁济善堂、闸北慈善团等大型慈善组织在其中发挥了重要作用,具有类似同业公会或行业协会的性质,是上海慈善界为了业务发展的需要而采取的重要举措。如前所述,上海慈联会成立后马上就因为救济院的问题与新成立的上海市政府进行了多回合的博弈,拒绝了市政府救济院方案,并在提交会计报告书等问题上迫使市政府作出了相当大的让步,最终保持了慈善界相当大的独立性。③ 而北京各慈善团体联合会的成立则是由北平市社会局发起,并由社会局召集各慈善团体开会成立,其办事处就设在社会局内;北平市各慈善团体联合会开始甚至准备聘请市长和社会局局长担任正副主席,后来被市长否决后才改聘为名誉正副主席。在35人的慈联会职员名册中,除了市长和社会局长以外,另外还有6名社会局的工作人员担任了慈联会的干事;该会刚成立时正

---

① 田尚秀选编:《北平市各慈善团体联合会成立史料》,《北京档案史料》2007年第3辑。
② 同上。
③ [日]小浜正子著,葛涛译:《近代上海的公共性与国家》,第110—116页。

式会员 25 个,北平市公安局赫然在列。① 也就是说北平市各慈善团体联合会是在官方运作下成立的组织,是作为政府社会救济的一种辅助手段而成立的,是自上而下地组织起来的一个机构,与上海那种自下而上由民间自行组织并保持相当大的独立性的社会组织不可同日而语。

上海、宁波、杭州和北京恰好处在清代和民国前期中国城市的四个不同等级之中。北京是首都;杭州是省城;宁波是府城;上海只是个县城,处在中国城市的最后一个等级上。但是开埠通商以后,上海却后来居上,迅速成为中国经济和外贸中心,成为中国第一大城市,其城市化程度和水平都远远高出其他几个城市。杭州、宁波虽然也先后开埠,社会经济也获得了很大发展,但在城市排序上却落后于上海。国民党政府定都南京以后,北京的政治、经济地位都落后于上海。通过对四个城市慈善事业发展的比较,我们可以看出各自不同的特点。晚清民国以来,宁波慈善事业基本上还处于各自为政的阶段,只是偶尔会有临时性的联合举动。杭州则有过比较高的联合水平,但这种联合不是杭州慈善事业发展的自然进程,而是官方主导下的硬性联系,其善举总董逐渐具有徭役性,其联合的关系也随着清朝的崩溃而结束。北京慈善组织在晚清时因为强烈的官方背景而不相联络,到民国时期逐渐开始出现跨团体的联合,1935 年成立的北平市各慈善团体联合会虽然也具有一定的联合基础,但其组织程度、网络化程度都远不如上海水平高,其自我管理能力和水平当然也不如上海慈善界。

因此这四个城市的慈善事业在晚清民国时期的确开始发生变化,并先后出现了加强联合与自我管理的趋势,但是不同城市的联合与自我管理水平各不相同。由此我们可以得出两个结论:第一,在政府权威相对缺乏或管制相对宽松的情况下,一个城市社会的自我组织与自我管理能力与该城市的经济基础和城市化发展水平呈正相

---

① 田尚秀选编:《北平市各慈善团体联合会成立史料》,《北京档案史料》2007 年第 3 辑,第 67—68、72 页。

关关系。第二,近代以来中国传统慈善事业的发展变化与中国社会发展的不平衡性紧密相关,这种变化发生的时间先后不一,各地区各城市具体表现更是各不相同,不能简单概而述之。

五、战争与上海慈善网络衰落

1937年上海"八一三"事变后,抗日战争全面爆发,南京国民政府的"黄金十年"结束,此后经历抗战和内战,上海慈善界一直步履蹒跚地前行,形成中的上海民间慈善网络遭遇重大危机,开始走向衰落和崩解。

1937年抗战爆发后,上海华界于是年11月沦陷,公共租界苏州河以南地区和法租界成为"孤岛",在经历了短暂的"畸形繁荣"后,经济开始衰退。抗日战争初期,上海接纳各地难民一度多达130余万人。一方面是战争造成的深重灾难,难民大量涌入上海,嗷嗷待哺;另一方面却是国家、政府的缺位或沦为傀儡,而民间的慈善组织也因为战争的爆发以及战后日军的抢占而损失惨重,开展慈善救济活动显得力不从心,而难民救济又是当务之急。因此,此时期民间慈善组织大多都投入难民救济之中,尽力减少战争给普通老百姓带来的灾难和困苦,发挥慈善救济慈悲为怀的人道主义关怀。

1936年底,随着局势日益紧张,国民党上海市市长吴铁城召集上海慈善团体负责人黄涵之、屈映光等组织成立上海慈善团体联合救灾会。与此前的上海慈善团体联合会不同,联合救灾会由上海市市长担任主召集人,很多没有加入慈善团体联合会的慈善组织加入了慈善团体联合救灾会,也就是说后者具有更大的包容性。上海主要慈善组织基本上都参加了联合救灾会,救灾会办公地点也设在租界仁济善堂内。① 实际上与上海慈善团体联合会在同一个地方办公,而其主要办事人员也基本上是同一批人马。

1937年7月上海市社会局局长潘公展又联合各慈善机构组建上

---

① 《上海慈善团体联合救灾会名单》,《福建省政府公报》第663期。

海市救济委员会(简称救委会),进一步将慈善团体、各同乡会等社团的救济功能联合起来,准备进行难民救济工作,会址仍然设在仁济善堂。① 因此,抗战爆发前夕,仁济善堂同时有四个救济组织在办公,除了仁济善堂本身以外,还有1927年成立的上海慈善团体联合会、1936年成立的上海慈善团体联合救灾会以及1937年7月成立的上海市救济委员会。仁济善堂因其位于公共租界,且本身有较大规模的产业,同时也是沪上慈善界聚首之处,因而为各方所瞩目,也顺理成章成为战争爆发前各界准备难民救济的首选机关。同时也反映出上海慈善团体联合会影响力依然在发挥作用,即使政府出面组织新的救济机构,也无法绕开慈善界本身的原有组织,这进一步说明上海民间慈善力量的强大以及政府与民间组织之间关系良好。

这些机构虽然有不同的牌子,具体组成也不完全相同,但是主体部分都是上海原有的民间慈善组织,实际办事人员也主要是上海慈善界领袖及各社团办事人员。1937年"八一三"抗战爆发后,上海的难民救济工作主要由这些组织领导进行。同年11月,上海华界沦陷,参加慈联会工作的政府工作人员撤离;政府组织的非常时期难民救济委员会上海市分会,也将难民救济工作交由上海慈善团体联合救灾会办理,机构更名为上海慈善团体联合救灾会难民救济分会。而慈善团体联合救灾会在战争爆发以后专门成立了战区难民救济委员会。此后,上海慈联会成为上海难民救济的主力。1937年8月1日到1938年8月31日,上海慈善团体联合救灾会收到各界捐款1 338 232元,收到国民政府补助拨款389 800元,其他各类收入数千元,共计170余万元,但支出却高达2 009 176元。② 各难民所收容之难民陆续遣送离沪,但到1938年8月底依然设有难民收容所50处,收容难民36 078人。从1937年8月到1940年,慈联会先后设立难

---

① 《上海市难民救济工作》,上海社会科学院历史所编:《八一三抗战史料选编》,上海人民出版社1986年版,第445页。
② 《上海慈善团体联合救灾会收支决算书》(中华民国二十六年八月一日至二十七年八月三十一日),上海慈善团体联合救灾会救济战区难民委员会:《上海慈善团体联合救灾会救济战区难民委员会半年工作报告》,上海,1938年,第30页。

民所、庇寒所至少61个,收容救济难民50万人以上。①

抗战时期慈联会在集中力量救助难民的同时,各个慈善组织依然继续勉力维持自身善举。在难民大部分被遣返或安置后,慈善组织又将主要力量投入了日常救助活动之中。② 慈联会依然勉力协调各个会员,举办各类善举,如继续举办冬令庇寒所,1940年组织救助浙江宁波绍兴两府米荒,1943年组织救援河南旱灾等。③ 但此时期由于受到战争的影响,许多慈善团体财产被毁,或者结束办理,或者艰难维持,慈联会的影响力也随之下降,艰难形成的慈善网络开始衰退,面临崩解的局面。

那些曾经拥有庞大产业的慈善组织,虽然得以继续存在并举办慈善活动,但其在战争中也遭受了巨大损失。如前所述,上海慈善团在20世纪30年代拥有的不动产价值即达到878万元之多,另外还有股票、债券以及存款等若干;其当年各类收入高达20万余元。④ 战前,该团财产规模不断扩大,达到顶峰;战争爆发后,慈善团许多房屋遭到轰炸或其他破坏,到1944年6月,该团拥有的不动产总值为中储币1946.5万元。⑤ 到1950年6月,该团只有现金6884万元(人民币,旧币),另外拥有三层楼房259幢,二层楼房495幢,平房163间和土地数百亩,其他财产若干。⑥ 与战前相比,慈善团土地、房屋损失都很大,尤其是因为整个上海经济不景气,慈善团最主要收入来源——土地、房屋的租金收入大为减少。其他慈善组织的规模虽然原本就比不上上海慈善团,但如仁济善堂、新普育堂、闸北慈善团等

---

① 难民所数字见《现存各收容所地址一览表》《结束各收容所地址一览表》,两表数字相加为61个,详见上海慈善团体联合救灾会救济战区难民委员会:《上海慈善团体联合救灾会救济战区难民委员会半年工作报告》,上海,1938年,第78—79页。赵朴初:《抗战初期上海的难民工作》,吴汉民主编:《20世纪上海文史资料文库》第9辑,上海书店出版社1999年版,第285页。
② 陆利时编:《上海特别市救济事业概况》,第1页。
③ 《上海慈善团体联合会会议记录》,上档Q115—16—11。
④ [日]小浜正子著,葛涛译:《近代上海的公共性与国家》,第86、89—90页。
⑤ 《上海慈善团财产概况》(1944年6月),上档R15—2—71。
⑥ 《救济福利团体调查表》(1950年),上档B168—1—796。

图 7-5　慈愿收容所芦棚

（摘自：《上海慈善团体联合救灾会救济战区难民委员会半年工作报告》，上海，1938年，第19页）

机构也曾经拥有相当可观房产和地产用于出租取利，但在战争中同样损失惨重。

如表 3-9 所示，仅民国时期上海就新建了 170 多个民间慈善组织，加上具有慈善性质的医院、救火会等，多达近 300 个，再加上此前就已经存在并持续发展的慈善组织，20 世纪 30 年代抗战爆发之前，上海慈善组织至少有 300 个以上。到 1942 年，依然在发挥作用的上海慈善组织只剩下 140 多个①，到 1947 年依然登记在册的则只剩下

---

① 陆利时编：《上海特别市救济事业概况》，上海：上海特别市社会局救济院发行，1942 年。

100 个左右。① 1949 年 12 月,新成立的上海市人民政府民政局初步调查的结果亦显示,其时上海慈善组织只有 100 个左右。② 1950 年,民政局对全市社团进行详细调查,结果显示当时尚存"社会福利救济"团体 99 个,另有具部分慈善救济功能的同乡会 29 个、会馆山庄 51 个。③ 也就是说,经历了长达十多年的抗战和内战破坏后,曾经数量众多的上海民间慈善组织大部分消失了;而剩下的团体中,能够坚持联合举办善举的组织也越来越少,到 1950 年,曾经将大半个上海慈善界团结在一起的上海慈善团体联合会,只剩下 19 个团体会员单位④,一度强大的上海民间慈善网络无疑也开始走向衰落和解体。

六、小结

从前面的论述可以看出,民国时期的上海慈善界在组织、资金和慈善活动等方面都走上了联合与合作之路,形成了一个复杂而庞大的慈善事业网络;与宁波、杭州和北京同时期慈善事业的发展相比具有明显不同的特点,这些城市的慈善事业即使也有不同程度的联合与合作,但其组织联合程度和网络化水平都不如上海。这说明这一时期上海慈善界具有相当高的自我组织和自我管理与协调能力,显示出上海民间社会力量相当强大、发展水平相当高,与所谓"一盘散沙"式的近代中国社会有天壤之别。

在上海慈善团体联合会发生作用的同时,上海还有诸多其他全市性乃至全国性的公益慈善组织,如 1904 年成立的上海万国红十字

---

① 谢忠强:《跨越 1949:上海慈善事业新旧转型初探》,《延边大学学报(社会科学版)》2013 年第 2 期。
② 《上海市社会团体登记计划(草案)》,上档 B168—1—802。
③ 马伊里、刘汉傍主编:《上海社会团体概览》,上海人民出版社 1993 年版,第 964、966 页。
④ 《上海慈善团体调查表》,上档 Q115—16—11。

会、1907年上海老城厢组织的救火联合会①、1913年成立的中国救济妇孺总会、1917年成立的中国济生会、1920年成立的华洋义赈会②等机构不仅在上海有诸多办事机构,同时在全国很多城市中还设有分会等分支机构,它们自身又构成了一个个彼此联络的慈善网络,进一步将上海慈善网络与其他城市的慈善界联系起来,走上组建全国性慈善网络的道路。

由此可见,即使是面向社会最底层民众的慈善界在近代以来也自发形成了或正在组建良好的组织网络,大多数慈善机构跟其他慈善组织之间形成了各种各样的联系。各慈善团体在组织结构、慈善活动、慈善资金的使用等方面形成了多层次、多面向的社会网络结构,从根本上保证了慈善事业发展的需要。"社会网结构与行动是互为因果的:个体行动会自组织出社会网结构,社会网又会产生集体行动与场力,同时,场力又会影响社会网结构,场力与结构对个体行动具有约束力量。"③由单个慈善组织扩大后形成大型团体,这些团体通过联合以及其他方式进而形成社会网结构,各个慈善组织与其他慈善组织之间可以通过活动、资金以及组织关系而形成各种不同的网络结构。"社会网可以在结构与行动之间搭起'桥',也可以在个体与集体之间搭起'桥'。"④正是通过这些桥梁,上海各种慈善团体得以组织进一张巨大的社会网络,从而使得上海的慈善界不仅能够适应上海社会发展的需要,也在应对突发事件或外地大型灾害时从容不迫。宁波、杭州、北京等城市慈善事业的发展水平虽各不相同,但也可以看到从偶然合作到常规性合作与联合组织的建立这样不断走向联合管理与自我管理的态势。可以说近代中国这种局部的严密组织到处存在,在其他各种各样的社会关系中也存在这一现象。这种自

---

① 《组织救火联合会》,《申报》1907年9月8日,第19版。
② 邱淑娥:《中国救济妇孺总会研究》,上海社会科学院硕士学位论文,2007年;《中国济生会经济团成立》,《申报》1919年1月27日,第11版;周秋光、曾桂林:《近代慈善事业与中国东南社会变迁(1895—1949)》,《史学月刊》2002年第11期。
③ 罗家德:《社会网分析讲义》(第二版),社会科学文献出版社2010年版,第59页。
④ 同上。

下而上组织起来的民间社团网络一方面反映出近代中国民间社会的活力十分强大;同时也表明在近代中国社会变迁过程中,中国城市社会逐渐发展出了一整套适应社会需要的自我组织与自我协调的方法与能力。

结语

民胞物与、善与人同的思想,是中国传统文化精华之所在,也是中国传统慈善事业发展的思想依托。尽管有学者认为中国传统善会善堂在19世纪中叶以后因为被"洋化"而改变了原有发展方向;也有学者认为论述传统善会善堂最迟到清末结束为佳。[①] 但事实上,如本书各章所论述的那样,中国传统慈善组织在欧风美雨影响之下,虽然在慈善活动形式、慈善组织规模、慈善事业理念等方面有所变化(很多并未发生太大变化),但其救助弱势群体、维护社会稳定、维持公序良俗的根本目标并未改变,依然按步就班地继续维持和发展传统善举。从长时段的角度来看,中国慈善文化具有强大的生命力和适应性,在近代上海都市化过程中,不仅没有被淘汰,反而获得长足发展。当然,这种发展经历了调适和变化,慈善界人士积极主动地进行改革和创新,并在都市化过程中展现了自身的力量和作用,进而融合为都市社会之一分子。

在结语部分,我们对整个上海民间慈善组织的发展进行定量和定性的综合分析,并结合上海都市社会发展过程以及慈善组织的兴建和发展规律,深入阐述中国善会善堂以及中国传统慈善文化与都市社会之关系。

[①] 梁其姿:《施善与教化——明清的慈善组织》,第2页;[日]夫马进:《中国善会善堂史研究》,第644页。

一、慈善组织的兴建时间与数量

本书表1-1、表1-5和表3-9列出了目前所能找到的关于上海慈善组织的一些基本信息。从上述三张表中,我们可以发现,自1710年上海育婴堂成立,到1948年上海基督教青年会福利部成立,在这二百余年间,基本上可以确定成立时间的民间慈善组织有237个;另外无法确定时间的慈善组织至少还有10个;同时,至少还有60余个面向普通大众的殡舍、寄柩所等慈善组织以及至少三四十个具有慈善功能的医院、施诊所等①,这些相加总计超过340个。根据上海市民政局的调查,在解散和接收了大量社会公益慈善团体后,1951年上海还有各种社会公益团体904个,其中包括261个慈善组织。这里再次申明,本书所言慈善组织,主要是指由民间人士组织和维持、救济和资助普通弱势群体的社会公益组织。上海作为一个移民城市,先后建有众多的同乡会馆、同业公所②,也有一些大家族建立名称上亦称之为"某某善堂"的家族组织,这些也具有某种"公"的意味,也具有公益性,但受众是特定对象,主要服务的是同乡、同业从业人员或者是本家族弱势群体,因而不具有普遍性,这类组织在本书中基本上都未被列入。各类宗教组织创办的公益组织也很多,但有些是面向本教教徒或信众,也有部分是面向普通大众,可能具有潜在的传教和普及信仰的目的,但对接受救济者并未有特别限定。在本书中前者尽量不予考虑,而后者则列入讨论范围。本书所列基本能确定成立

---

① 20世纪30年代上海拥有施医施药功能的慈善组织和医院多达76个,其中部分属于本书统计的善会善堂,部分未包括其中,详见邓铁涛主编:《中国防疫史》,广西科学技术出版社2006年版,第349页。
② 1931年,上海有明确记载的会馆、公所68家;民国时期建立和存在的同乡会最少有119家(郭绪印编著:《老上海的同乡团体》,文汇出版社2003年版,第14、30页);1950年上海31家会馆,组建公所、会馆、山庄联合会,"积极争取做些公益事业",也就是积极转化为具有普遍性而非限定地域和行业的公益慈善组织。《上海市公所、会馆、山庄联合会成立大会记录》(1950年7月4日),上档Q118—1—1。

表 8-1 上海慈善组织成立时间统计表

年份	数量	年份	数量	年份	数量	年份	数量
1710 年	1	1863 年	1	1895 年	1	1921 年	7
1745 年	1	1864 年	1	1898 年	1	1922 年	5
1749 年	1	同治时	1	1899 年	1	1923 年	9
1761 年	1	1867 年	1	1900 年	1	1924 年	7
1800 年	1	1868 年	2	1901 年	2	1925 年	6
1809 年	1	1869 年	1	1902 年	1	1926 年	11
1828 年	2	1870 年	3	1903 年	1	1927 年	7
1832 年	1	1872 年	1	1904 年	5	1928 年	4
1836 年	1	1873 年	2	1905 年	5	1929 年	3
1837 年	1	1874 年	3	1906 年	2	1930 年	6
1843 年	2	1875 年	2	1907 年	4	1931 年	3
1845 年	1	1877 年	1	1909 年	2	1932 年	2
1847 年	1	1878 年	1	1910 年	3	1933 年	1
1848 年	1	1880 年	1	1911 年	3	1935 年	3
1850 年	1	1884 年	1	1912 年	8	1936 年	1
道光时	1	1885 年	4	1913 年	3	1937 年	3
1853 年	1	1887 年	5	1914 年	3	1938 年	2
1855 年	1	1888 年	3	1915 年	1	1940 年	1
1858 年	1	1889 年	1	1916 年	4	1941 年	3
1859 年	1	1891 年	1	1917 年	2	1943 年	1
1860 年	1	1892 年	1	1918 年	7	1944 年	1
1861 年	1	1893 年	1	1919 年	10	1946 年	1
1862 年	2	1894 年	1	1920 年	12	1948 年	1

资料来源：综合本书表 1-1、表 1-5 和表 3-9 而来。

时间的 237 个慈善组织,不包括对救助对象有地缘、业缘、血缘或信仰上之特别规定者(不排除少数有类似要求,而笔者目前尚未掌握者)。

从时间上来看,上海一地在二百余年间成立237个慈善组织,差不多每年会新增一个。从分时段考虑,可以更好地发现规律。1710—1842年的132年间,也就是上海开埠之前,先后建立慈善组织11个,最多的1828年两个,平均12年才建一个;1843—1911年,晚清68年间新建86个,年均1.26个,1887年、1904年和1905年每年新建5个;1912—1927年,北洋时期16年间新建102个,年均6.31个,最多的1920年,新建12个;1928—1948年,南京国民政府时期20年间,新建37个,年均1.85个,最多的1930年,新建6个。考虑到战争对新建慈善组织的影响,则1928—1937年十年间新建数为27个,年均2.7个;而1938—1948年十年间新建10个,年均1个。

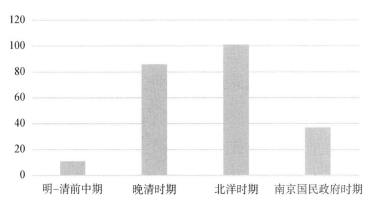

图8-1 不同时期新建慈善组织数量图

资料来源:根据本书表8-1制作。

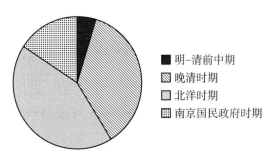

图8-2 不同时期新建慈善组织比例图

资料来源:根据本书表8-1制作。

从图 8-1、图 8-2 可以发现,开埠前上海就有民间慈善组织,但是从组织数量上来说并无特色。开埠以后慈善组织逐渐增多,平均每年新增 1 个还多;北洋时期是我国政治动荡、社会不安时期,但短短 16 年间上海一地新增慈善组织 102 个,平均每年增加 6 个多;南京国民政府时期前十年是"黄金时期",后十年则是战乱时期,共计新增 37 个,平均每年新增慈善组织近 2 个。如果就宏观背景下的社会需求角度来说,晚清、民国时期政治黑暗、社会动荡,大批移民涌入上海,尤其是北洋时期军阀混战,民不聊生,在这些时期出现慈善组织兴建热潮甚至高潮,是完全可以解释的。但是这个笼统的分析,掩盖了许多信息。

虽然王韬在 19 世纪 50 年代就说上海"善堂林立",但 1860 年前上海共计兴建善堂才 20 个。实际上此时上海慈善组织的兴建可以说刚刚开始起步。如图 8-3 所示,从 1858 年开始,基本上保证每年新增 1 个;1868 年到 1875 年,上海出现第一个兴建慈善组织的小高潮,平均每年新增 2 个;1885—1888 年,出现第二个小高潮,三年新增 12 个,平均每年新增 4 个;此后进入十多年的平稳增长期。清末 1904 年以后,上海慈善组织整体上进入增长期,尤其是 1904 年和

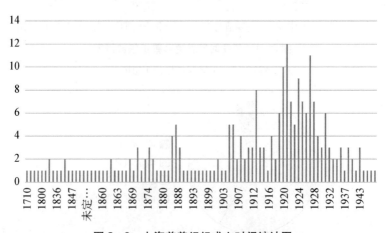

图 8-3 上海慈善组织成立时间统计图

资料来源:根据本书表 8-1 制作。

1905 年每年新建 5 个,1912 年更是一年内新增 8 个。1918 年到 1927 年的十年是上海兴建民间慈善组织的持续高潮时期,共计新建 81 个,平均每年新增 8 个,其中 1912 年新建 12 个,是名副其实的顶峰。1927 年以后新建速度开始减慢,1937 年抗战爆发及以后,新建速度进一步降低,甚至多年不增一个,而且实际上很多慈善组织在抗战时期及其后因为受到各种因素的影响而关闭或停止举办慈善活动。

二、建立慈善组织的影响因素

每一个慈善组织的建立都有各自的具体原因和理由,但大量慈善组织在同一个地方出现,则可能会受到一些共同因素的影响。频发的自然灾害、惨烈的战争灾难等都被认为是慈善组织建立的原因和背景。① 这自然是不错的,但中国历史甚至世界历史上,这些因素几乎都从未远离人类,在我们分析一般性的慈善事业发展历史时,这些宏观因素我们暂不考虑。本节分析上海不同阶段慈善组织兴建与人口增长、社会需求、经济发展、政府管理方式等方面的关系。慈善组织的建立当然与慈善理念有密切关系,本书前面各章节已提到,学界也有专门讨论,这里也略而不提。

(一) 人口增加与慈善组织的兴建

一般研究认为,上海慈善组织发达主要因为人口增长的需要②,那么人口变动与慈善组织兴建之间到底关系若何? 1853 年,太平军定都南京,开始积极东征,江南震动;同年上海小刀会起义,占领县城,杀死县令,逼走道台,占据县城两年之久。上海城厢及江南地区难民纷纷涌入上海租界地区;1860 年太平军攻克苏杭,更多江南逃

---

① 周秋光、曾桂林:《试论近代上海慈善事业兴起的社会历史背景》,《湖南师范大学社会科学学报》2008 年第 4 期;陈旭东:《北洋时期的民间慈善事业研究》,郑州大学硕士学位论文,2015 年,第 16 页;于学浩:《民国北京政府与慈善团体关系研究(1912—1927)》,山东大学硕士学位论文,2019 年,第 20 页。
② 谢忠强:《民初沪上慈善事业兴盛原因探析》,《船山学刊》2006 年第 5 期。

难者迁入上海,形成近代上海第一个移民高峰期。到 1862 年,上海租界人口由几百人增加到 50 万之多,甚至可能达到过 70 万之众。① 此后由于战争结束,难民返乡,人口又急剧下降。此一时期上海总的人口数量缺乏详细统计数据,但是公共租界和法租界有一些零星统计(见表 8-2、图 8-4)。而上海城厢地区人口在这一时期有两个阶段性变化,1853—1855 年间,大量城厢人口因为小刀会起义而逃到租界,1855 年后部分回流,此后江南各地因为太平军东征而逃亡到上海的人口也部分集中到老城厢地区,因此老城厢人口亦有所

表 8-2 1853—1910 年若干年份上海租界人口统计表(单位:千人)

年份	人数	年份	人数	年份	人数	年份	人数
1853	0.7	1864	330	1890	171	1910	501
1855	20	1865	148	1895	245		
1859	80	1880	110	1900	352		
1862	500	1885	129	1905	464		

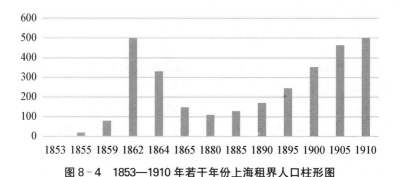

图 8-4 1853—1910 年若干年份上海租界人口柱形图

资料来源:樊卫国:《论开埠后上海人口的变动(1843—1911)》,《档案与史学》1995 年第 6 期。

---

① 樊卫国:《论开埠后上海人口的变动(1843—1911)》,《档案与史学》1995 年第 6 期。

增加,但整个华界人口变化不大。因此租界人口的变化大致可以反映出整个上海人口的变化趋势。

表8-2和图8-4显示,上海租界人口在1862年达到历史上第一个高峰期,主要是江南地区难民大量涌入造成的,但很快就流出了上海。此后较长时间租界人口维持在10万多人的水平。1890年租界人口开始超过1865年人口,即在此三十年内,上海租界人口维持在一个相对稳定的时期,这也是整个上海人口在这一阶段的基本特征。1890年后租界人口进入新一轮增长期,并明显呈现持续增长之势。总的来看,这一时期由于战乱大量难民入沪,但随后就大量返回,因为上海此时期经济发展以商业贸易为主,外来人口无法充分就业;1895年后,上海经济开始进入大规模设厂兴业时期,大量现代工业企业的设立,吸引了众多周边各地劳动力流入上海,从而形成人口稳定增长之势。①

人口增长与各年份慈善组织的建立之间有何关系呢?我们将1853年到1910年慈善组织的数量与人口的变化曲线图放到一起,会发现有意思的现象。1853年及以前,上海共建慈善组织18个,到1910年增加到94个②;1853年上海华界人口54万多,但租界人口稀少,不超过700人,到1910年增加到50万多人。③ 此处需要说明两点:一是,民间慈善组织的建立和结束时间,很多时候并没有清楚的资料来证明,我们已经费尽心力弄清楚了大部分组织的兴建时间,但其何时结束办理,大多数无法确认。上海慈善界不乏百年老店,但也有些仅仅存在三五年的,不过这类组织并不多,而且即使结束,很多隔几年又重新恢复;并且我们估计还有些新建的组织被我们遗漏了,

---

① 樊卫国:《论开埠后上海人口的变动(1843—1911)》,《档案与史学》1995年第6期。
② 有人认为1910年前后上海大小慈善组织仅50家左右,如果算上行业、同乡以及宗教和宗族等其他类型的慈善组织的话,无疑是严重低估的(梁元生:《慈惠与市政:清末上海的"堂"》,《史林》2000年第2期)。
③ 邹依仁:《旧上海人口变迁的研究》,上海人民出版社1980年版,第90页;樊卫国:《论开埠后上海人口的变动(1843—1911)》,《档案与史学》1995年第6期。

因此可以部分抵销结束了的组织数量。① 因此假定在这 60 年间,我们确切知道的慈善组织都存在,始终处于总量增长状态,其趋势如图 8-5 实线所示。二是,此时的慈善组织大多还是建立在老城厢地区,但此处的人口数据主要是租界的。不过租界人口增减变化趋势,也可以说是整个上海人口变化趋势,因为华界此时期人口虽然也略有增长,但变化并不特别大,所以在这里用租界人口变化趋势代替上海人口变化趋势是没有问题的。

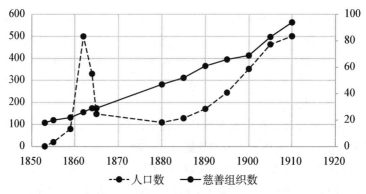

图 8-5　上海人口变化与慈善组织数量

图 8-5 显示,1853—1910 年间,上海慈善组织总量始终呈现出一个相对稳定的增长态势,与人口趋势线并不同步,自有其独立性。在 1853 年到 1866 年这一段人口持续增长的时期,慈善组织的增加比较有限,从 18 个增加到 29 个,14 年间增加 11 个;而在难民大量返回,租界人口维持基本稳定甚至略微减少的 1867—1890 年间,慈善组织反而从 29 个增加到 61 个,23 年间增加 32 个。

1890 年以后,慈善组织的兴建与城市人口的增加保持同步增长

---

① 王卫平等也发现,江南地区明代的慈善组织在清代仍然相当活跃,有些在明代废止后在清代又得到了复兴,即是注意到了民间慈善组织的延续性和反复性,见王卫平、黄鸿山:《中国古代传统社会保障与慈善事业——以明清时期为重点的考察》,群言出版社 2004 年版,第 203 页。

态势,尤其是1918年到1930年间,上海出现兴建慈善组织的持续热潮(参见图8-3);但此后人口继续增加,慈善组织的兴建却开始退潮,尤其是1937年以后,长达10多年的战争时期,上海人口急剧增加,但慈善组织的增加乏力,出现第二次背离状态。

图8-6显示,1918年后上海慈善组织的总数趋势线与人口增长趋势线有惊人的一致性,但这一趋势仅持续到1927年,尤其是1930年以后,慈善组织数量的增加放缓,重新走独立趋势;如果考虑到战争时期大量慈善组织已毁于战火或者难以筹措经费而停办,则这条线会更明显地与人口趋势线相背离,如图8-7所示。

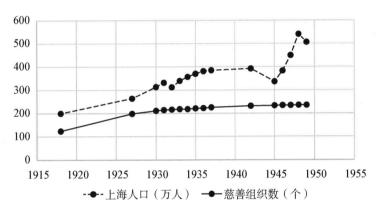

图8-6　上海人口与慈善组织总量趋势图(1918—1949年)

图表说明与数据来源:虚线系列1代表上海租界人口,单位:千人,来自本书表8-2;实线系列2代表上海慈善组织总量,单位:个,来自本书表8-1历年相加数。

数据来源:人口线数据邹依仁:《旧上海人口变迁的研究》,上海人民出版社1980年版,第90—91页表格;慈善组织数据指1918年以来新增慈善组织数量,来自本书表8-1历年相加数。

(二) 经济发展与慈善组织的兴建

在上海或周边发生战事,如小刀会起义和太平天国东征时期,又如抗战及解放战争期间,大量人口涌入上海,需救孔亟,而这些年慈

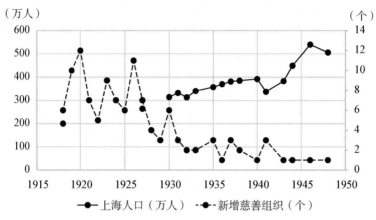

图 8-7 上海人口增长与新建递慈善组织数量趋势图

图表说明与数据来源：实线代表上海人口数，1930 年前人口未有连续统计数据，单位：万人，取自邹依仁：《旧上海人口变迁的研究》，上海人民出版社 1980 年版，第 90—91 页表格；黑线代表上海每年新建慈善组织数，单位：个，数据来自本书表 9-1。

善组织的新建却并不多，甚至没有，说明需要救助者的大量出现，并不会必然带来慈善组织的增加和慈善活动的增多。[①] 当然，如果没有需求，就根本不可能出现慈善组织，但经济的发展可能才是慈善组织产生的更重要基础，不过经济的发展与慈善组织的增加到底关系如何呢？

1853 年，小刀会起义军占领上海县城，大量城厢居民逃亡到租界，使租界人口由 700 余人迅速增加到 2 万余人，并打破了此前坚持 10 年之久的华洋分居格局；随后太平军东征，尤其是 1860 年太平军攻克苏杭，大量江南人口逃亡到租界。[②] 人口的突然涌入在短期内造成了大量的消费需求，租界成为"突然发达的城市"，一时百物飞涨，尤其房地产业获利甚丰。但这轮财富主要被可以在租界租地盖房的

[①] 实际上，前人已经对此问题有所认识，指出不能单从需救济者的角度去考虑慈善组织成立的原因。见梁其姿：《施善与教化：明清慈善组织》，第 60 页；徐茂明：《江南士绅与江南社会(1368—1911 年)》，商务印书馆 2004 年版，第 141—142 页。
[②] 樊卫国：《论开埠后上海人口的变动(1843—1911)》，《档案与史学》1995 年第 6 期。

洋人攫取,而且由于是非理性投资,随着战事结束,大量难民返乡,许多投机商人甚至没来得及收回投资就陷入了危机之中。[①] 而原有的慈善组织如沪上"诸善堂之首"的同仁堂以及辅仁堂,都因小刀会起义而一度被毁,"堂几一蹶不复振",1855年清军收复县城后,二堂合并为同仁辅元堂,办理城厢善后及救济事宜。在此后近10年时间内,数十万人口涌入上海,嗷嗷待哺之际,上海慈善组织按照自身的节奏,不紧不慢地陆续添建,如图8-5所示。

租界在经历了第一轮房地产投机破产后的阵痛后,重新开始进入以内外贸易为主业的商业发展时期,新式的现代工业企业也开始出现,同时洋务企业以国家资本的力量与洋商资本展开了竞争,华商资本企业则开始从夹缝中寻觅机会发展。在此后长达三十年之久的"同光中兴"时期,上海社会经济进入初步繁荣的时代。[②] 自外来难民大量返乡后,租界人口在10余万人的水平上保持了基本稳定,上海地方绅商又开始持续不断但依然不紧不慢地陆续新建慈善组织。1884年中法战争引起法国内阁倒台,一度引发租界安全担忧,许多人纷纷撤离上海,但也有冒险家看准机会果断出击,以较低成本获得了许多优质资产,并在中法战争以法国"不胜而胜"的意外获胜结束后,上海经济继续进入上升通道。此后几年进入民间慈善组织新建小高潮。

"同光中兴"随着甲午中日战争的爆发而结束,但上海并未因此进入动荡不安的局势,而是保持了相对的稳定。《马关条约》中规定允许外国资本在华设厂,同时也放松华人资本开设工厂等现代工业企业的限制,为上海从以商贸为主的都市向现代工商并重的都市迈进打开了大门。一方面,工业企业能够提供大量就业机会,有利于吸引各地人口前往上海谋生就业;另一方面,许多原本处于比较底层被斥为"逐末之流"的手工业工人、船员抓住机会获得了财富,并逐渐在

[①] 佚名著,越裔译:《近百年来上海政治经济史》,台湾文海出版有限公司1983年版,第39、52页;熊月之主编:《上海通史·第四卷·晚清经济》,第70、75页。
[②] 熊月之主编:《上海通史·第四卷·晚清经济》,第246—247页。

上海都市社会中站稳脚跟①；同时，传统商人，无论本地还是外来商人，开始进入现代新式工商领域逐利，并迅速积累起巨额财富。因此，始于同光中兴时期的慈善组织的新建步伐，并未因甲午战争而停止，而是继续一路推进。大量外来人口增加，自然会带来许多需要救助的弱势群体或者是暂时难以就业谋生者，对慈善救助的需求旺盛；而财富的积累，则为地方绅商开办善会善堂提供了经济基础；都市社会的发展，又使得财富获得者需要主动参与社会秩序的维护和建设。因此这一时期上海经济发展与慈善组织的新建呈现紧密正相关的关系(如图 8-8 所示)。

图 8-8 慈善组织与经济发展关系(1862—1894)

图片说明及资料来源：慈善组织计算的是这一时期新增量，未考虑停办的影响，因此会是一直增加的，但增加的幅度可以反映相应时期的慈善组织建设情况。进出口总值来自丁日初主编：《上海近代经济史》第 1 卷，上海人民出版社 1994 年版，第 154 页。新增慈善组织数量来自本书表 8-1 数据。

甲午战争以前，上海经济主业无疑是内外贸易，我们以 1864—1894 年间的上海进出口总值发展趋势作为上海经济发展状况的代表，与这一时期新建的慈善组织数量进行比较，可以比较直观地看到

---

① 熊月之主编：《上海通史·第四卷·晚清经济》，第 238 页。

二者的大致关系。二者虽非平行线,但基本处于同一趋势上,都经历了上升、停滞、再上升的变化,属于正相关的关系。

甲午战争以后自 1895 年至 1927 年间,以进出口贸易为代表的上海经济总体上依然保持持续增长和发展的态势,上海民间慈善组织的数量也稳步增长,二者整体上呈正相关。但 1914 年到 1919 年间,因受第一次世界大战影响,上海进出口贸易总额一度停滞不前,而非一直增长,但慈善组织在这几年却继续增长;1919 年后进出口贸易再次稳步上升,而上海民间慈善组织的数量也进入了增长高潮期。甲午战争以后,"同光中兴"结束,但上海经济持续发展;辛亥革命后,中国进入动荡不安的北洋政府时期,上海经济依然保持强劲增长,民间慈善组织也在这一时期持续增长,二者呈现明显正相关性。

图 8-9　慈善组织与经济发展关系(1895—1927)

图片说明及资料来源:慈善组织计算的是这一时期新增量,未考虑停办的影响,因此会是一直增加的,但增加的幅度可以反映相应时期的慈善组织建设情况。进出口总值来自丁日初主编:《上海近代经济史》第 2 卷,上海人民出版社 1994 年版,第 26—27 页。新增慈善组织数量来自本书表 8-1 数据。

所以,从经济发展与慈善组织兴建的关系来看,二者大致正相关的关系比较明确。但 1927 年以后这种趋势出现了明显的背离。1927 年南京国民政府成立以后,中国进入所谓国民党"黄金十年"时期,上海社会经济继续发展,但从图 8-3 所显示的数据可知,此时期上海新建慈善组织的数量却并未同步增长,反而越来越少了。因此,这一阶段用社会需求和经济发展两个维度都无法解释上海慈善组织新建数量下降这一现象。这又是为什么呢? 我们必须考虑第三个维度,那就是政府管理与民间慈善组织设立之关系。

(三) 政府管理与慈善组织的兴建

清代政府对民间慈善组织的管理比较宽松。设立民间慈善组织基本上只需要由绅商们禀明地方官即可;有些善会善堂的设立甚至根本不会告知地方官;也有些善堂办有时日或略有影响后,或者是受到地痞流氓骚扰后,才向地方官申请刻石保护。地方绅商有心有力成立善会善堂的时候,只需要邀集同人,筹措资金,制定章程,就可以开张。

1905 年,上海南市马路工程善后局改组为上海城厢内外总工程局,地方绅商积极参与地方建设事务,因此 1904、1905 年两年,上海成立了 10 个新慈善组织,并且从此开启慈善组织的兴建热潮。1909 年清政府颁布《城镇乡地方自治章程》,明确将慈善事业纳入地方自治范畴,因此更多的慈善组织被组建起来。即使辛亥革命推翻了清王朝,慈善组织的建立速度并未受到任何影响。1914 年袁世凯政府下令暂停地方自治后,慈善组织的兴建速度一度有所减缓,但因为政府无力管理和干涉民间慈善组织,因此慈善组织的兴建速度得以持续。

北洋政府时期,一方面政治局势动荡不安,战乱频仍,流离失所者所在皆有;另一方面,由于中央政府力量不强,地方政府各自为政,从而给民间社会相对宽松的社会环境。北洋政府从宏观层面通过立法等进行引导,规划社会公益慈善组织的设立和运行,先后通过《捐资兴学褒奖条例》《中国红十字会条例》《游民习艺所章程》《褒扬条例》《义赈奖劝章程》等法律法规。[①] 这些法律法规鼓励和号召民间

---

① 于学浩:《民国北京政府与慈善团体关系研究(1912—1927)》,山东大学硕士学位论文,2019 年,第 51—57 页。

力量积极设置各类公益慈善组织,协助社会治理,也对设立相关组织提出了规范要求,但并未提出过多的干涉慈善组织建立和运营的条款;加上中央政府政令不畅,地方政府在这一时期对民间慈善组织的设立和活动积极支持和鼓励;尤其上海因为特殊的地位,中国政府在上海的控制力比较弱小,因此北洋时期上海民间慈善组织得以大量兴建,并成为上海慈善史上新建组织最多的一个时期。

1927年南京国民政府成立,随后组建上海特别市政府。国民党政府开始强力介入民间社团的组建和管理之中,力图通过立法,全面监控和管理民间慈善组织。① 本书第五章指出1927年成立的上海慈善团体联合会,是上海主要民间慈善组织的沟通和协调机构,具有行业协会性质,在组织和领导上海民间慈善救济活动等方面发挥了重要作用,也在与国民党政府的沟通和协作中发挥了重要影响。但是上海慈善团体联合会在与国民党政府的互动中,虽有借自身力量维护慈善组织利益之举动,但也是举步维艰。1929年国民政府公布《监督慈善团体法》以及《监督慈善团体法施行细则》,对慈善组织的组建、运营、募捐等方面均提出了具体要求。已经习惯于自治和自我管理的上海慈善界闻风而动,希望政府修改其中某些条款,但很快就深刻而痛苦地认识到"人民之于官厅,绝无置喙之余地"②。1930年上海市社会局成立慈善团体财产整理委员会,对全市公益慈善组织财产进行调查、整理,以图更好地发挥慈善组织财产的社会公益性。上海慈善团体联合会对财整会组织章程提出修改意见,也未被接受。③

随着国民党政府对慈善组织监管的日趋严厉,上海历来比较强大的民间慈善力量在面对官厅时也无能为力。这一状况使得上海绅商新建慈善组织的积极性大打折扣,自1930年上海社会局强行调查

---

① [日]小浜正子著,葛涛译:《近代上海的公共性与国家》,第111—112页。
② 《上海慈善团体联合会执委会会议记录》,上档Q114—1—4。
③ 曾桂林:《民国时期慈善立法中的民间参与——以上海慈善团体联合会为中心》,《学习与探索》2011年第6期。

和整理上海民间慈善组织的财产后,上海新建慈善组织的速度骤然下降,此后再无大的改观。当然,新建机构的速度下降,不等于民间慈善事业开始衰落,这从本书前面各章论述中应该已经有明确了解。但政府对慈善组织等社会团体的管控力度加强,也意味着新建相关组织的程序和手续变得越来越复杂;办事可能越来越规范,但也就意味着越来越麻烦。地方绅商自己掏钱,花时间、精力去做善事,却要为此经历诸多麻烦与苦恼,自然会大大降低他们从事这类活动的热情和动力。因此,政府如何对待和管理慈善组织等社会团体,既让社会组织有法可依、按章办事,又不因此让其有额外负担和心生畏惧,积极投身公益慈善事业,实际上依然是一个有待解决的问题。

综合来看,上海地区数百个慈善组织主要建立于近代,而且在不同时期新建的组织数量和速度各不相同。但通过与上海城市人口的变化、社会经济的发展以及政府对民间慈善组织的管理等角度的比较和分析,可以发现:慈善组织的兴建,并不一定恰好与人口的增加,尤其是与弱势群体的增加紧密相关,特别是战争时期,正是大量需要救助的时候,但往往这种时期很少有新的慈善组织产生,因此很难断定慈善组织的主要目标是为了救助弱势群体。慈善组织新建的速度有时候也不一定与经济发展呈正相关关系,甲午战争以后随着上海经济的发展,上海新建慈善组织的数量随之水涨船高,1930年后,上海社会经济继续发展,但慈善组织的兴建速度比此前大为降低,这明显与国民党政府加强社会控制,强势监管社会团体,并过于积极介入慈善组织内部管理有关,这些举措损害了民间社团和社会力量的积极性,导致兴建慈善组织的动力减弱,新建慈善组织数量呈下降趋势。

需要再次说明的是,新建慈善组织数量的变化,只能在一定程度上表明该时期慈善事业的活跃程度和事业规模,并不能绝对化。1930年后的上海慈善事业并未因为慈善组织新建速度降低而衰落,实际上其时整个慈善事业的规模、发展水平和服务范围等都有明显突破,这可以从本书第五章获得证明。① 一般而言,同一时期同一地方慈善机关过多,有时候未必都是好事,反而可能导致募款困难,或者善款多用于机构自身运作,而能用于社会救济者少。② 但上海很多慈善组织实行会员制,基本上是同人组织,一切善举皆量入为出,即使偶尔超支,也由董事或委员或会员自行垫付,如普济慈善会等,"例不外募",不向社会募捐。这类组织大多是其他机构或团体附设的慈善机关,在本身事务之余举办善举,如果因为办事过于复杂,他们可能也就不成立慈善机构,不办慈善了,因此这类慈善组织的成立并不会导致慈善资源被挤占。1930年后上海新建慈善组织的数量逐步减少,这与国民党政府的监管有直接关系。

三、慈善组织的区域分布与变迁

上海慈善组织的建立,具体背景和方式各不相同,有些是某人发现某个事情该处理,就自掏腰包或者邀集朋辈集资开始兴办善会善堂,然后吸引其他人参与,如普善山庄、中国救济妇孺总会等。③ 有些是一群志同道合之人,在谈经论道,或吟诗作画,或传教讲经的同时

---

① 虽然有论者认为上海慈善界在1931年业务有明显收缩,但这种现象只是暂时的,从本书第五章相关内容可以看出,1932年及以后,无论是冬令庇寒所还是外地救济等事宜,上海慈善事业规模没有持续收缩,反而很多时候在扩张(汪华:《超越合作与制衡:民国时期上海慈善组织与地方政府的互动》,《上海师范大学(哲学社会科学版)》2015年第2期)。
② 民国时期大慈善家熊希龄就意识到,"(赈灾)团体越多,赈款愈难募集。因准备赈款者不知将来有若干团体,更不能以全部赈款给予任何团体,致招向隅者之怨。更有一种慈善家,恐赈灾团体愈出愈多,将来无法应付,索性不开捐款之端,以免后来麻烦"(《大公报》,1929年3月3日,转引自王民:《从辛亥元老到慈善先驱——朱庆澜慈善事业研究》,扬州大学硕士学位论文,2012年,第27—28页)。
③ 普善山庄就是洋行买办王骏生在前往静安寺进香途中发现沿路倒毙者甚众,于心不忍,因而约同亲友开始办理收埋路尸的工作,进而获得其他善众的支持,发展成上海最大的收敛类慈善组织(张红梅:《普善山庄研究》,第28页)。中国救济妇孺总会的成立就是徐乾麟等鉴于当时各种拐卖妇女儿童的惨剧太多而发起组织的,专门救济被拐妇女儿童(邱淑娥:《中国救济妇孺总会研究》,第5页)。

开展慈善活动,进而成立专门组织推进慈善事业,如中国济生会,即在佛教团体集云轩的基础上扩大成立的专门慈善组织;又如豫园书画善会,即由一群经常集会的书画家和书画爱好者组织;上海理教同仁更是在同道参玄基础上成立了众多理教慈善团体。① 更多的则是有心人看到别的地方办有相关机构,因而仿照办理,或者是已有慈善组织的董事会成员和办事之人发现其他地方尚缺类似机构,就决定兴办一个。这种模仿式兴办的慈善组织最多。1912 年上海慈善团成立以后,闸北马上就成立闸北慈善团,此后沪东、沪南、沪西、沪北等都成立了慈善团或慈善会,其办理的业务和模式基本类似,只是后面的模仿者远没有上海慈善团的基础和规模,除闸北慈善团较为成功外,其他慈善团或慈善会的影响力当然也不能跟上海慈善团相比。但不管怎么说,这些模仿者也算为上海慈善事业添砖加瓦了,从整体上促进了上海慈善事业的发展。

上海民间慈善组织数量众多,但在不同时期不同区域的分布是不一样的。根据本书的时间分段,1855 年以前,上海至少建立了 20 个善堂等慈善组织(详见表 1-1),其中城内 6 个,城外各乡镇 14 个。原设在英租界范围内的救生局被移建到东门外,此时期英美法三个租界内基本上都没有中国人设立的民间慈善组织。当然,这一方面固然由于此时期租界经济尚未发展起来,更由于此时期租界基本上仍处于"华洋分居"状态,一直到 1853 年上海小刀会起义后才刚刚打破这一格局,1854 年《上海土地章程》确认中国人有在租界内租地建房并居住的权利,租界从此开始"华洋杂处"。因此在 1855 年之前,租界内没有中国人的慈善组织也在情理之中。

1855 年,同仁堂与辅元堂合并成立同仁辅元堂,在此后整个晚清半个世纪内,上海各区域至少新建了 79 个民间慈善组织(详见表

---

① 白云浩:《上海中国济生会研究(1916—1937)》,第 11 页;书画善会成立于 1909 年,由吴昌硕、杨东山、王一亭等发起,会员百余人,皆书画家及书画爱好者,以各家书画作品出售所得一半归会,用于慈善公益事业("豫园书画善会",夏征农、陈至立主编:《大辞海·美术卷》,上海辞书出版社 2009 年版,第 488 页);理教慈善组织见本书表 3-9。

1-5)。其中华界老城厢 31 个,公共租界地区 20 个,法租界 2 个,闸北 5 个,其他乡镇 21 个。1860 年英租界始设同仁保安堂,租界开始有中国人兴办的慈善组织;1862 年同仁辅元堂在法租界宁波路(四明公所旁,今淮海东路)设立分堂,法租界也开始有了华人慈善组织。到 1911 年,两个租界内先后兴建了 22 个华人慈善组织。法租界除了同仁辅元分堂外,1900 年还建立了一个华人的慈善组织——百寿会,1905 年并在杜家湾办了分所,但该会只办赊棺,业务简单,影响有限。① 公共租界区域自 1860 年创办同仁保安堂以来,在这一时期至少新建了 20 个华人慈善组织。其中同仁永善堂创办于 1869 年,开展施医施药、免费种痘、开办义塾、恤嫠、赡老以及寄柩、惜字等多种善举,并在租界东南和中区盆汤弄泰安里办有南北两堂,可见是有一定规模的综合性善堂。② 此外,盛宣怀设立的广仁堂及会审公廨委员陈福勋等倡设而后主要由沪上绅商管理的沪北栖流公所等都颇有影响。1880 年外地绅商联手设立的仁济善堂,后来发展成租界最重要的慈善组织。1868 年果育堂和普育堂董事在闸北地区开设同善粥厂,这是闸北地区第一个有记载的华人慈善组织,同样是由来自老城厢的善堂开设。③ 后来闸北在这一时期先后建立了 5 个慈善组织。其他乡镇继续了此前兴建慈善组织的惯例,先后新建了 21 个慈善组织。

1912 年,上海老城厢的 12 个主要慈善组织在同仁辅元堂开会合组上海慈善团,而且此后不断有慈善组织加入或者由慈善团新建机构,使得慈善团成为整个民国时期上海最为重要的慈善组织。民国时期上海新建了非常多的慈善组织,其中我们可以确定基本信息和地址的至少有 148 个(详见表 3-9),其中华界老城厢 33 个,公共租

---

① 《上海县续志》卷二,民国七年铅印本,第 214 页。
② 《书论善举后》,《申报》1874 年 1 月 13 日,第 3 版;《同仁永善堂司董来启》,《申报》1889 年 12 月 25 日,第 4 版。
③ 《上海县续志》卷二,民国七年铅印本,第 206 页。

界54个,法租界28个,闸北10个,其他乡镇23个。① 公共租界华人慈善组织数量超过老城厢和其他区域,成为慈善组织最多的地区。1915年,法租界设立沪西慈善会以后,开始出现广泛设立慈善组织的小高潮。

综合上述三个阶段不同区域新建慈善组织的数量,我们可以发现:在清代前中期,县城内外慈善组织相对集中,其他各乡镇有零星分布。晚清时期,老城厢地区新建最多,公共租界和其他乡镇亦建不少,法租界除同仁辅元分堂外几乎可以忽略不计,而华界新城区闸北开始起步。民国时期,公共租界地区新建慈善组织数量超过老城厢新建数量,成为新建最多的区域,而且公共租界内的慈善组织影响力越来越大,但老城厢依然多于法租界和其他乡镇,闸北在这一时期也有发展。法租界在1914年最后一次大扩张后,在20世纪20年代迅速繁华起来,因此这一时期法租界新建了不少慈善组织,详见表8-3。

表8-3 上海慈善组织的区域分布(单位:个)

地区\时段	1710—1854	1855—1912	1912—1949
老城厢	6	31	33
公共租界	0	21	54
法租界	0	2	28
闸北	0	5	10
其他乡镇	14	21	23
合计	20	79	148

资料来源:综合本书表1-1、表1-5和表3-9而来。

---

① 这里统计的是我们确切知道其成立时间,并且找到了其大致地址的慈善组织(不能完全排除少数地址有误或区域判断有误),而且主要是本书多次强调的面向普通大众的民间慈善组织,不包括部分知道其名字,但没有具体成立时间地点信息的组织,也不包括行业、同乡、宗教等设立的具有慈善功能的组织。

用柱状图更直观地显示三个时期上海不同区域新建慈善组织的数量,可以更好地了解整个上海慈善组织的区域分布特点,如图8-10所示。

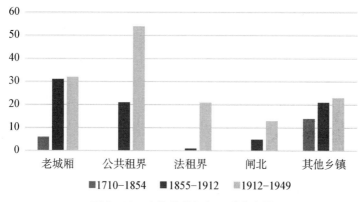

图 8-10　上海慈善组织区域分布图

资料来源:综合本书表 1-1、表 1-5 和表 3-9 而来。

公共租界在民国时期至少新成立了 54 个慈善组织,此前建立的慈善组织也大多仍在继续发展,其中特别重要的是仁济善堂。仁济善堂于 1880 年建立,亦称沪北仁济堂,因为此前南市也有一个仁济堂,后来将业务移交给了果育堂。1880 年,外地在沪士绅陈凝峰等 10 人集资在英租界租赁民房开设文明局,开始仅办理惜字和放生两项非常传统的善举,首创 10 人在此后上海慈善界未见有更多影响,办理的善举也是所费不多的劝善教化之举。1881 年文明局会员增加 12 人,善举增加印送善书、施衣和给米三项。此后局所改租到大马路(今南京路),改名中和局。1883 年是仁济发展的重要转折点,是年陈竹坪、李秋坪①等 30 位沪上名流加入,并将局所迁移到六马路

---

① 陈竹坪,浙江湖州南浔人,著名丝商,为南浔巨富"四象八牛"中的"八牛"之一,"侨沪数十年,为丝业领袖,能通译西语,而出以诚笃,中西丝商倚之为长城",曾任美商旗昌洋行买办,江南义赈绅董领袖之一;李秋坪,江西人,著名丝商,曾任高易洋行买办,创办高易筹赈公所,积极参与两粤水灾、江南、河北等地义赈。

(北海路),正式改名为仁济善堂。这些人中很多都是在当时及以后的上海慈善界有重要影响力的人。1884年,仁济在北新泾设立分堂。1885年,仁济史上极为重要的一位人物登场了,那就是丝商施善昌①。施善昌是晚清江南绅商义赈的代表性人物,也是上海著名大丝商,丝业公所负责人。是年,施善昌将丝业公所收到、因冬天结冰封河而无法北运的各省赈捐中部分剩余棉衣,以仁济善堂的名义分发给了沪上推小车的穷人。此事进一步扩大了仁济善堂的影响,在沪上名人朱葆三②、叶澄衷③等人赞助下,集资2 000元,在六马路购地4.5亩,兴建楼房平屋30余间,作为仁济善堂办公地,并延聘施善昌、李秋坪、刘芬相继驻堂办事。在施善昌等人的主持下,仁济善堂业务不断扩展,举凡恤嫠、赡老、施米、施医药、施材、宣讲乡约、义塾、粥厂、义冢、掩埋、育婴、协赈等无不办理。④

施善昌及李秋坪等作为晚清义赈领袖,在此后的历次赈济各地灾荒中,都通过仁济善堂开展收捐和赈济工作,"先后十六年,助赈十三省,募款至200余万金,传旨嘉奖者七次",极大地扩大了仁济善堂的影响;同时,施善昌还在家乡浙江湖州创设仁济善堂,参与赈济工作,并于光绪五年在李鸿章的奏请下获得御赐"惠周泽洽"匾额,施善昌本人获得光绪帝御赐"心存济物"匾额,都在无形中增加了上海仁济善堂的名望。⑤ 由此可见,仁济善堂的创建和发展具有偶然性,很

---

① 施善昌,浙江湖州人,著名丝商,长期担任上海丝业公所领袖总董,江南义赈领袖。
② 朱葆三,浙江定海人,日商平和洋行买办,先后创办或投资于华安水火保险公司、鸿源纱厂、大生轮船公司、中国通商银行、浙江兴业银行、华商水泥公司等众多现代企业,曾任上海总商会会长。先后参与创办或管理中国红十字会、四明公所、上海公立医院、仁济善堂等众多公益、慈善组织。
③ 叶澄衷,浙江镇海人,时人称其为"五金大王",后投资银钱业、房地产业和沙船业等多个领域,并办有鸿安轮船公司、燮昌火柴厂、纶华缫丝厂,热心公益慈善事业,出巨资创办澄衷学堂等。
④ 《上海县续志》卷二,民国七年铅印本,第205页;霍会峰:《上海仁济善堂研究(1880—1954)》,杭州师范大学硕士学位论文,2008年,第5—6页。
⑤ 《上海县续志》卷二十一,民国七年铅印本,第1117页;〔清〕李昱修、陆心源纂:《归安县志》,卷十八,清光绪八年刊本,第639—640页。

结语

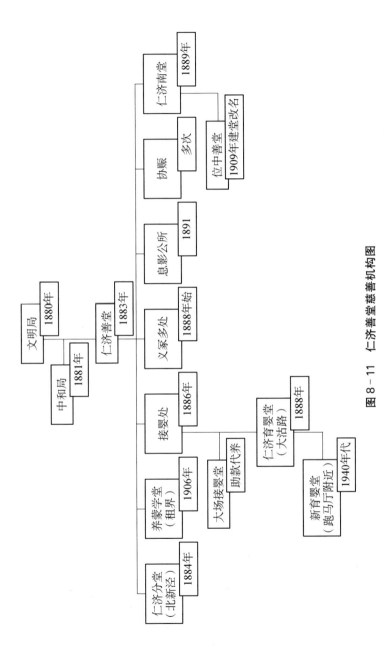

图 8-11 仁济善堂慈善机构图

资料来源：霍会峰：《上海仁济善堂研究（1880—1954）》，第 5 页；《上海县续志》，卷十，民国七年铅印本，第 653 页。

难说是为了对抗同仁辅元堂和果育堂而设立。① 与其说是对抗,不如说华人在租界"接着办"(仁济堂)或"学着(同仁辅元堂)办",这是华人慈善事业的扩展,也是华人积极参与租界都市化过程的举措。如果有对抗,那也主要是对抗洋人,而非对抗老城厢华人;即使有竞争,也是为了更多救助弱势者,更好维护都市社会发展,共同促进慈善事业的进步,而非主动获得功利性目标。

1919 年,仁济善堂改组董事会,朱葆三出任总董,王一亭和施善昌的儿子施则敬出任副总董,黄涵之等参加董事会,"拟改良,力图完善"②。仁济善堂慈善事业继续保持良好发展势头。另外,由于仁济善堂位于公共租界六马路,交通便利,屋宇恢宏,经常成为其他慈善组织和其他社会团体开会议事之处,如 1922 年上海中医联合会即在仁济善堂召开③;1924 年普善山庄也曾借仁济善堂开董事会。④ 这些都一步步提升了仁济善堂的影响力。与此同时,仁济善堂不断添购产业,尤其是在租界市区繁华地段添置房地产,到 1931 年,其拥有各处地产 61.8 亩,总价值 174 万元,房产 192 幢,总价值 20 万元,大多数用于出租取利维持善举。其地产和房产价值在上海主要慈善组织中仅次于上海慈善团。1928—1930 年间,每年房地产租金收入高达 8 万余元,占其全部收入的 80% 左右。⑤ 因此其慈善活动经费比较稳定且可靠,这也为其持续不断地发展奠定了基础。

随着仁济善堂机构和财产规模越来越大,尤其在施氏父子、李秋坪、王一亭等人的努力下,其影响力也与日俱增,逐渐发展成公共租界最主要的慈善组织。1927 年上海慈善团体联合会成立后,决定将会所设在仁济善堂,这既是对仁济善堂在整个上海慈善界地位的肯

---

① [日]夫马进:《中国善会善堂史》,第 577 页。
② 《沪北仁济善堂广告》,《申报》1919 年 2 月 14 日,第 3 版。
③ 《中医学界之大联合》,《申报》1922 年 6 月 11 日,第 14 版。
④ 《普善山庄董事会》,《时报》1924 年 2 月 25 日。
⑤ 胡兵:《上海仁济善堂的经费收支及相关因素分析(1880—1954)》,《湖北第二师范学院学报》2019 年第 3 期。

定,也说明上海慈善事业的中心已经从城内转移到城北,从老城厢转移到了公共租界。这一转移,既是上海慈善事业本身发展的结果,更是上海城市社会经济发展的要求,也是上海租界都市化迅速发展的必然结果。

如前所述,上海慈善组织到民国时期已经出现了遍地开花的景象,而且公共租界的慈善组织无论从数量上,还是从规模和影响力上来说,都得到了迅速提升。但我们回过头去看租界和闸北慈善组织的建立,却又能发现新的故事。1860年在租界建立的第一个华人办的传统慈善组织是同仁保安堂。原本"租界未有善堂收埋毙尸事宜",由同仁辅元堂"任之",但由于城墙和壕沟阻隔,且距离较远,"报殓需时",因此由绅商席裕宽等创设同仁保安堂,并与同仁辅元堂董禀官办理,实际上与同仁辅元堂分工办理慈善事业。英美租界埋骼收尸事宜归同仁保安堂负责,法租界和老城厢归同仁辅元堂负责。而恤嫠赡老等事宜则"皆仿同仁辅元堂行之"。也是因为这次分工,1862年同仁辅元堂在法租界设立了分堂,办理法租界掩埋事宜。① 同仁永善堂是公共租界比较早的综合性善堂,目前我们缺乏更多关于该堂开办的信息,但堂名"同仁",也许与同仁辅元堂有关,或者至少可能受到同仁辅元堂的影响而办。闸北早期设立且影响比较大的慈善组织是同善粥厂,同样由来自老城厢的果育堂和普育堂董事联合创办。② 也就是说,很明显,两个租界和闸北地区早期的华人慈善组织,实际上都是由老城厢慈善组织扩展而来,或者至少是在其影响下设立。新普育堂是另一个典型例子,1912年于老城厢成立后,即开始积极拓展界外业务,1918年在松江设施医分局,1920年在闸北、杨树浦等开设施诊分所多处,到1921年在老城厢以外的施医分局即达八处之多。③ 这些说明,租界和闸北新市区甚至包括部分乡镇地区慈善组织的建立,是老城厢华人绅商积极主动参与都市化过程

---

① 《上海县续志》卷二,民国七年铅印本,第202页。
② 同上书,第206页。
③ 《新普育堂十周年纪念会》,《申报》1921年4月14日,第11版。

的结果,或者说以老城厢为代表的中国传统文化在上海都市化过程中并未缺席;老城厢的相对衰落并不意味着上海本地绅商和以上海为基地的华人绅商在上海都市化发展中的落伍,在租界和闸北新市区的发展中,同样可以看到老城厢的影响,更可以看到上海本地和外来华人绅商的巨大作用和贡献。随着租界的扩张、都市化的进一步发展,以及华人绅商群体本身的变迁,上海创办和维持慈善事业的人群又有什么样的变化呢?

四、本地士绅、外地绅商、华人与慈善

张济顺先生在 30 年前即呼吁"近代上海社会史研究应当朝着社会结构变迁中的人民大众,即上海近代化历程中的上海人的研究方向驱动"。"必须把目光投向群体的上海人、具体的上海人和基层的上海人。"因为"上海作为近代中国社会变革的典型,需要通过完整的上海人的群体特征来体现,它才能告诉今人,上海之所以为上海……的缘由所在。"并在此基础上,将研究聚焦于具体的个人和基层的大众身上,避免"重犯空论的或流于主观臆想的弊端"①。

慈善组织将数量众多、类别各异的人员集聚到一起,它们共同作用而形成慈善之网,进而形成一个新的社会群体。研究与慈善组织相关的人员,正是研究群体的、具体的和基层的上海人的良好视角。与慈善组织相关的人员大体可以分为三大类。第一类是慈善组织的工作人员。近代上海民间慈善组织大多雇佣办事人员,包括善堂中下层管理人员以及普通工作人员,有些甚至包括善堂主要管事人,来维持善举,他们在善堂干活仅仅是作为一种工作而已,他们从善会善堂获取薪水,就像在其他工厂、企业中工作是同一道理。实际上是善会善堂为他们提供了工作机会。可见提供就业机会是慈善组织的社

---

① 张济顺:《近代上海社会界说》,上海市地方志办公室编:《上海研究论丛》第 5 辑,上海社会科学院出版社 1990 年版,详见氏著:《远去的都市:1950 年代的上海》,社会科学文献出版社 2015 年版,第 346、349 页。

会贡献之一部分。据不完全统计,1933年上海25家慈善机构雇佣办事人员、医生、教师和夫役等共计584人,平均每个单位雇员超过23人。① 而根据本书前面的统计可知,20世纪30年代上海慈善机构远不止20多家,而是至少有二百多家,虽然其中有些规模比被调查的小,但总计来说,在慈善机构就业的人员估计在两千以上,可能多达三四千人。如果再算上在其他类型慈善组织的工作人员,则数字会更大,这对提供都市社会就业岗位来说贡献也不小。

第二类是慈善机构救济、资助和收留、教养人员。中国传统慈善组织施救向来有堂内和堂外之分。堂外施救主要是恤嫠、助贫、矜孤之类,即每月给予那些受助对象一定的金钱、米面,冬天施给棉衣棉被等,协助其维持生存;另外绝大部分施医给药也属于堂外救济。20年代末每年冬季救助,除日常固定的救助以外,上海慈善组织能施给数万人(次)米面,同时临时收容数千人入庇寒所。② 施医施药更是以数万甚至数十万计。③ 堂内救助以前主要针对弃婴、守节寡妇和无家可归的贫病老人,由慈善组织提供食宿养老;晚清以后增加收容教养无业游民、妓女等群体,多采用强制留养方式,被收留者需要从事一定劳动,并接受监督改造。1929年10—12月,上海新普育堂等13个慈善组织收留男女共计5 598人④,这当然不是全部被慈善机构收留救济的人数。另外还有众多义学实际上既提供教育,也给孤苦儿童提供食宿,兼有留养功能。因此,慈善机构总的留养人数相当可观。近代以来,尤其是晚清义赈兴起后,对外地天灾人祸造成的灾难民的救济,其实与传统慈善救助已经有很大区别。近代上海的慈善事业

---

① 《上海市慈善机关调查表》,上档Q114—1—21,转引自周秋光主编,周秋光、曾桂林、向常水著:《中国近代慈善事业研究》下册,天津古籍出版社2007年版,第1247—1249页。

② [日]小浜正子著,葛涛译:《近代上海的公共性与国家》,第69—72页。

③ 单单新普育堂一家,1921年在堂留养人数即达1 800人,其八处施医分局,施医施药即达五六十万人次之多(《新普育堂十周年纪念会》,《申报》1921年4月14日,第十一版)。

④ [日]小浜正子著,葛涛译:《近代上海的公共性与国家》,第77页。

在救济面上已经极为扩大,外地临时受济者众多,远超本地常规救济。从慈善组织和慈善家的角度而言,以上诸类人员皆属于需要帮助者。

虽然有研究者认为,受助需求不是慈善组织兴起的主要原因,其理由是穷人总是存在,但只有到明清以后才有大量民间慈善组织的出现。[①] 但反过来,没有需求,就不可能有慈善组织的存在和发展,尤其是自晚清义赈兴起以来,传统慈善组织和善人积极介入各地灾荒和战争救助,很多新式慈善组织都是因人因事而设,如辛未救济会等;同时传统慈善组织如同仁辅元堂、仁济善堂等也积极介入对外地的临时性救济,这些慈善组织的兴建和功能扩张,都与需求紧密相关。而有些临时赈济结束后,余下的物资、经费则可能转化为持久的慈善组织建立的基础,如辛未救济会以及盛宣怀等成立的广仁堂等,皆是如此,这些都直接是需求催生的慈善组织。因此,慈善组织的救济对象是慈善机构存在的必要前提。以上两类人员,都依靠慈善组织生存或其生活与慈善组织关系极为密切。还有一类亦需提及者,即本书第六章提到的那些在非常时期"利用"慈善机构维持生存者,此亦可算是慈善组织的服务对象之一,但具有特殊性,并非常客。

第三类是慈善组织的创立者及其主要支持者,包括董事会成员、各种委员会成员、各种会员以及主要赞助者等,这是我们要分析的重点对象。正是因为有这些人,慈善事业才有可能发展。近代上海这一群体人数众多,而且来自诸多不同领域,更重要的是,这些人还来自不同地方,很多都非原籍上海人。分析这些人为什么做慈善,已经有各种说法,诸如受传统慈善思想的影响、受西方慈善理念的影响、受宗教感召,或者诸如"商道"说,"自治说"等。[②] 这里根据本书前面

---

① 梁其姿:《施善与教化——明清的慈善组织》,第 60 页;徐茂明:《江南士绅与江南社会(1368—1911 年)》,第 141—142 页。
② 李国林:《民国时期上海慈善组织研究,1912—1937》,华东师范大学博士学位论文,2003 年;曾桂林:《慈航普度:近代中国佛教慈善事业论纲》,《中国文化研究》2014 年冬之卷;汪华:《慈惠与商道:近代上海慈善组织兴起的原因探析》,《社会科学》2007 年第 10 期;梁元生:《慈惠与市政:清末上海的"堂"》,《史林》2000 年第 2 期。

的线索,作进一步分析。

数百个慈善组织,背后则是数百、数千个善士在维持和张罗,同时吸引成千上万乃至数十百万普通民众参与捐助和奉献。学界很多人就近代慈善家群体做过研究,但基本上都只提到那些具有全国性影响的人物,如经元善、谢家福、盛宣怀、施善昌、郑观应、严佑之、张謇、熊希龄、李平书、王一亭、施则敬、沈敦和等人,且未对这一群体具体化,读者依然只能得到一个很模糊的印象。① 如果对上海慈善组织的主要举办者进行具体分析,我们可能会发现更多有意思的现象。不过很多慈善组织的创办者并无资料留存,全面分析这个群体难上加难。但正如本书呈现的那样,我们可以通过对一些主要慈善组织的主要人物进行分析,来探讨上海民间慈善组织创立者及维持者的相关信息。

1800年,上海知县汤焘及邑人朱文煜、徐思德等倡设同仁义冢,1804年士绅在药局弄购买乔氏房屋,设立同仁堂,堂临近东门和东南门,处于城内繁华之地。司总李炯、朱朝坤、陈元锦、乔钟吴、张梦松、李心泰等,司事者曹鸿焘、陈昇、瞿安楷、唐国壅、唐家松、田树基、龚淦、朱文煜、陆锡眉、孙馨、张士谟、沈基丰、曹洪恕、江发瑞等皆为上海本地士绅。② 1843年,邑人梅益奎(字再春,幼孤,中年后专办地方善举)与海门施湘帆、慈溪韩再桥等募捐设立施棺栈,司事者朱增龄、朱增惠、王揆(字永锡,号冶山,国子生,海运)、江驾鹏、李成凤、沈崑、费培镇、陈炳奎、林灏、龚锡华、金修椿、郭儒栋等。越三年,赁药局弄同仁堂后陆氏房屋设施医局,合局栈为一,定名辅元堂。③ 因此同仁堂和辅元堂此时已经设到一起了,堂宇前后相连。

同仁堂办理恤嫠、赡老、施棺、掩埋、义学、助贫诸项善举;辅元堂主要办理施医、施棺、掩埋诸事,二者在业务范围上有重合,夫马进认

---

① 王国庆:《近代中国社会慈善家群体研究》,湖南师范大学硕士学位论文,2002年,第11页;廖良梅:《近代中国社会慈善家群体的慈善事业述论》,《求索》2004年12月。
② 《上海县志》卷二,同治十一年刊本,第194页。
③ 《松江府志》卷九,光绪九年刻本,第909页;《上海县志》卷二,同治十一年刊本,第196页。

为二者有竞争和对抗。① 此说值得商榷。同仁堂基本都是上海本地人所办,但辅元堂首创者除梅益奎是上海人外,明确的还有海门施湘帆、慈溪韩再桥,也就是三位首倡者中有两位外县人。梅益奎,字再春,在县志中也只讲了两件事,"幼孤,与弟友爱敦笃","中年后专办地方善举",除了创办辅元堂外,也为同仁堂、育婴堂"置田数千亩"。其他二人在府志和县志中均只因辅元堂而出现过名字,没有任何其他事迹入志。② 府县志如此简单的记载,可能意味着此三人并不一定具有与本地士绅"竞争""对抗"的需要和本钱。何况梅益奎既是上海人,也参与同仁堂的管理工作。另外,在两堂的主要司事和司总中,最早响应知县汤焘倡议参与同仁义冢创设的朱文煜,中书科中书,其伯父朱朝坤后来成为同仁堂司总,其子朱增沂、其侄朱增惠都做过同仁堂司赡老和司义冢的工作;朱增惠和朱文煜另一侄朱增龄又是辅元堂的司事。③ 后来将二堂"合而为一"的经纬,既是同仁堂的董事,也是辅元堂的董事,同时还兼理育婴堂。④ 因此,二堂可能根本不存在所谓竞争的问题,而恰好反映出中国传统慈善组织的创建具有"传帮带"的特点。梅益奎参与过同仁堂善举,又偶然获得杭州赊棺规条,于是邀集好友另行创办辅元堂,并吸收家族有创办同仁堂经验的朱氏兄弟和其他同好一起参与管理工作。这一模式与明末同善会和余治倡导的育婴堂的创立有异曲同工之妙。⑤ 同一个人参与举办多个慈善组织,或者任职于多个善会善堂,正是中国慈善组织发展的重要方式之一,这从本书前面列举的各慈善组织负责人一栏有清晰证明。或者如图8-12所显示的那样,王一亭一生中在上海创办了众多的善会善堂,甚至可以说上海主要的民间慈善组织几乎都与王一

---

① [日]夫马进:《中国善会善堂史研究》,第544页。
② 《上海县续志》卷十八,民国七年铅印本,第933页。
③ 《上海同仁堂道光十一年征信录》,转引自[日]夫马进:《中国善会善堂史研究》,第603页。
④ [清]唐煦春等修,朱士黻等纂:《上虞县志》卷十三,光绪十七年刊本,第1050页。
⑤ 梁其姿:《施善与教化——明清的慈善组织》,第51—53页;[日]夫马进:《中国善会善堂史研究》,第79—89、278—282页。

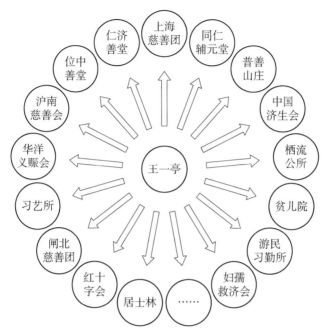

图 8-12 王一亭主持过的部分慈善组织图

亭有关系。而且与之有关的慈善组织遍及老城厢、法租界、公共租界、闸北,甚至部分乡镇;如果再算上通过其领导的上海慈善团和上海慈善团体联合会资助和指导下的慈善组织,那就更多了。在王一亭发起创办或参与管理的慈善组织中,每一个组织的管理机构或董事会中人员都会有部分人员与其他组织重合,也有部分不同,所以以王一亭为中心实际上织成了一张慈善家之网。

1855 年同仁、辅元二堂合并后,很快从老城厢向城北法租界和公共租界扩张,同仁保安堂和同仁辅元分堂的设立,同样具有"传帮带"的特点;随着各地都市化的迅速发展,许多地方有力量者开始起而效法同仁辅元堂,自行创办新的慈善组织,才有慈善组织在老城厢、两租界、闸北以及四周乡镇遍地开花格局的出现。那是不是意味着上海的众多慈善组织之间都没有竞争关系呢?答案当然是否定的,但这种竞争却不是一个个慈善组织之间的竞争,而是慈善群团的竞争和合作，也是慈善家群体的竞争和合作。

慈善群团在本书中指的是像同仁辅元堂、新普育堂、闸北慈善团、仁济善堂、上海慈善团等这些大型慈善组织，它们都在同一名称之下，又各自设立诸多分支机构，在地域和业务上分工合作，有时候在经费上"酌盈剂虚"，统一开支；有些也具有某种独立性，但也会相互支持和协助。这些慈善群团之间，无疑具有某种竞争关系。但由于所办均为地方公益慈善事业，竞争并不残酷，而且随着老城厢主要善会善堂的主持者不断向租界和闸北推进，他们逐渐参与租界和闸北慈善群团董事会，甚至成为主要领导者，如同仁辅元堂总董、上海慈善团董事会负责人王一亭1919年出任仁济善堂副总董，后来担任总董；1923年王一亭又成为闸北普善山庄总董。同仁辅元堂和上海慈善团其他董事如黄涵之、杨东山等人也纷纷进入租界和闸北其他大型慈善组织的董事会，或成为直接负责人。与此同时，仁济善堂、普善山庄、闸北慈善团等董事会成员也被吸收参与上海慈善团等老慈善组织的董事会，从而实现你中有我、我中有你的格局。1927年上海慈善团体联合会的成立，实际上将这些相互任职的慈善组织进一步组织起来，从而形成更为强大的巨型慈善群团，成为上海慈善界事实上的领导者。

在上述过程中，我们还可以发现另一个重要特点，即上海主要慈善组织的负责人身份在悄然变化。同仁堂主要由本地人创办，辅元堂的主要创办者中有两位是外地人，到同仁辅元堂组建后，虽然还是可以明显地看出同仁堂创始人及其后代在其中的作用①，但更多与创始人没有任何关系的人及外地人参与该堂的管理中，同时还在积极创办新的慈善组织。原来的创始人以船商为主，随着沙船业的衰落，钱业、洋布业等与西方贸易更为相关的行业商人开始介入慈善组织的创建和经营之中。在租界，丝业商人如仁济善堂的施善昌、李秋坪等人一度在善堂管理上居于主导地位。随着现代工商企业和金融业

---

① ［日］夫马进：《中国善会善堂史研究》，第543页。

的发展,金融业商人如严信厚①等开始在仁济善堂等的经营上发挥主要作用。另外,进入民国以后,一大批创业有成身退或半退,如王一亭,或是军政失利下野,如朱庆澜、黄涵之,或是前清遗老遗少,如关䌷之等人,或是宗教界人士,如圆瑛法师、屈文六等,这些人有钱有闲有身份有名望,且很多身兼诸多角色,纷纷寓居上海,全身心投入慈善事业。因而到民国中后期,各传统善会善堂董事会格局大多发生了较大变化,这一群体的身份地位往往比此前那些善堂创始人或其后裔有更大的影响力,他们加入各董事会后,实际上使得这些善堂之间的联合更成为可能,这也是1927年上海慈善团体联合会成立的前提,同时也是战时上海慈善团体联合救灾会能够有效运转的重要基础。这一人员身份的变化和发展历程,实际上也与上海经济形态的发展紧密相关,或者说正好可以反映出近代上海经济形态的演变和上海历史的发展脉络。

　　华人慈善人士在各善堂的相互渗透和最终联合起来,一方面极大地增强了上海慈善界的团结与合作;另一方面则更利于其应对另一具有竞争性的对手——租界洋人。华人慈善家和在上海的绅商积极利用租界"未有善堂"的局面创办新的慈善组织,既是华人精英面对租界贫苦无依者的自然选择,亦是在面对一个全新的都市社会快速发展的时代,激流勇进,主动参与都市建设的方式,更是在租界内与洋人开展竞争,维护新都市社会市容市貌和维护国家民族尊严的重要方式。遭遇此三千年未有之变局的中国绅商,在克服初期的困惑后,积极投身都市社会建设,化危为机,不仅获取大量财富,同时将部分财富回报社会,开展慈善救济、市政建设、卫生管理等,维护市容

---

① 严信厚(1838—1907),原名严经邦,字筱舫(小舫),号石泉居士,浙江慈溪人。做过当铺学徒、银楼伙计,经营盐业致富,后开设源丰润票号,业务遍及全国,开设物华楼金店、老九章绸缎庄,经理上海道库惠通官银号,创办中国通商银行,任第一任总经理、总董、上海分行董事长,参与创办四明银行和华兴保险公司,成为一名跨越多个行当的实业家、金融家。自1896年施善昌去世后,严信厚成为仁济善堂在《申报》上发布广告和征信录署名最多之人,而且时间达10年之久,直到其逝世为止(但目前没有资料表明严是否以及何时担任仁济善堂的总董)。

市貌,在他们看来同时也就是维护自身尊严,进而维护国家和民族尊严。租界内比较早就设立有由外国人,尤其是传教士创办的慈善组织,如1869年天主教拯亡修女会创办的徐家汇圣母院育婴堂,1903年美国传教士李佳白在上海创办尚贤堂等。① 圣母院育婴堂规模宏大,影响深远,是晚清民国时期全国闻名的天主教慈善机构。② 尚贤堂主要以"国际学会"的名义活动,所办学术和教育有比较大的影响,也办有医院、义学,也参与义赈等慈善活动。③ 在面对这些外来慈善组织的竞争时,华人精英实际上比较矛盾,既要维护民族尊严,但这些组织开展的活动实际上又是救济和帮助自己的同胞,又需要与之合作。也就是说这种竞争既与华人慈善群团之间的竞争有相似性:大家都在办慈善;也有不同之处:竞争者身份的民族之别。

华人慈善组织在租界和闸北新市区的大量新建,也可以说是华人在租界内的开疆拓土,与租界和洋人之间,既有抗拒与竞争,又有学习、模仿与合作,同时还具有维护民族尊严的一面。王一亭在筹办华洋义赈会的时候,就特别强调,华人一定要尽可能多募款,不要被洋人小瞧了,"万一寒俭孤陋暗淡无光,将何以顾国体而谢外人所导同志?"④租界诸多慈善组织的设立,直接缘于华人看到界内诸多现象之不宜,认为有碍观瞻,或与卫生文明不合,有损国人形象或予外人以话柄,因而建立慈善组织,开展相关业务,如收尸掩埋,甚至收养游

---

① 1872年法国人在上海创办有首善堂,这个以"善堂"为名的组织实际上是一个专门从事房地产管理和收租的机构,主要资助教会的活动,未见其开展一般慈善活动。《申报》上能找到的所有关于首善堂的消息,要么是房屋出租信息,要么是土地房屋纠纷信息,没有慈善活动消息。
② 张化:《徐家汇圣母院育婴堂婴儿死亡率揭谜》,《世纪》2013年7月。
③ 霍沁梅:《尚贤堂研究(1894—1927年)》,湖南大学硕士学位论文,2014年;饶玲一:《尚贤堂研究,1894—1927》,复旦大学博士学位论文,2013年;顺便说一句,此两篇同名学位论文,都很少提及尚贤堂的慈善事业,事实上李佳白及尚贤堂在参与中国慈善尤其是义赈等方面曾发挥过积极作用,当时的许多报纸均有相关消息,如许士骐的《记德国名汉学家卫礼贤博士》中就特别提到尚贤堂"办理慈善事业"的事情(《申报》1931年6月23日,第16版)。
④ 王中秀:《王一亭年谱长编》,第32页。

民乞丐等,都有维护华人形象,维护民族尊严之意。

由此可见,上海众多民间慈善组织的兴建,与众多慈善家积极参与都市建设,与不同地区来沪华人之间的竞争与合作,以及他们积极在租界展开与洋人之间的竞争与合作,均有着密切关系。慈善活动成为华人积极参与租界都市化过程的重要方式,也是华人维护民族尊严的措施之一。

五、慈善组织的"度"与"难"

慈善是一张网。慈善家群体先织造第一张善人之网。除了少数家族式慈善组织外,绝大多数民间善会善堂,都是由发起者邀集同好共同创办,或三五人,或数十人,多者可能达数百人,如中国济生会这种具有全国性影响的组织。他们之间可能因为地缘、业缘或为同学、同僚等,在创办慈善组织之前就已经具有某种圈子意识或者已经密切交往,已经形成了一张小网。同时,一个人可能参与几个不同善会善堂的创建,这样就会形成几张不同的小网,而因为有了共同的结点,这些网之间就能形成交汇、融合的大网,如同仁堂与辅元堂,由此两者的创立者开始形成新的网络,实际上也是外地人与本地人进一步融合和合作的新网络。在近代上海,这一网络不断扩大,不仅仅是容纳了本地人与外地人,同时也不断容纳洋人,尤其通过华洋义赈会和其他一些有外人参与的慈善组织,或者是华人参与外人创办的慈善组织,使得这张人员之网越结越大,其影响力自然也相应增加。通过这张网络,他们不仅能够调动和募集大量金钱、物资,也能动员大量人力,投入慈善活动中;同时他们联合形成的力量,以及他们在社会中获得的影响力,使他们在办理慈善事业的过程中,在与政府以及各种社会机构的协商、交涉中能发挥一定的作用。

善会善堂织成第二张组织之网。一个个善会善堂建立起来后,随着事业的发展和需要,或者联合起来共同发展,或者在别的地方建立新的分支机构,形成一个个慈善群团,如上海慈善团、新普育堂、闸北慈善团、仁济善堂等。也有新的慈善组织建立后,主动与老的慈善组织合作,或者被老的慈善组织渗透和控制,从而结成新的组织之网,如上海慈善团的扩张,特别是上海慈善团体联合会的建立,以及慈联会事务所设于仁济善堂,都使得上海慈善之网有了一个基本的组织框架,那些即使没有加入慈联会的善会善堂,实际上在很多慈善活动上也会主动与慈联会合作,如举办冬令救济,或救助外地灾难民,或参与战时救济等,这些都说明慈善组织之网已经形成并具有比较大的号召力。在这张组织之网中,同时还有数千人受雇其中,因此这还不仅仅是一个个机构,也是有自身力量的组织之网。

受济者也有一张网。慈善组织的受助者,看起来是一个个独立的个体,而且许多人的确也不会有什么交集,比如接受临时医疗救助的病人,接受一次性救助的灾难民等。但是那些享受慈善组织长期救济和帮助者,则有机会形成自己的网络。每个善会善堂的长期救助如恤嫠、赡老等都有额度限制,如全节堂设立时规定名额100名,月给钱700文,只有出现缺额才会补充新人。[①] 要成为受助者,一般来说先要有保人提名并保荐,然后通过善会善堂的调查和核实,才能获得救助资格,这些受助者及潜在的受助者往往居住在善堂周边或者不太大的范围之内,因此相互打听或者因相同的保荐人等而相互认识,并与在不同善堂领取救助的人进行比较,这些都可能导致他们之间形成自己的圈子。育婴堂的乳妇,每月固定日期带孩子到育婴堂领取补助,或者驻堂育儿,自然也会形成自己的交往网络。在非常情况下,受助者更会自我组织起来,形成一张特殊的网,进而与慈善组织进行对抗和交涉,如本书第六章中描述的那样。大多数受助者对于意外获得慈善组织的救助总是心存感激,甚至焚香祷谢,祈上天保佑善人。但慈善组织的救助往往杯水车薪,于大众仅有雪中送炭之效,大多数情况下(接受教育资助者偶尔能例外)并不能完全改善受助者的苦难生活,对那些贪心不足或者怨天尤人者来说,慈善组织成为他们得不到满足的怒火发泄对象,所以冬季施粥厂一定要请公安局派警弹压方敢开厂;更有甚者,那些被强制收容接受改造的人,

---

[①]《上海县志》卷二,同治十一年刊本,第198页。

更是想尽办法破坏或逃离慈善组织,有时候甚至与外面的人结成联盟,共同破坏,如上海模范工厂游民工厂设备先进,产品销路也好,但始终无法正常运转,最终不得不关门大吉;秦荣光、秦锡田父子在浦东创办的题桥课勤院,最终因院中艺徒不服管束,毁门而逃,"遂使五年成绩,废弃一朝"①。夫马进认为慈善组织但凡是救活人的,"一定会归于倒闭",而救助死人的,反而更容易长存。② 该说法虽然可能过于绝对,但道出了一个事实,死人不会过度需索,而活人则可能救无可救,救之不尽,最终导致慈善组织自身难以为继。受助者群体或其形成的松散网络,有时候会对慈善组织产生威胁,变成对抗性力量,但更多时候依然是善人之网的群众基础。

在这三张网中,慈善家群体组织的善人之网领导着第二和第三张网,而第二和第三张网则是慈善家之网的基础,三者共同构成了慈善之网的整体。但是在这张大网之外,依然还有很多枝节,有社会大众的监督和窥视,有政府管理者的渗透和管控,他们都对这张网产生着或强或弱的影响。这些枝节看似在网络之外,但对这张网起到重要支撑作用,不过也可能随时试图控制整张网络,甚至撕破它。这张网的韧性和结实度,实际上取决于多种因素的共同作用。近代上海社交媒体的发达,使得社会舆论监督似乎无处不在,各种关于慈善组织的消息无孔不入,在宣传善举和募集资源的同时,也使得慈善组织的活动公开在大众视野之中,动辄得咎,或屡遭质疑。政府的管理方法和力度,有时候可以直接决定慈善组织的生死存亡。民国时期政府对慈善组织管理的加强,法制化、正式化、规范化管理逐步推进,习惯于三五好友自行组建慈善组织的上海民间社会,日渐被繁琐的条条框框所束缚,不胜其烦,其结果是到 20 世纪 30 年代后,兴建慈善组织的热潮逐渐消退。政府监督管理社会慈善公益团体,是社会慈善资源得到充分利用的需要;但过度的干预,则可能适得其反,这个

---

① 胡娟:《秦荣光、秦锡田父子慈善公益活动研究》,湖南师范大学硕士学位论文,2016年,第 50—51 页。
② [日]夫马进:《中国善会善堂史研究》,第 555 页。

度在哪里,需要双方不断对话,不断试错,而后才可能找准。但若政府过弱,监管可能流于形式;政府过强,"民人无以置喙",则可能两败俱伤。此一难题,时至今日,依然值得深思,更值得继续探讨。

  慈善组织的救济额度、救济力度,往往难以满足被救济者的需求;被收容救助者对于慈善机构给予的自由度、舒适度更是难以满意。政府对慈善组织的渗入程度和监管力度,同样对慈善组织的发展产生重要影响。慈善人士并不能简单接过宗教人士所宣扬的普度众生理念,试图通过慈善解决一切苦难问题,这既不实际,当然更难以做到。慈善活动只能部分解决对贫困的救助。济贫、扶贫,救助苦难,需要政府、慈善组织等民间社团以及各种力量积极参与,共同推进,庶几有所改善。

后记

这是一篇迟交了整整15年的硕士学位论文。尽管我没有拿到硕士学位,也不打算以此再去申请学位,但我仍然要特别感谢导师和母校的宽容。

18年前那个乍暖还寒的4月,我当时工作的北方小城依然寒气逼人,道路两旁光秃秃的白杨树高高挺立,凌厉而倔强地伸向高空,满世界一片萧条景象。经过二十多个小时乘坐汽车、火车的长途跋涉,满怀期待与忐忑,我第一次来到了上海。说实话,我此前对上海的印象,完全来自影视作品,知道上海号称"十里洋场",是一个高楼林立、流光溢彩的花花世界,但甫一走出上海火车站,我就被深深地震惊了。不是惊异于她的现代和伟岸,恰恰是那种熟悉而陌生的脏乱和破败——位于闸北的上海火车站及周边道路和房屋,均一派老旧低沉的样子,杂乱无序,毫无美感;熙熙攘攘的人群中夹杂着各种吆喝声,与我熟悉的长沙火车站、武汉火车站或者信阳火车站,并无不同,甚至尚有不及。我在火车站周围转了好久,才找到明珠轻轨线(三号线),再次上了"火车",这也是我第一次坐地铁(因我第一次看到"火车"在空中跑,我就称之为天铁,后来被同学嘲笑了好久)。轻轨风驰电掣地驶出火车站,驰骋于都市森林之中,新鲜感才开始扑面而来,眼中的上海终于与我想象中的上海有一点点重合了。轻轨终点站江湾站旁边就是复旦大学,校园里香樟树已经开始冒新芽,更显苍郁;小草也悄悄地钻出地面,正是"草色遥看近却无"的时候,别有一番风味。校园整洁、静雅，朴实而不失大气，矜持中带着点骄傲，这是我喜欢的样子，也是我想要的校园。可惜当时是差额面试，而我的成绩不上不下，随时可能被刷掉，因而我无心欣赏美景，也来不及思考未来，担心依旧，忐忑不止。

幸运之神终于眷顾了我！2002年8月，我辞掉工作，卷起铺盖，身无长物地再次踏上了寻梦之旅。我在这个兵工厂子弟中学工作了三年，最后几个月还是在油印室度过的，每个月400多元的收入只能维持最低端的基本生存需要；除了铺盖，我一无所有，因而我的离开也义无反顾，干脆决绝。我再次踏上上海这片神奇的土地，再次回到大学校园，用我的邻居略带讽刺的话说："回炉去了！"作为我们村里第一个走出来的大学生，曾经多少被乡人寄予厚望；似乎也给村里带来了些许改变，在我之后的几年中，每年都有邻家小弟小妹考上大学。然而，可能谁也未曾料想，作为他们的"带头大哥"，我大学毕业后不仅未能"升官发财"，三年后反而重返校园了。邻居们谈不上幸灾乐祸，但我无疑成为他们茶余饭后的谈资；母亲其实也不理解，为何大学毕业后，我又要回到大学去读书，但她相信我的选择，只是偷偷告诉我，不要被邻居笑话了。虽然辞职的时候，我表面上意气风发，但内心其实充满焦虑：在这个北国小城生存尚且如此艰辛，几乎身无分文、赤手空拳的我又如何去闯上海滩？

再次走出上海火车站，我还是被她和闸北的脏乱所震撼，这个地方看起来实在不"上海"，反而跟我见过的诸多县城不相上下。这种反复的震撼，可能就是我此后从事上海史研究的最初源头：我要了解真实的上海。当时这个念头一闪而过，我尚来不及深入考虑未来研究选题的事情，我得先考虑如何在大上海生存。复旦大学是一所有爱的学校，我的担心基本是多余的。学校很快帮我们办理了助学贷款，安顿好生活。而且我还意外地获得了学校的补贴。原本以为，像我这种工作过的人，大家不太会相信你连基本生活费都解决不了，还敢再来读书：贫穷限制过我们的想象力，衣食无忧同样会限制另外一些人的想象力，幸而没有限制复旦老师们的人文关怀。复旦大学既没有让我们提交补助申请，也没有让同学们公开评选最穷同学，而是悄悄地往一些学生饭卡或银行卡上直接打钱。既顾全了我们可怜的自尊,又救人于倒悬,实在是非常人性、非常人道的做法,一直让我铭记在心;多年过去,再忆及此,依然感激不已。

我是一个思维简单的人。由己及人,很自然地就想,我只是千千万万一无所有、赤手空拳来到上海的外地人中的一份子,不同的是我比较幸运,有复旦这样的好学校给我提供帮助。那其他人呢?他们如何度过最初的困难?尤其是那些更早来到上海的外地穷人,初来乍到之时,如何在上海"混生活"?正是从这个简单而现实的问题出发,我开始寻找和阅读相关书籍和史料,逐渐发现上海有数量众多的会馆、公所、同乡会等组织给各自家乡的人提供各种帮助。但这些同乡同业组织的力量与各地在沪商帮的人数和财力相关,其提供的帮助严格限定为同乡,并非普惠大众。一个地方如果没有众多成功获得大量财富的前辈乡贤,其同乡同业组织一般力量较弱,难以给后来乡人提供帮助;另一方面,每个地方的同乡组织毕竟数量有限,初来乍到的异乡人一时半会也难以顺利找到它们,因而仍然会面临各种困境。进而我又想,会不会有那种面向所有需救助者的机构,不分畛域,不分行业,只要是日暮途穷者,都可以暂时栖身,获得临时温饱?于是我进一步扩大搜索和阅读范围,慢慢发现了一个新的天地:原来上海曾经有过那么多善会、善堂,而且规模宏大,实力非凡,影响遍及上海各个阶层、各个角落。其时相关研究比较少,而且很多基本情况都不清楚,于是在与导师张济顺先生讨论后,我决定以上海慈善史作为自己的硕士学位论文选题,开始尝试进行学术研究。

那时候,查方志要去图书馆一本本地翻阅,没有数据库可供检索,大多数时候可能一无所获;那时候,看档案要去档案馆,先查纸质版目录,然后抄录条目等待馆员调档,再将沉淀了岁月的档案打开,一点点查阅相关信息,很多情况下依然无功而返;那时候,查阅过刊、旧报要去上海市图书馆、徐家汇藏书楼,漫无目地翻看那些发黄的旧报纸旧期刊,冀望从中发现一点点蛛丝马迹,更多的时候收获的只是满手满鼻孔的历史尘埃。虽然不算乐此不疲,但我倍加珍惜"回炉"的机会,心无旁骛,埋首书报杂志和档案文献之中,寻寻觅觅,披沙拣金，慢慢积累起颇为丰富的材料，并将主题限定在"民国时期上海的民间慈善事业研究"上，开始着手撰写硕士学位论文。到 2004 年底，我写出了 8 万多字，差不多完成计划的 80%。幸运之神再次降临，我成功申请到提前攻读博士学位的机会，自 2005 年春季开始，我转入博士阶段学习，本来应该在 2005 年完成的硕士论文就此搁笔，成为烂篇残简，一放就是 10 多年。

博士学习阶段，我重新选择研究方向，以游民改造为题完成了博士学位论文，并于 2008 年顺利毕业。参加工作以来，我一方面继续研究中华人民共和国成立初期上海社会改革改造相关的课题，另一方面重新拾起慈善史的研究，并随着阅历的增长而对此前的诸多现象有了新的认识。2020 年，突如其来的新冠病毒疫情，将绝大多数人禁锢在家，有人"疫情期间写疫史"，我则疫情期间写慈善史。我从各种信息中看到民间慈善组织在抗疫中的作用和表现，以及民众对慈善组织的各种看法和意见，对慈善组织有了一些新的想法，遂集中精力重新修订书稿，利用各种数据库和此前积累的资料，大量发掘和补充各类数据，调整书稿的篇章布局，润色和修饰语言文字，前后相隔 18 年的研究，终于勉强成书。

本书各篇章虽然完成于不同时期，但在此次整合成书稿的过程中，始终围绕着一个主题展开，即中国传统慈善组织和慈善文化如何在租界开辟后形成都市社会的过程中发挥作用。也就是说，本书探讨的主题是民间慈善组织和慈善文化如何适应、参与、改造形成中的都市社会，进而探究上海老城厢精英和华人精英如何通过中国传统的慈善组织积极影响都市社会形态。笔者发现，华人通过慈善事业在上海都市化过程中扮演了重要角色，发挥了重要作用，并使得形成中的上海都市社会既是西人社区，又始终是华人城市；西方的各种有形无形的东西在两个租界乃至后来的华界均无处不在，但上海的、江南的、中国的各种有形无形的东西也在两个租界具有很高的辨识度，尤其在两个租界的底层社会运行和维护方面，以华人慈善组织为代表的各种社团具有很高的存在度。上海城市的扩展，是租界不断扩张的结果，但随着租界扩张的是华人慈善组织。华人慈善组织最初主要设立于老城厢,兼及周边工商业发达的市镇,随着租界扩张,华人慈善组织也随之在新城区开始建立。而且,租界新建的慈善组织,最初大部分是老城厢慈善组织的分支机构,或者是受到老城厢慈善组织的影响,这其实反映出老城厢在上海都市化进程中的作用。因此可以说,上海老城厢的本地精英在上海都市化进程中的作用和影响,依然是一个尚未被完全认识的课题,仍有许多值得挖掘的地方,本书的研究希望是一个有益的尝试。

与之相关的另一个主题是以善会善堂为代表的民间社团在近代上海的生存、调适、发展与坚守。现有的社团史研究,大都强调传统民间社团组织的现代化转型,或者是新式社团的创建等。通览全书,我们会发现很多慈善组织的确在不断创新、转化,不管是"庚子救援"还是模范工厂游民工厂的创建,都是上海民间精英利用传统慈善组织救助弱势群体的尝试和创新;慈善组织的规模化和网络化,也有适应新都市社会发展的一面。但是综观数百个慈善组织的发展,我们发现不仅很多百年老字号在调适中有坚守,即使是许多后来新创建的慈善组织,也依然走的是传统慈善组织的路,无论从资金来源还是从善举内容来看,都有坚守的一面。从这份坚守中,我们不仅能看到上海老城厢慈善组织和慈善文化的影响,同样可以发现江南慈善文化、中国传统文化的韧性和生命力。在适当的条件下,民间社团具有顽强的生命力和适应力,也有坚持、坚守的信念和信心。只要有合适的土壤和空间,民间社团往往就能发挥巨大的作用,扶助弱势群体,协助政府维持社会秩序,更好地推进社会建设。

本书各篇章的撰写过程长达18年,同时也就是我的硕士、博士阶段学习和毕业后参加工作的18年。这期间,我求学的复旦大学历史学系和工作的华东师范大学历史学系,都是实力雄厚的院系;我经常参加学术活动的华东师范大学中国当代史研究中心、上海史研究中心和当代文献史料中心,学术交流活跃,大师云集,高朋满座,我有幸得到众多师友的提携和帮助,收获良多,内心感激不尽;10多年来,我也先后到国内外众多城市参加学术活动,本书的部分篇章也曾在一些学术会议上宣读,得到过众多学界先进的批评和指点,使我受益匪浅。但我不敢在此列出长长的名单,把一篇单薄的后记写成一部史学时贤志;尤其是作为一篇迟交太久的学位论文,尚需各位师友批评、指正。万千感激,存乎一心,化为一言:真心谢谢各位老师、同学和朋友们多年来的指点和帮助。

合格的学位论文,其实是导师和学生共同创作完成的作品,其中也必定凝聚着导师的大量心血。虽然是迟交的文字,但我的导师张济顺先生依然付出了大量心血。张老师自己研究上海史,而且又是上海老城厢望族张家后裔,后来更是无意中得知她家与我书中反复提到的慈善家黄涵之居然是亲戚。对于一个连上海话都听不懂的异乡人来说,张老师的指导是进入上海史研究领域的最便捷途径。张老师对上海如数家珍,我遇到很多想不明白的问题,一经与她交流,即迎刃而解。张老师自身的学术素养,她对老上海风土人情的领会和理解,在解答我的问题的时候都给我以深刻启示,那种自然而然生发出来的看法,与我对上海的隔膜形成鲜明对比。但也就是在这种对比中,我得以逐渐去除隔膜,透过表象,去探究更深层次的历史与文化。张老师一直关心着我的学习和研究,经常提醒我拾起那半途而废的慈善史课题,并经常与我探讨相关研究。正是在张老师的督促下,也得益于近些年相关研究的发展,我才得以重新检视自己未完成的作品,终于在疫情期间完成了最后的补充和修订。如果这本书尚有可观之处,张老师功不可没。特别是书稿完成后,我忐忑不安地请求张老师赐序,没想到张老师一口应承,实在是让我喜出望外。张师作序,应该是本书最大的亮点了。再次感谢张老师!

文章千古事,得失寸心知。我深深地知道,这本书还有诸多不足,张老师序中提到的慈善思想与租界社会在本书论述中分量不够的问题尤其切中肯綮;另外,还有诸多论断尚需更多实证来检验。

本书第二章、第四章、第六章和第七章分别以单篇论文的形式在《华东师范大学学报》《历史教学问题》《晋阳学刊》《近代史学刊》等刊物上发表过,收入本书时都有所修订,也感谢刊物应允收录书中。感谢复旦大学出版社编辑关春巧老师耐心细致的编辑工作,为本书减少了诸多硬伤和问题,也为本书增色不少。

后记

25年前离家求学,从宁乡到武汉,从武汉到信阳,从信阳到上海,我离家越来越远,回家的日子也越来越少。母亲一个人含辛茹苦,拉扯大我们姐弟五个,如今她年事已高,我却远她而去,实在是愧疚至极。万幸的是,母亲跟哥哥弟弟们一起生活,儿孙绕膝,我才得以在外稍微安心。尊前慈母在,浪子不觉寒,母在家在,千里之外,白屋虽贫,也始终是我牵挂之地。我的小家庭也为我付出众多,妻子罗燕在工作之余承担了几乎全部家务和教养儿子的重任;儿子瞳瞳已经升入初中,我除了偶尔陪他玩玩外,很少过问他的学习情况,心底其实十分愧疚。我想把这本小书,献给所有家人——母亲、岳母、兄弟姐妹和妻儿,感谢你们的不离不弃和相亲相爱,正是因为有你们,我才得以天天躲进办公室,做自己愿意做的事情,也才能有这本小书的最终完成。

回首半生路,所遇者以善为多,虽无以为报,心底感激长存。写慈善史,经常被慈善家们的言行感动,他们未必都是富贵之人,但心底有善念,行动自然就多了一点温良恭俭让。未来的世界,充满各种不确定性,但愿每个人都力所能及地发一点光,出一分热,为社会增添一点点温暖,消融一点点冷漠,也许终究会柳暗花明又一村。灯红酒绿虽堪醉,何若天天小善行,愿与诸君共勉。

是为后记。

2020 年 9 月 3 日
于沪上东川路人文楼

图书在版编目(CIP)数据

慈航难普度:慈善与近代上海都市社会/阮清华著. —上海:复旦大学出版社,2020.12
ISBN 978-7-309-15309-5

Ⅰ.①慈… Ⅱ.①阮… Ⅲ.①慈善事业-历史-上海-近代 Ⅳ.①D632.1

中国版本图书馆 CIP 数据核字(2020)第 159033 号

慈航难普度:慈善与近代上海都市社会
阮清华　著
责任编辑/关春巧

复旦大学出版社有限公司出版发行
上海市国权路 579 号　邮编: 200433
网址: fupnet@fudanpress.com　http://www.fudanpress.com
门市零售: 86-21-65102580　团体订购: 86-21-65104505
外埠邮购: 86-21-65642846　出版部电话: 86-21-65642845
上海四维数字图文有限公司

开本 890×1240　1/32　印张 11　字数 306 千
2020 年 12 月第 1 版第 1 次印刷

ISBN 978-7-309-15309-5/D·1061
定价: 68.00 元

如有印装质量问题,请向复旦大学出版社有限公司出版部调换。
版权所有　侵权必究